普通高等教育"十三五"规划教材

北京邮电大学精品教材

邮政快递智能系统规划与设计

刘晓平　孔继利　王　刚　编著

北京邮电大学出版社
www.buptpress.com

内 容 简 介

本教材主要从智能系统规划与设计的视角出发,详细地阐述邮政快递智能系统规划与设计中所用到的理论、方法、模型和关键技术,并提供邮政快递企业在智能系统应用领域的大量案例,能为快速新建或改建各类邮政快递智能系统提供行之有效的方法。本教材共分 8 章,内容包括邮政快递智能系统规划与设计概论、邮政快递智能系统关键技术、邮政快递智能系统设备、邮政快递智能系统网络规划与设计、邮政快递智能系统节点规划与设计、邮政快递智能运输系统规划与设计、邮政快递智能管理信息系统规划与设计、邮政快递智能系统综合评价。

本书既可以作为高校邮政工程、邮政管理、物流工程、物流管理、工业工程等专业基础课或专业核心课的教材,也适合从事相关教学、研究的教师、研究生,政府、企业工程技术及管理人员作为参考书。

图书在版编目(CIP)数据

邮政快递智能系统规划与设计 / 刘晓平,孔继利,王刚编著. -- 北京:北京邮电大学出版社,2018.8
ISBN 978-7-5635-5584-0

Ⅰ.①邮… Ⅱ.①刘…②孔…③王… Ⅲ.①快递－智能系统－系统规划②快递－智能系统－系统设计 Ⅳ.①F618.1-39

中国版本图书馆 CIP 数据核字(2018)第 195293 号

书　　　名:	邮政快递智能系统规划与设计
著作责任者:	刘晓平　孔继利　王刚　编著
责 任 编 辑:	孔玥
出 版 发 行:	北京邮电大学出版社
社　　　址:	北京市海淀区西土城路 10 号(邮编:100876)
发　行　部:	电话:010-62282185　传真:010-62283578
E-mail:	publish@bupt.edu.cn
经　　　销:	各地新华书店
印　　　刷:	北京玺诚印务有限公司
开　　　本:	787 mm×1 092 mm　1/16
印　　　张:	15.75
字　　　数:	409 千字
版　　　次:	2018 年 8 月第 1 版　2018 年 8 月第 1 次印刷

ISBN 978-7-5635-5584-0　　　　　　　　　　　　　　　　定价:39.00 元

・如有印装质量问题,请与北京邮电大学出版社发行部联系・

前　言

"中国制造 2025""一带一路"等国家发展战略以及"互联网+"行动计划推动了制造业与信息化的深度融合与创新发展,邮政快递所代表的现代邮政业作为连接供应链上下游以及电子商务线上线下交易的纽带,正在焕发新的生机与活力,成为中国经济发展中的一匹"黑马"。邮政快递智能系统的大规模实践将有助于推进现代邮政业的变革。邮政快递智能系统是以物联网广泛应用为基础,利用先进的信息采集、传递、处理、信息管理技术、智能处理技术,通过信息集成、技术集成和邮政快递业务管理系统的集成,使现代邮政快递业务的供给方和需求方共同融入的一体化智能系统,目的是为需求方提供最佳服务,同时消耗最少的自然资源和社会资源,最大限度地保护生态环境。该系统极大地提升现代邮政业对信息的综合处理能力和对相关资源的优化配置能力,智能管理、智能服务、自动装卸、自动分拨成为其主要呈现形式,并能为现代邮政业提供安全、高效率和高品质服务的一类新型邮政快递系统。现代邮政业的迅猛发展和转型升级对贯通信息、现代物流与自动化、管理科学等领域知识的高层次复合型技术人才与管理人才提出了迫切需求。当前邮政快递行业普遍面临高层次复合型人才严重匮乏的局面,这已成为制约现代邮政快递业发展的不利因素。为了加快邮政快递智能系统规划与设计人才的培养,提高行业人才质量和素质,特编著《邮政快递智能系统规划与设计》。

本书以现代邮政业为背景,参考国内外邮政快递企业智能系统的具体实践,以基于智能工程的物流信息技术和邮政快递自动化技术深度交叉融合为特色,以培养工学和管理学相结合的现代邮政快递业高层次工程技术人才为目标,是满足于高层次复合型邮政工程规划与设计类人才培养需求的新教材。本书详细阐述了邮政快递智能系统规划与设计中的理论、方法和模型,对于提升学生邮政快递智能系统规划与设计能力至关重要。

全书共 8 章,内容包括:邮政快递智能系统规划与设计概论、邮政快递智能系统关键技术、邮政快递智能系统设备、邮政快递智能系统网络规划与设计、邮政快递智能系统节点规划与设计、邮政快递智能运输系统规划与设计、邮政快递智能管理信息系统规划与设计以及邮政快递智能系统综合评价。

本书由刘晓平、孔继利、王刚编著。其中,刘晓平教授提出编写大纲并编著第 1 章、第 2 章和第 4 章;孔继利副教授编著第 5 章、第 6 章和第 8 章,并负责全书统稿;王刚讲师编著第 3 章和第 7 章。

本书在撰稿过程中参阅了众多专家、学者的有关著作、教材和文献,引用了其中的相关理论、方法、模型以及国内外不同类型邮政快递智能系统的实例,并已尽可能在参考文献中列出,同时通过互联网学习并借鉴了一些相关新闻、报道资料。在此,本书作者对这些作者表示衷心的感谢!

受作者学识水平、实践能力以及时间方面的限制,加之现代邮政业以及邮政快递智能系统的迅速发展,相关方法、技术、模型和管理理念不断推陈出新,书中难免会有疏漏和不足之处,敬请广大读者批评指正。

作者
2018 年 5 月

目 录

第1章 邮政快递智能系统规划与设计概论 ······ 1

1.1 邮政与快递概论 ······ 1
1.1.1 邮政概论 ······ 1
1.1.2 快递概论 ······ 13

1.2 邮政快递智能系统 ······ 19
1.2.1 邮政快递智能系统概论 ······ 19
1.2.2 邮政快递智能系统结构 ······ 23
1.2.3 邮政快递智能系统分类 ······ 25

1.3 邮政快递智能系统规划与设计 ······ 25
1.3.1 邮政快递智能系统规划与设计概论 ······ 25
1.3.2 邮政快递智能系统规划与设计的步骤与主要内容 ······ 29
1.3.3 邮政快递智能系统规划与设计的常用方法 ······ 31

第2章 邮政快递智能系统关键技术 ······ 34

2.1 自动识别技术 ······ 34
2.1.1 条形码技术 ······ 34
2.1.2 RFID 技术 ······ 38
2.1.3 数字图像处理与识别技术 ······ 40

2.2 电子数据交换技术 ······ 42
2.2.1 EDI 的概念 ······ 42
2.2.2 EDI 系统模型 ······ 42
2.2.3 EDI 系统的工作原理 ······ 42
2.2.4 EDI 的类型 ······ 42
2.2.5 EDI 系统的应用 ······ 43

2.3 云计算与大数据技术 ······ 44
2.3.1 云计算技术 ······ 44
2.3.2 大数据技术 ······ 51

2.4 物联网技术 ······ 53
2.4.1 物联网概述 ······ 53
2.4.2 物联网的工作原理 ······ 54
2.4.3 物联网的体系结构 ······ 55
2.4.4 物联网的关键技术 ······ 57

2.4.5　物联网的应用 ··· 58
2.5　检测与控制技术 ··· 59
　　2.5.1　传感器技术 ··· 59
　　2.5.2　智能控制技术 ··· 62
2.6　人工智能技术 ··· 64
　　2.6.1　人工智能技术概述 ··· 64
　　2.6.2　人工智能的研究与应用领域 ··· 65
2.7　智能优化技术 ··· 70
　　2.7.1　智能优化技术概述 ··· 70
　　2.7.2　智能优化算法 ··· 70

第 3 章　邮政快递智能系统设备 ··· 73

3.1　邮政快递智能系统的设备分类 ·· 73
3.2　邮政快递智能系统分拣设备 ··· 74
　　3.2.1　包件分拣设备 ··· 74
　　3.2.2　信函分拣设备 ··· 78
　　3.2.3　分拣设备主要技术性能 ··· 80
3.3　邮政快递智能系统装卸搬运设备 ··· 81
　　3.3.1　起重设备 ·· 81
　　3.3.2　工业搬运设备 ··· 87
　　3.3.3　柔性搬运系统 ··· 91
3.4　邮政快递智能系统储存设备 ··· 95
　　3.4.1　货架概述 ·· 95
　　3.4.2　托盘货架 ·· 95
　　3.4.3　移动式货架 ··· 98
　　3.4.4　贯通式货架 ··· 98
　　3.4.5　阁楼式货架 ··· 99
　　3.4.6　自动化立体仓储货架 ·· 100
3.5　邮政快递智能系统智能快递柜 ·· 101
　　3.5.1　智能快递柜设备 ·· 101
　　3.5.2　智能快递柜系统构成 ·· 103
　　3.5.3　智能快递柜功能分析 ·· 104

第 4 章　邮政快递智能系统网络规划与设计 ··· 106

4.1　邮政快递智能系统网络概述 ··· 106
　　4.1.1　邮政快递智能系统网络的含义 ·· 106
　　4.1.2　邮政快递智能系统网络的构成要素 ···································· 106
　　4.1.3　邮政快递智能系统网络的特征 ·· 108
4.2　邮政快递智能系统网络结构类型 ··· 108
　　4.2.1　邮政快递智能系统网络的基本结构 ···································· 108

4.2.2 全连通式网络 ······ 108
4.2.3 轴辐式网络 ······ 109
4.3 邮政快递智能系统网络规划与设计 ······ 110
4.3.1 邮政快递智能系统网络规划与设计的原则 ······ 110
4.3.2 邮政快递智能系统网络规划与设计的主要影响因素 ······ 111
4.3.3 邮政快递智能系统网络规划与设计的主要内容 ······ 112
4.3.4 邮政快递智能系统网络规划与设计的主要步骤 ······ 114
4.3.5 邮政快递智能系统网络规划与设计的方法与模型 ······ 117
4.4 邮政快递智能系统网络服务网点布局优化 ······ 118
4.4.1 网点拆分 ······ 118
4.4.2 网点撤并 ······ 119

第5章 邮政快递智能系统节点规划与设计 ······ 123

5.1 邮政快递智能系统节点概述 ······ 123
5.1.1 邮政快递智能系统节点的含义 ······ 123
5.1.2 邮政快递智能系统节点的主要类型 ······ 123
5.1.3 邮政快递智能系统节点的功能 ······ 125
5.1.4 邮政快递智能系统节点规划与设计的内容 ······ 126
5.2 邮政快递智能系统节点物权决策 ······ 126
5.2.1 公共节点 ······ 127
5.2.2 私有节点 ······ 127
5.2.3 公共节点和私有节点的选择 ······ 127
5.3 邮政快递智能系统节点数量和规模决策 ······ 128
5.3.1 节点数量的确定 ······ 128
5.3.2 影响节点规模的因素 ······ 129
5.4 邮政快递智能系统节点选址 ······ 130
5.4.1 邮政快递智能系统节点选址概述 ······ 130
5.4.2 邮政快递智能系统节点选址的主要影响因素 ······ 132
5.4.3 邮政快递智能系统节点选址的主要内容和步骤 ······ 134
5.4.4 邮政快递智能系统节点选址的方法与模型 ······ 136
5.5 邮政快递智能系统节点布局设计 ······ 157
5.5.1 邮政快递智能系统节点布局设计概述 ······ 157
5.5.2 邮政快递智能系统节点作业区域规划 ······ 158
5.5.3 邮政快递智能系统节点布局设计的基本步骤 ······ 159
5.5.4 邮政快递智能系统节点布局设计的方法 ······ 159

第6章 邮政快递智能运输系统规划与设计 ······ 168

6.1 邮政快递智能运输系统概述 ······ 168
6.1.1 邮政快递智能运输系统的含义 ······ 168
6.1.2 邮政快递智能运输系统的构成要素 ······ 168

  6.1.3 邮政快递智能运输系统的功能 ……………………………………………… 170
  6.1.4 邮政快递智能运输系统的结构 ……………………………………………… 170
 6.2 邮政快递智能运输系统规划与设计 ……………………………………………… 171
  6.2.1 邮政快递智能运输系统规划与设计的原则 ………………………………… 171
  6.2.2 邮政快递智能运输系统规划与设计的关键因素 …………………………… 172
  6.2.3 邮政快递智能运输系统规划与设计的内容 ………………………………… 172
 6.3 邮政快递智能运输系统运输方式选择 …………………………………………… 173
  6.3.1 各种运输方式及其特点 ……………………………………………………… 173
  6.3.2 选择运输方式考虑的主要因素 ……………………………………………… 174
  6.3.3 运输方式选择的方法与模型 ………………………………………………… 175
 6.4 邮政快递智能运输系统运输线路规划与设计 …………………………………… 179
  6.4.1 邮政快递智能运输系统运输线路规划与设计的含义 ……………………… 179
  6.4.2 影响运输线路选择的主要因素 ……………………………………………… 179
  6.4.3 运输线路优化方法与模型 …………………………………………………… 180

第7章 邮政快递智能管理信息系统规划与设计 ……………………………………… 197

 7.1 邮政快递智能管理信息系统概述 ………………………………………………… 197
  7.1.1 邮政快递智能管理信息系统的概念 ………………………………………… 197
  7.1.2 邮政快递智能管理信息系统的组成要素 …………………………………… 197
  7.1.3 邮政快递智能管理信息系统的功能 ………………………………………… 199
 7.2 邮政快递智能管理信息系统规划与设计的关键技术 …………………………… 201
  7.2.1 SOA 架构技术 ………………………………………………………………… 201
  7.2.2 Web Service 技术 ……………………………………………………………… 202
  7.2.3 EAI 技术 ………………………………………………………………………… 205
  7.2.4 中间件技术 …………………………………………………………………… 206
  7.2.5 邮政快递智能管理信息系统的安全技术 …………………………………… 206
 7.3 邮政快递智能管理信息系统的开发策略与开发方法 …………………………… 208
  7.3.1 邮政快递智能管理信息系统的开发策略 …………………………………… 208
  7.3.2 邮政快递智能管理信息系统的开发方法 …………………………………… 209
 7.4 邮政快递智能管理各子信息系统规划与设计 …………………………………… 212
  7.4.1 自动仓储管理系统规划与设计 ……………………………………………… 212
  7.4.2 动态配送管理系统规划与设计 ……………………………………………… 214
  7.4.3 智能运输管理系统规划与设计 ……………………………………………… 217
  7.4.4 综合决策支持系统规划与设计 ……………………………………………… 217

第8章 邮政快递智能系统综合评价 ……………………………………………………… 220

 8.1 邮政快递智能系统综合评价概述 ………………………………………………… 220
  8.1.1 邮政快递智能系统综合评价的概念 ………………………………………… 220
  8.1.2 邮政快递智能系统综合评价的原则 ………………………………………… 221
 8.2 邮政快递智能系统综合评价的主要步骤 ………………………………………… 221

8.3 邮政快递智能系统综合评价指标体系分析 ……………………………………… 223
　　8.3.1 邮政快递智能系统综合评价指标体系的构建 ……………………………… 223
　　8.3.2 邮政快递智能系统综合评价指标的处理 …………………………………… 225
8.4 邮政快递智能系统综合评价方法 …………………………………………………… 227
　　8.4.1 成本效益法 ………………………………………………………………… 228
　　8.4.2 线性加权和法 ……………………………………………………………… 229
　　8.4.3 层次分析法 ………………………………………………………………… 229
　　8.4.4 模糊综合评价法 …………………………………………………………… 235

参考文献 …………………………………………………………………………………… 240

第1章　邮政快递智能系统规划与设计概论

本章对邮政快递智能系统规划与设计进行概括性的介绍,主要包括邮政与快递概论、邮政快递智能系统以及邮政快递智能系统规划与设计等三部分内容。

1.1　邮政与快递概论

1.1.1　邮政概论

邮政是起源最早、历史上使用最广泛的一种通信方式。随着社会的发展和科学技术的进步,邮政在通信领域的地位受到了挑战,同时在其他领域,邮政的内涵也发生了巨大的变化。

1. 邮政发展的历史阶段

随着人类的进步、国家的出现和文字的使用,有组织的通信逐步形成。世界各国的邮政发展历程不同,但总体上可划分为古代邮驿、传统邮政和现代邮政等三个阶段。

1) 古代邮驿

(1) 邮驿的发展历程

世界各国古代都有邮驿组织,其中埃及、希腊、亚述、波斯、罗马和中国等文明古国都曾为古代邮驿的发展做出过重大贡献。

埃及在公元前 20 世纪前后就建立了传令组织。

公元前 11 世纪,古希腊进入奴隶社会后,为了与同盟城市或敌对城市保持联系,在每个城市都安排有"送信者"。送信者根据当地传递路途较短和多山的特点,送信时多为步行。后来又设立了"驿站",每个驿站都备有马匹。

公元前 10 世纪,亚述帝国为确保与外界的通信联系,修建了四通八达的驿道。

公元前 558 年—公元前 529 年,居鲁士三世统治波斯时期,由于国土辽阔,信使步行经常误事,改用骑马送信。

罗马凯撒大帝继承了波斯的邮驿制度,信使骑马或乘马车,邮驿成为当时军事和行政机构的组成部分。

公元 750 年—公元 1258 年间,阿拉伯帝国阿巴斯王朝为加强中央统治,设置了邮驿管理机构,在广修驿道的同时,设置的驿站达 900 多处。

日本在"大化革新"时期,曾效仿中国唐代的邮驿制度设置驿站。明治四年,随着近代邮政的开办,日本邮驿逐步退出历史舞台。

中国在距今3000多年前的殷商时期,就出现了有组织的通信活动。到西周时期,我国已经有了比较完善的邮驿制度。一方面,保持着烽火报警(按约定信号通报紧急军情)、击鼓传声的通信方式;另一方面,建立了完善的邮驿组织,为后来历代王朝邮驿的发展奠定了基础。

知识链接:中国邮驿的情况

周王朝为了维护天下宗主的地位,把"候宫驿之设"看成是"所赖于布政施会",作为政府行政之助的重要手段,建立了以西周首都丰镐为中心的邮传网络,联络中央与各诸侯国的邮传组织已具雏形。

春秋时期的邮传已"北通燕蓟,南通楚吴,西抵关中,东达齐鲁"。有步递、传车、传寄等通信手段;采取派遣专差、专使传送,全程往返或接力传递信息等通信方式。

秦统一中国后,为保证诏书遍行海内而广修驿道。实行书同文、车同轨,为邮驿的发展提供了有利条件。在传递方式上,多采用接力传递文书的方法,由政府规定固定的路线,由负责邮递的人员一站一站接力传递下去。为了保证公文和书信及时、迅速而准确地到达,秦王朝制定了中国第一部有关通信的法令——《行书律》,对公文的传递呈报、登记手续、人员奖惩、驿马饲养等都做出了具体规定,对后世影响巨大。《行书律》规定:文书分为两类,一类为急行文书,另一类是普通文书。急行文书包括皇帝诏书,必须立即传达,不能有片刻稽留。普通文书也规定当日送出,不许积压。

汉承秦制,邮驿制度不断完善,尤其重视邮亭建设,每10里设一个邮亭,30里设一个邮置。汉武帝使张骞通西域,邮亭、邮置不断扩充,通信速度加快,紧急信件一昼夜可传送300多公里。

魏晋南北朝时期,出现了群雄割据的纷争局面。随着社会生产的发展,邮驿通信不断发展,邮驿制度不断完善,出现了中国历史上第一部邮驿专门法规——《邮驿令》。

隋唐时期,邮驿空前繁荣。隋唐邮传事业发达的标志之一是驿站数量的增多。唐朝的驿站遍布全国。当时的官邮线路以京城长安为中心,向四方辐射,直达边境地区,大致是30里一站,全国共有驿站1 600多处。驿站的任务包罗万象,既负责国家公文书信的传递,又传达紧急军事情报,还兼管迎送官员、平息叛乱、追捕罪犯、灾区慰抚和押送犯人等,有时还管理贡品和其他小件物品的运输。邮驿的行程也有明文规定,如陆驿规定马每天走70公里,驴走50公里,车走30公里。唐朝驿传相当准确、迅速。遇有紧急情况,骑马一天能跑300公里以上。

宋代邮驿规模不如唐朝,但有两大变革:① 为了传递军令设立了急递铺,每铺设铺长1人,铺兵10人,传递紧急公文日行可达四五百里;② 驿卒由民夫改为军卒担当。嘉祐年间(公元1056年—公元1063年),还编有《嘉祐驿令》共三卷七十四条,邮驿规章制度比唐朝进一步完善。

元朝邮传在蒙古地区称为"站赤",在汉地称"驿站",全国有驿站(站赤)1 496处。为了确保高度机密文书的传递,忽必烈还创建了海青驿,作为他的专用驿站。首先从大都至济南,设海青驿8所;随后在各路设置海青驿,急递铺的军事性质较宋时下降。

明朝邮驿隶属于兵部车架司,各行省由布政使和按察使兼管驿站,按察使下有驿传道为全省驿传主管长官,各州县有驿丞为地方驿传主管人员。明代《大明律》中专列了《兵律·邮驿门》,规定用严刑峻法来治理邮驿,延误公文传递者要严加治罪。

清代邮驿在明代基础上有所改革与创新,在康熙、雍正、乾隆三朝百余年间发展到高峰。

有 2 000 个驿站、70 000 多名驿夫、14 000 多个递铺、40 000 多名铺兵组成的清代邮驿组织,规模庞大、网络纵横、四通八达。《大清律例·兵律》有邮驿律十八条,后增至三十五条,比明代更为严谨和完备。清代末年,随着清王朝的日益没落和邮政的兴起,古代的驿站逐步衰落。

(2) 古代邮驿的相关概念

① 邮驿。邮驿是国家出现后专门为政府传送公文和传递军情而设置的国家通信机构。

② 驿站。古代负责传递公文、转运官方物资及供应往来官员食宿的机构。我国的驿站始于周代,称为传舍,以后历代有不同的名称,如邮亭、邮置、递铺、站赤等,后来统称为驿站。

③ 驿符。驿符是古代官吏和使用邮驿的一种凭证。周秦时期驿符为"节"或"传",两汉时期由中央对使用邮传的使用者发放木制的封传,"传"长一尺五寸,由御史大夫加封,凭"传"以供应车马,决定事物的缓急和车马的等级。另一种"传"是一种红色织物,供一般使用者使用。隋朝时期给驿遣使发银牌,后来演变为纸券。传符盖上相应级别的印方能有效,有的注明该件公文的时速要求。

④ 泥封。古代对简书用的一种特制的黏土在捆扎处进行加封的方式,是古代邮驿封发公文书信的一种重要方式。泥封始于战国时期。汉代泥封已广泛使用,发文官署除加盖官印外,还盖有邮寄部门的印章,注明传舍名称及收发日期,管理制度十分严格。

⑤ 驿使。驿使是邮驿传递文书的人。驿使有的是朝廷差遣的传书专使,有的则是专司传递文书的人员。

(3) 古代邮驿的特征

纵观古代邮驿的发展历程,各国各异,我国的各个朝代也各有特点,但包含着邮驿的一些共同特征。古代邮驿的特征如下。

第一,通信是古代邮驿的根本功能。

无论是古埃及还是中国各个朝代,通信的需要是产生古代邮驿最主要的原因。我国各个朝代邮驿的组织管理、邮驿规模各不相同,尽管也负责迎送过往官员和接待使臣,提供车马住宿,但其基本功能是通信。

第二,官办是古代邮驿最根本的组织管理形式。

从我国最早的通信组织周代邮驿到清代邮驿,历代邮驿都是传递公文和军情的国家通信组织,从中央到各地方都由官方来管理,邮驿是国家机构的一部分。

第三,仅服务于国家政权是邮驿的本质。

古代邮驿不为公众提供通信服务,其建立的根本目的是为国家统治者维护政权服务。

2) 传统邮政

邮政作为对社会普遍开放的、以传递信函为主的官方通信机构,始于 17 世纪的欧洲。可以说邮政起源有两个:一是古代邮驿;二是私人寄递组织。

(1) 邮政的产生和邮政的第一次变革

从邮驿的发展历史可以看出,邮驿是专为官府服务的,民间通信只能是靠托人捎带或派人专送。但随着社会经济、文化的发展和教育的普及,人们的相互书信来往增多,促使一些教会、大学、城市和商业组织设立各自独立的邮递组织,这也是世界上最早的私营寄递组织。后来,私营的寄递组织发展很快,有的寄递组织持续了几百年。如 15 世纪由塔克西斯家族经营的私营寄递组织,到 16 世纪中叶其邮路网络几乎伸展到欧洲的大部分地区,有邮递人员 2 万名,是世界上最大的私营寄递机构,存在了300多年。

法国于公元1477年建立了皇家邮政。英国于公元1516年委派邮政局局长,组建了邮政通信网。但这些官办邮政起初不为公众服务,直到公元1600年前后才开始合法地传送私人信件。英国于公元1635年,法国于公元1672年宣告邮政由国家专营。私营的寄递组织被国家邮政所取代。

奠定传统邮政基础的是邮政的第一次变革。公元1840年,英国政府采纳了罗兰·希尔(图1-1)在《邮政改革:其重要性与现实性》一书中的观点,对邮政进行了改革,称为邮政的第一次变革。其主要内容包括:实施均一资费制;采用邮资预付和发行邮票;重申邮政由国家专营,业务向所有用户开放。当年发行了人类历史上的第一套邮票——黑便士邮票。罗兰·希尔的邮政改革思想很快在世界许多国家传播并被接受。罗兰·希尔的邮政改革思想之所以能够风靡世界,与当时的西欧和北美开始了工业革命密不可分。工业革命极大地促进了社会经济的发展和人们生活方式的改变,社会化大生产、经济文化的联系和国际交往,都需要高效、安全、方便的邮政通信服务,特别是现代交通工具火车、汽车、轮船和飞机的发明与使用为现代邮政的发展提供了物质技术基础,因而大大推进了各国建立和普及邮政的进程。

这一变革是世界邮政史上的一个里程碑,它明确了传统邮政的基本特征,为后来各国邮政确立了一个基本运作模式。

知识链接:世界第一枚邮票"黑便士"

黑便士是世界上第一枚邮票。邮政之父——罗兰·希尔爵士的"便士邮政法",引发了一场世界邮票的重大变革,同时也导致了世界邮票女皇——"黑便士"的诞生。1839年8月17日,英国议会通过了实行均一邮资的1便士邮资法和预付邮资制度。1839年9月6日至10月15日,公开征求对邮资凭证已付的意见和设计图稿。正是由于确认了这枚图稿而产生了世界上第一枚邮票,面值以便士计量,用黑色油墨印制,故称黑便士邮票。世界第一枚黑便士邮票如图1-2所示。

图1-1 罗兰·希尔

图1-2 世界第一枚邮票"黑便士"

(2) 我国邮政的创立及发展历程

我国邮政创立前,私人邮递组织得到了快速发展。我国的私人寄递组织主要有传递民间的书信、物品、办理汇票的民信局,以及专营海外华侨信件、汇票的侨批局。民信局始创于明代永乐年间(1403年—1424年)。清朝末年,民信局发展到几千家,在一定程度上缓解了民间通信问题。民信局邮资的收取标准,由各信局自定,一般由寄件人和收件人各付一半,一封平件按路程远近收费不等。有的可以议定按年收费。如遇紧急信件,可将信封烧去一角或插鸡毛一片,以示火急,并额外增加资费。民信局服务周到,手续简便,对大客户和大宗业务还可以给予更多优惠,但由于其经营分散的特点,在1896年清代国家邮政官局成立后,无法与邮政官局竞争,加上官方对民信局业务的限制,使民信局的经营逐步走向衰落。1928年,当时的南京国民政府召开交通工作会议通过决议,"民信局应于民国十九年(1930年)一律废止"。到1935年1月1日全部停办。侨批局在19世纪初逐步发展起来。1934年,侨批局已发展到322处,分局2363处。侨批局服务周到,受到侨胞及其家属的信任。侨批局一直保留下来,新中国成立后,有的纳入邮局的委代办机构。

在我国邮政产生前,外国在我国开设了邮局。鸦片战争以后,清朝统治阶级腐败无能,帝国列强纷纷入侵,并在中国设立所谓的"客邮"。"客邮"是帝国主义国家在中国领土上强行设置的外国邮局,实为侵略产物。中国邮政实质是在帝国主义官办"客邮"和商办"书信馆"的直接操作下建立起来的。英国首先于1842年4月25日在我国开办邮局,直属英国邮政总局领导。此后,法、美、日、德、俄等国纷纷效法,相继在我国设立邮局。到第一次世界大战期间,列强在中国各地开办邮局更加泛滥。各国在华邮局、野战邮局、代办所多达340余处,不仅在沿海、沿江、通商口岸,而且到内地和边疆。这些各国自设的邮局,不受中国政府的管辖,各自执行本国邮章,使用本国邮票,却加盖中国地名的邮戳,也发行了少量的特制邮票。

1878年3月,清政府批准兼办"海关邮政"的海关总税务司在天津、北京、烟台、牛庄、上海5处试办邮政,开始收寄公众邮件并于当年6月由天津华洋书信馆在上海印刷了中国第一套"大龙邮票"且公开发行,揭开了中国邮政的序幕。

① 海关邮政

海关邮政包括海关兼办邮政和海关试办邮政。鸦片战争以后,帝国列强纷纷在华设立驻华使馆。因清政府无力承担各使馆往来文件的传递事宜,于是在1866年达成协议,由英国人赫德担任总督的中国海关总税务司兼办此事,这就是"海关兼办邮政"。1878年3月经李鸿章同意,赫德委派德璀林在天津等5处仿照西欧方式由海关试办邮政,开始收寄中、外公众邮件,这就是"海关试办邮政"。这一时期中国官方公文、报纸仍由驿站传递,而中国商人和民众由于不信任海关仍向民信局交寄邮件,所以形成了邮驿、海关邮政、民信局和"客邮"并存的局面。

② 大清邮政

由于多种寄递组织的存在,致使海关邮政生存艰难。于是,南洋大臣刘坤一、北洋大臣李鸿章及赫德等人出于不同的目的,纷纷上书清廷,要求尽快正式开办国家邮政。1896年总理衙门根据张之洞建议与赫德等提出的邮章,奏请光绪皇帝批准,于当年3月20日开办"大清邮政",这标志着中国邮政的诞生。

但是,官办大清邮政的建立,并未能抑制"客邮"的泛滥。因为大清邮政仍无能力传递国际邮件,须经"客邮"经转才能寄达外国。因而大清邮政又与各国"客邮"签订互换章程,等于承认了"客邮"的合法地位,使之更加猖獗,公然收寄国内商民包裹,并大肆走私漏税。另一方面,"大清邮政"却与"民信局"展开竞争,凭借其官办特权,采取行政手段阻止民信局与轮船公司接触,要求民信局到邮政官局登记挂号,并把信件总包交邮政管局转交带运,还采取总包加价和私运罚金等手段限制民信局。同时,官办邮局也采取扩大业务、改善服务,甚至不顾邮差疾苦一再采用增加投递频次等竞争手段排挤民信局,最终使得延续了500年的民信局于1909年以失败告终。

经过3 000多年演变的古代邮驿,也因积弊严重、贪污腐化和效率低下而失去存在的意义,因而在多次"裁驿归邮"的倡议中日益衰落,终于在1912年5月经北洋政府批准裁撤各处全部驿站。

从1896年清政府正式批准开办国家邮政起,直到1906年成立邮传部,邮政才脱离海关归邮传部,又几经周折,直到1911年邮传部才正式接管了海关邮政,英国人赫德离职返英,法人帛黎又当上邮政总办,中国邮政大权仍在外国人手中。

知识链接:大龙邮票

图1-3 大龙邮票

1878年8月15日(具体发行日期迄今为止未见记载,一般认为大龙邮票的最早发行日期在1878年7月24日至8月1日之间),清朝政府海关试办邮政,首次发行中国第一套邮票——大龙邮票,这套邮票共3枚,主图是清皇室的象征——蟠龙。其发行量约100万枚。大龙邮票如图1-3所示。

③ 中华邮政

孙中山领导的辛亥革命于1911年推翻了清朝统治,结束了中国2 000多年的封建君主专制制度,建立了中华民国,并诞生了"中华邮政"。但是,邮政大权仍然操作在法国人帛黎之手。自"大清邮政"开始,我国邮政职工为从英、法代理人手中夺回邮政主权进行了长期不懈的斗争,直到"中华邮政"时期,先后经过了20多年的曲折和斗争,于1922年2月1日在太平洋会议上,才通过撤销外国在华"客邮"的议案,除日本设在我国东北旅大及南满铁路沿线邮局和英国设在西藏的邮局外,其他"客邮"多于当年年底撤销。

中华邮局在总结历史经验的基础上,引入西方邮政管理制度,注意改善经营管理,使中华邮政能在北洋军阀连年混战期间扭亏为盈,有所发展。中华邮政在人事管理上采用考试晋级制度,强调"选贤任能、信赏必罚、终身事业";在各生产环节明确职责,核定定额,并实行考试录用新工和新工训练、试用制度,使职工晋级与工资收入相结合;在财务管理上,中华邮政实行高度集中和视察检查制度;劳动管理上制订严格的纪律考核奖惩制度;在业务经营体制上,实行总局集中垂直领导,现业局则按规模大小和业务多少分等,但相互之间业务往来关系一律平等。各局局长都经办具体业务和行政业务,均不脱产。邮区划分以行政区划为基础并结合通信需要和效益合理布局。中华邮政时期经办的业务种类较多,范围较广;在邮运上利用火车、汽车、轮船、飞机、自行车和兽力车等各种工具。为了便于管理、统一要求,先后制定了"邮政纲要""邮政条例",并于1935年7月5日颁布《邮政法》,使邮政法制进一步完善。

④ 赤色邮政与中华苏维埃邮政

1927年在中国共产党领导下建立了中国工农红军,首先开辟了井冈山革命根据地,并建立了中华苏维埃政权。为了适应革命斗争的需要,各根据地都成立了"递步哨""传山哨"等通信联络组织。依靠人民群众,利用各种方式,监视敌人动向,传递军事情报,并且在根据地及国民党统治区建立交通站,传递消息、护送干部、运送物资。在此基础上,1928年首先在湘赣边区工农民主政府正式成立了"赤色邮政",并于1929年发行了邮票。1930年在江西吉安成立赣西南邮政总局,1931年迁往兴国,改名为江西省邮政总局。1932年赤色邮政改名为"中华苏维埃邮政",并建立统一制度,发展为军邮和民用两种形式的通信组织。中央设立邮政总局,各苏区省设邮务管理局，以下设县邮局和邮站，统一使用中央苏区发行的邮票。在抗日战争期间，各根据地邮政组织以交通站形式继续做通信和交通向导工作，并在敌占区坚持斗争，在敌人封锁的情况下千方百计地完成通信任务。

在解放战争期间，邮政职工提出"一切为了前线""解放军打到哪里，邮政就通到哪里"的战斗口号，组织随军邮政支援战争。在各野战军设军邮总局，军以下兵团、纵队和师团中，分别设军邮分局、支局和交通站，组成一个完整的军邮通信系统，为解放战争的指挥联络、传递信息以及战士和家人通信做出了巨大贡献。

⑤ 中华人民共和国邮政

1949年10月1日中华人民共和国成立，同年11月1日成立中华人民共和国邮电部，主管全国邮政和电信工作。1950年1月1日邮电部邮政总局成立。除台湾和港澳地区外，全国建立了各级邮政机构。

在三年恢复时期，主要是恢复和发展邮政通信事业，如接管和改造官僚资本主义企业，对侨批局实行独立经营，自负盈亏，使之逐步成为国营邮政的委托代办机构。

1953年以后，邮电部加强了邮电事业的建设，提高了业务和技术水平。如加强了以北京为中心的全国邮政网的建设，建立邮电科研、教育和工业基地；建立新的企业管理制度。

1998年进行邮电体制改革，实现了邮电分营。分营之后，邮政成为国民经济体系的一个部分开始独立运营。邮电分营使邮政职工有了自我经营发展的意识，调动了积极性；分营有利于邮政职工整体素质的提高，有利于邮政向集约化经营发展，为邮政网现代化创造了条件，特别是中心局体制建设和邮政综合网建设。至此，中国邮政开始了由传统邮政向现代邮政的转型。

（3）传统邮政的特点

自英国第一次邮政变革到20世纪80年代，世界上大多数国家的邮政尽管有各种各样的变化，但保持了传统邮政的基本运作模式和特点。

传统邮政具有的主要特征是：第一，实行国家专管，组织统一的邮政网路；第二，向社会公众开放，设立固定营业点，定时开门营业，收寄公众邮件；第三，实行统一的资费制度，并有明确标准和使用邮资凭证；第四，业务范围比较广泛，组织管理严格统一；第五，邮件寄递有了固定路线和班期，并开始采用比较先进的交通工具。

3）现代邮政

（1）现代邮政的形成

多数国家的邮政长期以来保持其传统的运作模式。邮政一般都与电信结合在一起，作为国家政府的职能部门，管理和经营本国的邮电通信。直到20世纪70年代初，澳大利亚、新西兰、新加坡、瑞典、芬兰等国家开始进行改革，改革的核心在于改革邮政的管理体制。特别是20世纪80年代，以英国邮政脱离政府序列、组建国家邮政公司为开端，拉开了邮政领域实行政企分开的改革序幕。进入20世纪90年代以后，邮政领域的改革更是如火如荼，改革成为邮政领域的主旋律。这是世界邮政的第二次变革，是一个从传统邮政向现代邮政转型的时期。

20世纪80年代以来，通信技术和计算机技术取得飞速发展，对信息传送时限提出了更高要求，加之国际互联网和计算机的迅速普及，电信通信的蓬勃发展和电子邮件的悄然兴起，相当一部分原本属于邮政通信的业务被这些现代通信方式所替代。面这种局面，邮政如果不进行体制改革和机制转换,必然会陷入生存危机。

伴随着经济全球化的浪潮,像 UPS、DHL、FedEx 和 TNT 等跨国私营运递公司纷纷进入邮政市场,邮政部门遇到前所未有的竞争。这些跨国公司凭借强大的实力和灵活的机制,为用户提供比邮政更为可靠快捷和方便周到的服务,在有盈利性快递市场夺走了相当一部分原本属于邮政部门的市场份额。邮政如果一味地坚持"官办",依赖政府,无所作为,必将处于被动地位。

长期以来,邮政被非营利性、公益性服务部门的性质所限,依靠政府支持,缺乏经营活力,对于市场需求的响应迟缓,许多国家的邮政处于亏损经营。一方面是邮政的亏损,另一方面社会又要求作为基础设施的邮政承担普遍服务的义务。在这种情况下,改革是邮政的唯一出路,也是邮政取得生存发展的机遇。

进入 21 世纪,世界邮政的改革已取得了初步成效。新的邮政运作模式基本形成,已经步入现代邮政时代。

(2) 现代邮政的特征

尽管世界各国邮政改革的进程不一,改革的深度不同,但从众多国家的邮政改革中可描绘出现代邮政的基本特征:第一,邮电分营;第二,政企分开,邮政独立运营;第三,邮政市场逐步开放,缩小邮政的专营范围;第四,强调多种形式的普遍服务义务的履行;第五,传统邮政业务与现代技术相结合。

(3) 我国的现代邮政发展

1998 年以后,尽管我国邮政实现了独立运营,但由于邮政仍是"政企合一",这与国家管理体制改革不相适应。为保证邮政的发展,邮政的管理体制必须进行进一步的改革。

2005 年 7 月 20 日,国务院常务会议批准了邮政体制改革方案。邮政体制改革的基本思路是:实行政企分开,加强政府监管,完善市场机制,保障普遍服务和特殊服务,确保通信安全;改革邮政主业和邮政储蓄管理体制,促进向现代邮政业方向发展。重新组建国家邮政局,作为国家邮政监管机构;组建中国邮政集团公司,经营各类邮政业务;加快成立邮政储蓄银行,实现金融业务规范化经营。通过改革,建立政府依法监管、企业自主经营的邮政体制,进一步促进我国邮政事业的健康发展。

2. 邮政的概念和特点

1) 邮政的概念

可从多个角度对邮政的概念进行理解。

(1) 从行业的角度来看,传统邮政是国家开办并直接管理的、利用运输工具以传递实物载体信息为主的通信行业。

(2) 从发挥的社会作用来看,传统邮政是人们进行政治、经济、科学、文化、教育等活动和人们联系交往的公用性基础设施。

(3) 从提供的服务来看,传统邮政是以实物为载体传递信息的一种通信方式。

随着邮政改革的深入,邮政的内涵已发生了很大变化。在一些国家,邮政已不再是国家直接管理,邮政已成为一个公司进行经营。另一方面,邮政业务也发生了重大变化,邮政开始从事诸如物流、邮购等业务。

本书给出邮政的概念为:邮政是利用遍布世界各地的寄递网络,向社会提供传递实物载体信息、传递物品以及其他相关服务的行业。

这个概念体现了邮政是一个服务行业,邮政的主体业务是寄递服务,其他服务是利用邮政网络优势和便利而提供的。邮政向社会提供通信服务,但这种通信服务的一个重要特点是信息以实物为载体。

2)邮政的特点

邮政有以下特点:

① 邮政服务对象的广泛性。邮政的服务对象是整个社会,包括政府、企业等组织,也包括每一位公民。

② 邮政生产过程与消费过程的同一性。邮政的生产过程就是为用户服务的全过程。邮政服务内容是以寄递服务为主的相关服务,这种服务的特点是邮政的生产过程也就是用户的使用过程。

③ 全程全网联合作业。邮政提供的服务是基于邮政网络,要完成邮政全程生产过程,需要有两个或以上的邮政企业或部门协作配合才能提供完整的服务。全程全网联合作业是邮政最为突出的生产特点。

注意:要区分邮电和邮政。邮电是在邮政与电信合一体制下对邮政和电信两个专业的总称,而电信是利用有线电、无线电、光或其他电磁系统,对符号、信号、文字、图像、声音或其他性质的信息的传输、发射或信号接收。这与邮政在信息的传输方式上有着本质的区别。长期以来,邮政和电信采用合一管理模式,这就容易造成人们对邮电和邮政的混淆。

3. 邮政在市场经济中的地位和作用

社会主义市场经济的建立和发展,在我国是一场深刻的变革,必然影响到社会的方方面面。这种社会变革对邮政提出了新的更高要求,现在许多邮政新业务的开办都是市场经济发展带来的必然结果。

邮政在社会主义市场经济中的地位和作用主要表现在以下几方面。

(1)社会主义邮政要为党和政府服务,传达政令。社会主义邮政具有为党政机关服务的特殊使命。

(2)邮政要为社会提供普遍服务。普遍服务是指保证提供使顾客在全国任何地方都能寄发或收到物品和信件的普遍邮政服务。邮政普遍服务是建立在人民基本权利原则上的一种政府行为,每个公民都有权利享受邮政通信服务。公用邮政部门有承担邮政普遍服务的义务。

(3)邮政是社会主义市场经济信息流的重要通道。社会主义市场经济需要大量的信息交流,邮政作为传递信息的通道仍然保持着社会主义市场经济信息流的大动脉的地位。社会主义市场经济的建立要求信息流通要快、信息反映要及时、信息量要大,这些信息有一部分是通过邮政这个渠道传递的。

(4)邮政是社会主义市场经济商品流的通道。随着时间的推移,这种大通道作用越来越突出。商品流通是邮政应重点开拓的新领域,而且这个领域潜力很大。今后,邮政部门应想办法满足社会主义市场经济商品流通的需要,提供优质服务。

(5)邮政是社会主义市场经济货币流通的重要渠道。在劳动力流动的情况下,邮政的货币流通量越来越大。邮政汇兑业务和邮政储蓄业务近年来有了较大发展,邮政部门承担的货币流通任务会越来越大。

（6）邮政仍然是沟通世界各个角落的桥梁。市场经济条件下，商品经济的交流是没有国界的。在这种情况下，邮政担负着沟通世界各个角落的重任。

从邮政的作用可以看出邮政在社会主义市场经济中的地位，即邮政为社会主义市场经济的建立和发展提供基础条件，促进社会主义市场经济的发展。可以说，社会主义市场经济离不开邮政，市场经济越发达，对邮政的要求就越高，希望也就越多。反过来，市场经济的发展也促进了邮政事业的发展和壮大。

4. 邮政的任务

邮政的作用和地位决定了邮政应当承担的任务，邮政的任务体现在以下几方面。

1）以明确的服务理念，为满足党政机关、团体、厂矿企业、各类公司和广大居民用户对邮政服务的需要，向各类用户提供方便及时的邮政服务，为社会发展做贡献。从现代邮政面临的形势以及自身的发展需要来看，邮政企业提供的服务也在转型，主要体现在从主要服务民用向服务商业发展，从主要以手工操作向电子化、自动化、智能化操作发展。

2）以坚定的质量意识和质量观念，严格执行邮政法规，确保通信质量，用优良的邮政通信服务满足广大用户的多种需求。尽管服务的内容、对象和形式有所变化，但质量是决定邮政生存发展的重要基础。

3）改善经营管理，提高经济效益。要在提高企业素质与活力上下功夫，在提高社会效益的同时，通过完善经营机制、改善经营管理、创造最佳经济效益，不断提高企业和部门的积累能力、应变能力和自我发展能力。

可见，邮政的根本任务就是以优质、高效、低耗的邮政服务，保证党政机关和社会各类用户的需要。一方面通过邮政迅速传递信息、提供服务，促进社会生产进程，节约社会劳动时间，为我国经济建设、社会发展做贡献；另一方面通过系统优化和改善管理，提高劳动效率，创造出良好的企业经济效益。

5. 邮政业务的定义

一个生产企业向社会提供的是有形的产品，如汽车生产厂家向社会提供汽车产品，食品厂向社会提供食品。一个服务型企业向社会提供的是服务产品，如旅馆向旅客提供住宿服务，咨询公司向社会提供咨询服务。

邮政业务是邮政部门为社会各行各业和人民群众提供各种产品和服务的总称。这些服务以寄递业务为主体，同时利用邮政网络优势，提供多种服务。

邮政业务是邮政部门向社会提供的一类产品。这类产品的主体部分是无形的服务，如函件业务，就是一种为用户提供的寄递服务。也有有形产品，如集邮品。

我国《邮政法》第十四条规定，邮政企业经营的业务主要有：邮件寄递；邮政汇兑、邮政储蓄；邮票发行以及集邮票品制作、销售；国内报刊、图书等出版物发行；国家规定的其他业务。

邮政业务随着社会需求的变化而发展，总的要求是能够适应社会不断增长的数量和种类的需求。邮政部门需要不断调整业务结构，特别是在我国发展社会主义市场经济的形势下，邮政要开发一些新业务，改进或取消一些不适应社会需要的业务，以满足市场经济带来的各种新的需要。

6. 邮政业务的分类

邮政部门通过邮政企业经办邮政业务，满足整个社会对邮政的需要。邮政部门经办的业务很多,人们可以根据不同需要对其进行分类。

1) 按业务的性质分类

按业务性质分类,邮政业务可分为函件业务、包件业务、特快专递业务、现代物流业务、储汇业务、报刊发行业务、集邮业务、机要通信业务、信息和代理业务。其中,函件业务、包件业务、储汇业务中的汇兑业务、报刊发行业务等四类业务开办时间较早,被称为邮政的四大传统业务。

(1) 函件业务

函件业务是收寄和传递各类函件的业务。函件包括信函、明信片、邮简、邮送广告、印刷品和盲人读物。其中,信件(信函和明信片)的寄递为邮政的专营业务。函件业务属通信性质,且数量很大,在邮政通信业务中占主要地位,是中国邮政最重要的核心业务。

(2) 包件业务

包件业务是办理寄递包裹的业务。包括民用包裹业务和商品包裹业务。前者是寄递个人生活小件物品和机关、企业、团体等单位的零星物品;后者则是寄递工厂、企业、集体及个体户交寄的以盈利为目的大宗商品。

包件业务是物品的运送和寄递,按其性质而言,属于运输业务。

函件业务和包件业务合在一起,统称邮件业务。

(3) 特快专递业务

特快专递业务是邮政部门为适应社会上紧急传递信息和物品的需要开办的一项业务,该业务在现代社会发展很快,竞争也比较激烈。特快专递业务有国际特快专递业务和国内特快专递业务之分;按其性质而言,属于商业性业务。

(4) 现代物流业务

现代物流业务是近年来我国邮政根据物流行业的发展需要,结合自身的资源和优势,向社会提供的物流服务。邮政的现代物流业务包括一体化合同物流、货运代理、中邮快货和分销配送等业务。

(5) 储汇业务

储汇业务包括储蓄业务和汇兑业务。

第一,邮政储蓄业务包括活期储蓄、定期储蓄、定活两便、本地通兑及异地存取等。

第二,汇兑业务就是收受寄送和兑付汇款的业务。它是依赖信息传递而存在的一项银行业务。汇兑业务的作用在于沟通异地之间的经济往来,在完成款项的收付转移中方便用户,避免现金的携带和运送。

储汇业务属于金融业务,邮政企业也在发展其他金融业务,如金融中间业务。

(6) 报刊发行业务

报刊发行业务是经营发行报刊社定期出版的报纸和杂志的业务。邮局经办发行业务,主要采取订阅和零售两种方式。不论采取何种方式,均为商业性质。由于报刊本身含有大量的信息,又使报刊发行业务带有传播信息的通信性质。

(7) 集邮业务

集邮业务是专门从事出售集邮邮票和集邮用品以及组织指导公众开展集邮活动的业务。它不属于通信业务范围,而具有商业性质。集邮业务是邮政增加自身积累的重要来源之一,也是丰富人民生活、陶冶情趣和建设精神文明的一个方面。

（8）机要通信业务

机要通信业务是专门传递党和国家的机要文件和机要刊物的业务。由于它具有机密性强和要求高的特点，此项业务由邮政部门设置专门机构和专职人员办理，并另订寄递办法，与一般邮件业务分开处理。机要通信业务是具有通信性质的一项特种业务。

（9）信息和代理业务

信息和代理业务是邮政在新形势下适应社会信息化需要和市场需求，整合、归集自身优势资源，主动开发市场、服务社会的一种新型业务。现已形成了以代理代办业务为基础，信息增值业务为重点、电子商务业务为发展方向的业务。主要包括航空机票代理业务、代收代缴业务、短信业务、"自邮一族"项目、"邮乐中国"网站等业务。

2) 按市场竞争情况分类

（1）专营类业务

法律赋予邮政企业对某些特定业务享有排他性经营权，如信件的寄递业务，但随着体制改革的不断深化，专营业务的范围也在不断缩小。

（2）竞争性业务

竞争性业务是指邮政企业按照市场机制的原则和其他企业参与竞争的业务，如速递业务、物流业务和金融业务等。

3) 按邮政行业承担的社会功能分类

邮政业务可分为邮政普遍服务、邮政特殊服务和商业性服务。

（1）邮政普遍服务

邮政普遍服务是指邮政企业按照国家规定的业务范围、服务标准和资费标准，为中华人民共和国境内所有用户持续提供的邮政服务。主要包括信件、单件重量[①]不超过5 kg印刷品、单件重量不超过10 kg包裹的寄递服务以及邮政汇兑服务。

（2）邮政特殊服务

邮政特殊服务是指邮政企业按照国家规定办理的机要通信、国家规定的报刊发行，以及义务兵平常信函、盲人读物和革命烈士遗物的免费寄递等服务的总称。

（3）商业性服务

商业性服务是指邮政企业按照国家规定开办的商业性竞争业务，主要包括特快专递业务、现代物流业务、储蓄业务、集邮业务、信息和代理业务等。

4) 按业务板块分类

我国邮政业务划分为三大板块，即邮务类业务、速递物流类业务和金融类业务。

（1）邮务类业务

主要包括函件业务、包件业务、信息和代理业务、报刊发行业务、集邮业务和机要通信业务等。

（2）速递物流类业务

主要包括特快专递业务和现代物流业务。

（3）金融类业务

主要包括储蓄业务、汇兑业务和保险业务等。

[①] 此处并本书其他各处出现的"重量"，实为"质量"，但按行业习惯均称"重量"。

由上可知：邮政部门经办的业务名目繁多、复杂多样，既有属于通信性质的，也有不属于通信性质的，它涉及千家万户，关系到国计民生。

1.1.2 快递概论

1. 快递产生的背景

1969年3月的一天，一位美国青年在一家海运公司内等朋友，偶然得知当时正有一艘德国船停泊在夏威夷港等待正在旧金山缮制的提单。如果通过正常途径，提单需要一个星期才能到达那里，这个年轻人提出他愿意乘飞机将文件送到夏威夷。船公司管理人员通过比较发现，此举可以节约昂贵的港口使用费和滞期费用。于是，该船公司将文件交给了这个年轻人。年轻人完成任务后，立即联络朋友创立了世界上第一家快递公司，专门从事银行、航运文件的传送工作，后来又将业务扩大到样品等小包裹服务。由于强调快速、准确的服务，从一出现，快递服务就深受从事跨国经营的贸易、金融等各界的热烈欢迎，其发展非常迅速。

2. 快递的概念

随着快递业的迅速发展，对其研究和界定也在不断完善，世界贸易组织、中国邮政行业和国内行业协会及专家都对其做过表述和定义。

1) WTO贸易分类表中的定义

世界贸易组织在《服务贸易总协定》中按照联合国集中产品分类系统，将服务（产品）分类定位为12个部门。其中，快递服务被定义为："除国家邮政当局提供的服务外，由非邮政快递公司利用一种或多种运输方式提供的服务，包括提取、运输和递送信函和大小包裹的服务，无论目的地在国内或国外。这些服务可利用自有或公共运输工具来提供。"

2) 我国邮政行业《快递服务标准》中的定义

快递服务（Express Service）是指快速收寄、运输、投递单独封装的、有地址的快件。即快递服务企业依法收寄并封装完好的信件和包裹的统称。在向寄件人承诺的时限内将快件或其他不需要储存的物品送到指定地点，递交给收件人，并获得签收的服务形式。

3) 国内专家的定义

快递又称快运速递，是指物流企业通过自身的独立网络，或以联营合作的方式，相互利用各自的网络，将用户委托的文件或包裹，快捷而安全地从发件人送达收件人的门到门的新型运输方式。

3. 快递的作用

1) 快递满足了商业活动中文件、包裹、样品等快速传递的需要

快递解决了对外贸易和商业活动中人们期盼已久的"物品快速交换的问题"。可以说，快递是国际贸易的先行官和首要环节，其次才是成交、运输和结汇。例如，1988年DHL公司协助"中国成套设备进出口公司"赶制紧急标书，及时发往沙特阿拉伯，使该公司顺利中标4 000万美元的项目。

2) 快递满足了普通百姓传递私人信息和物品的迫切需要

随着我国经济对外开放程度的逐步打开，我国公民的学术交流、出国留学、旅游访问等活动日益增多，经常会有普通百姓委托寄送各种证件和包裹的事情，国际快递真正给普通百姓解了燃眉之急。

3）快递是国际交往中不可缺少的传送工具

快递促进了各国之间经济、外交、文化、体育、科技和旅游等各领域的往来,成为国际交往中不可缺少的传送工具。

4）快递拉动了全球国民经济的增长

国民经济的发展离不开对外贸易,有数据显示:GDP 的增长五分之一依靠外贸拉动,外贸的发展则依靠国际间信息和物品的快速流动。

5）快递是各国发展物流业的基础,也是检验开放程度的标准

事实证明,哪个国家快递业发达,其物流业就发达。凡是经济发达的国家,其国内快递和国际快递都基本放开。因此,快递是检验一个国家开放程度的标准之一。

4. 快递的特点

1）服务性

快递需求是衍生需求,属于第三产业中的服务行业。服务性是快递的基本特征,因此服务质量直接决定了快递企业的运营状况。快递以满足个性化需求为宗旨,以市场竞争为基础,提供个性化的增值服务,实行差别化的竞争性定价政策。

2）网络性

一方面,快递企业的规模发展,依赖于网点的建设。网点的增加对业务量的影响有两个,一是由于新增网点的快递业务直接增加业务总量,二是由于便利性提高及公司影响的扩大,原有网点的业务量也间接增加。但另一方面,网点增加也会带来成本的增加,增加网点是否能够使整体盈利增加,以及网点覆盖面扩大到什么程度能够实现利润最大化,值得快递企业思考。

3）时效性

在全球都讲究效率的前提下,时效性更是快递的本质要求。时效性是信息、物品类传递服务的基本要求。快递的实物传递性,决定了快递服务在保证安全、准确的前提下,传递速度是最重要的服务质量衡量标准之一。

4）规模经济性

规模效应是所有企业都追求的,当然也包括快递。当快递物品的数量达到一定规模时,无论是分拣效率还是运输效率都会得到很大的提高。

5）技术支持性

快递的发展依托于快捷交通工具和信息技术的发展普及。因为没有快捷的交通工具,没有先进的信息技术,要承诺向客户提供比传统邮政更加快捷、安全、可靠、全程跟踪、监控的递送服务几乎是不可能的。特别重要的是,从国内市场需求来看,快递寄递的物品主要是商务文件、小包裹和样品等;而在传统邮政寄递业务中占绝大比重的是私人信函等信件。

5. 快递的服务对象

快件(express items)是指由快递企业所运送的文件或包裹。根据快件内件的不同可将快件分为两大类:一类是文件,主要包括商务信函、银行票据、报关单据、合同、标书等;另一类是包裹,主要包括企业资料、商品样品和零配件等。

由于快递对象的不同,其对快递企业的要求条件也不相同,具体的差异如表 1-1 所示;而各类不同对象间,分类统计的情况如表 1-2 所示。

表 1-1　快递业的服务对象

需求产品(快递业的市场基础)	需求目的
一般消费品、商业函件和样品等	服务的时间性和时效性的要求
生鲜产品等	强调保质期、保鲜期等内容
电子商务所创造的以"新体验、新感觉"为特色需求的礼品和商品等	强调商品运输和递送的快速以及特色需求

表 1-2　快递服务大宗商品分类统计(按数量统计)

序　号	类　别
1	邮件
2	包裹
3	生鲜产品与生物制品
4	贵重物品
5	特殊、特急物品

6. 快递业务的分类

1) 按照运输方式分类

(1) 航空快运

航空快运是指航空快递企业通过航空运输,收取发件人的包裹和快件并按照承诺的时间将其送达到指定的地点或者收件人,并且将运送过程的全部情况包括即时信息提供给有关人员查询的门对门快递服务。航空快递在很多方面与传统的航空货运业务、邮政运送业务有相似之处,但作为一项专门的业务它又有独到之处,主要表现如表 1-3 所示。

表 1-3　航空快运与航空货运及邮政运送的差异

项　目	具体内容
收件的范围不同	航空快递的收件范围主要有文件和包裹两大类。其中文件主要是指商业文件和各种印刷品,对于包裹一般要求毛重不超过 32 千克(含 32 千克)或外包装单边不超过 102 厘米,三边相加不超过 175 厘米
经营者不同	经营国际航空快递的大多为跨国公司,这些公司以独资或合资的形式将业务深入世界各地,建立起全球网络。航空快件的传送基本都是在跨国公司内部完成。而国际邮政业务则通过万国邮政联盟的形式在世界上大多数国家的邮政机构之间取得合作,邮件通过两个以上国家邮政当局的合作完成传送
经营者内部的组织形式不同	邮政运输的传统操作理论是接力式传送。航空快递公司则大多都采用中心分拨理论或转盘分拨理论组织起全球的网络。快递公司根据自己业务的实际情况在中心地区设立分拨中心(Hub)
使用的单据不同	航空货运使用的是航空运单,邮政使用的是包裹单,航空快递业也有自己的独特的运输单据——交付凭证(proof of delivery,POD)

航空快递相对于其他运输方式的快递服务的服务质量更高,其具有运送速度更加快捷、安全性更高,并且节约包装材料等优点,但其在现实操作过程中往往需要与其他运输方式相配

合才能提供完整的门对门快递服务。

(2) 公路快运

公路快运是利用机动车,包括汽车、货车和摩托车及非机动车(如人力三轮)等公路交通运输工具,完成快递运输服务。其为目前运输量最大并且是最重要的快运方式。

(3) 铁路快运

对于国内大部分用户来说,1~2日到达比较能够满足需要,同日到达的快运需求一般比较低,这样铁路快运在国内大部分地区的大宗货物运输,将具备同航空快运相竞争的能力,并将以安全、价格低廉等优势占据1~2日到达的快运市场。而更为重要的是,目前国内大多数航空快运公司,由于包装、办理安检等手续的速度比较慢,仍然无法实现同日运达(报刊等长期固定运输快件除外),这就使铁路提速后参与国内快运竞争的优势更为突出。

铁路快运目前仍然处于探索阶段,按照国际上快运的一般定义,中国铁路没有实现快运。铁路快运业务目前一般是在提速的旅客列车行李车上,运送邮件、私人小件物品等,其市场规模比较小,真正的市场还没有完全打开。

(4) 水路快运

水路快运是一个相对概念,即用相对最快的方式从事水上运输,在客户指定时间内将货物安全运达目的地。因此,水路快运在速度上与其他方式的快运没有可比性。

国内目前还没有专业的海上快运公司。国内海运快运市场,准确的定义应该是特种送输,其时间敏感性相对要小。但由于运输的难度很大,风险也很大,因此收费相对普通海运要高昂一些。由于需求相对分散,国内目前还没有专业公司,海运快运还没有形成一个产业。

2) 按照递送区域范围分类

(1) 国际快递

国际快递是指在两个或两个以上国家(或地区)之间所进行的快递、物流业务,其主要服务对象为外贸行业的商业信函、文件、票据等物品。国际快递运输涉及国际关系问题,是一项政策性很强的涉外活动。提供此项服务的多为具有全球网络的大型跨国快递企业,诸如DHL、UPS、FedEx、TNT等快递业"巨头";目前,国内民营速递企业,如顺丰速运也开通了部分国家的国际快递服务业务。

(2) 国内快递

国内快递是指在一个国家内部,完成对服务对象的运送服务,收发货人包括整个运送过程都在一个国家边界内,其进一步可分为:同城快递、区域快递和全国快递。由于当前我国经济的高速发展,特别是电子商务的发展,对快递需求量呈几何爆炸式的增长。2010年,我国登记备案的提供国内快递服务的企业达到5 000余家,其中民营企业占主导地位。

3) 按快递服务的主体分类

(1) 外资快递企业

以DHL、UPS、FedEx、TNT等为代表的国际快递企业,在20世纪80年代纷纷以合资的形式进入我国。随着2001年中国加入WTO,逐步放宽其经营限制,外资企业纷纷吞并其合资的国内快递企业,铺设和扩展网络资源。

(2) 国营快递企业

以中国邮政EMS、中铁快运和民航快递为代表的国内快运速递公司,经过多年的发展已积聚了相当的能量。特别是其网络、资金和政策等资源都得到国家层面的支持。

(3) 国内民营快递企业

以顺丰速运、中通快递、圆通速递等为代表的民营企业近10年发展非常迅速,通过直营和加盟等形式,它们的网络基本上已经能覆盖到中国的二三线城市,其已经渗透到人们的日常生活中,推动了经济和相关产业的发展。

4) 按送达时间分类

快递对时效性的要求很高,时间的快慢是衡量快递服务质量的一个非常重要的指标,根据快递服务的时间可分为如表1-4所示的类型。

表1-4 按送达时间分类

类 别	内容要求
当日达	要求在投递当天即完成货物的送达交付服务
次晨达	在投递物品的第二个工作日12点前完成送达交付服务
次日达	在投递物品的第二个工作日18点前完成送达交付服务
隔日达	在投递物品的第三个工作日12点前完成送达交付服务
定日达	在投递物品后,按照客户的指定时间完成送达交付服务

5) 按照赔偿责任分类

快件在寄递过程中因非客户过失而发生延误、丢失、损坏和内件不符的情况时,按保价快件、保险快件、普通快件等分类赔偿。快件延误是指快件的投递时间超出快递服务组织承诺的服务时限,但尚未超出彻底延误时限。快件丢失是指快递服务组织在彻底延误时限到达时,仍未能投递的快件。快件损毁是指快递服务组织寄递快件时,由于快件封装不完整等原因,致使失去部分价值或全部价值的快件。内件不符是指内件的品名、数量和重量与运单不符的快递。

(1) 保价快件

保价快件是指客户在寄递快件时,除交纳运费外,还按照声明价值的费率交纳保价费的快件。如果保价快件在传递过程中发生遗失、损坏、缺少或延期等问题时,客户可向快递企业提出索赔诉求,快递企业必须承担相应的赔偿责任。

(2) 保险快件

保险快件是指客户在寄递快件时除交纳运费外还按照快递企业指定的保险公司承诺的保险费率交纳保险费的快件。如果保险快件在传递过程中发生遗失、损坏、缺少、延误等问题时,客户有权向承保的保险公司提出索赔要求。

(3) 普通快件

普通快件是指交纳快件运费而不对快件实际价值进行保价并交纳保价费的快件。依据《中华人民共和国邮政法》及其实施细则的规定,对于没有保价的普通包裹类邮件按照实际损失的价值进行赔偿,但最高赔偿额不超过本次邮寄费的五倍。快递企业对普通包裹类快件的赔偿一般是参照这一规定办理的。

6) 按照业务方式分类

(1) 基本业务

快递企业基本业务是收寄、分拣、封发和运输单独封装的、有名址的信件、包裹和不需要储存的其他物品,并按照承诺时限将其送达收件人的门对门服务,这是快递企业的核心业务。

(2) 增值业务

增值业务是指快递企业利用自身优势在提供基本业务的同时为满足客户特殊需求而提供的延伸服务。代收货款业务是目前较多快递企业推出的一项增值业务。代收货款业务是随着邮购和电子商务的兴起而快速发展起来的,它是指快递业务员在派送客户订购的商品快件时按快件详情单上标注的应付款金额,代邮购和电子商务业务公司向收件人收款,并代为统一结算。

由于网络购物的买卖双方互不见面,彼此缺乏信任感,买方希望网上购物仍能按传统交易方式,即在收到购买商品时再付款,而卖方则希望先收到货款后再送货。在这种情况下,代收货款服务变成了买卖双方都愿选择的一种最佳方案。因此,随着电子商务的迅猛发展,由快递企业代收货款服务的业务量也在日益增大。

7) 按照付费方式分类

(1) 寄件人付费快件

寄件人付费快件是指寄件人在寄递快件的同时自行支付快递资费的快件。通常情况下,这类快件是各类快递企业的最主要业务。

(2) 收件人付费快件

收件人付费快件(也称到付快件)是指寄件人和收件人商定,由收件人在收到快件时支付快递资费的一种快件。

(3) 第三方付费快件

第三方付费快件是指寄件人、收件人与快递企业商定,在收件人收到快件时由第三方支付快递资费的一种快件。这种快件的收件人通常是子公司,而付款的则是母公司。

8) 按照结算方式分类

(1) 现结快件

现结快件是指快递业务员在快件收寄或派送现场向寄件人或收件人以现金或支票方式收取快件资费的一种快件。

(2) 记账快件

记账快件是指快递公司同客户达成协议,由客户在约定的付款时间或周期内向快递公司拨付资费的一种快件。其具体操作流程如下。

第一,卖方将货物交付快递企业,并填好收款账号;

第二,快递企业将货物安全快速送达买方;

第三,买方收到货物后将货款交付快递企业;

第四,快递企业收到货款后在规定时间内转入卖方账号。

知识链接:快递与物流、邮政的关系

(1) 快递与物流的关系

区别:快递是物流的一个子行业。确切地说,快递包含了物流活动的基本要素,它属于"精品物流"。

快递的基本要素有:包装、换装、分装、集装、分拣、分拨与配送,还包括信息处理和网络技术等。因此,合格的快递服务集中体现了物流系统和物流技术的实际应用状况,也是检验物流学研究成果的最好案例。

联系：本质上说，快件的传递就是实物流通的一种形式。快递与物流之间是一种"从属"关系，它们之间有着千丝万缕的联系，相互依存。快递与物流的关系如图1-4所示。

图1-4 快递与物流的关系

（2）快递与邮政的关系

快递产业总是和邮政业一起统称为"邮政快递业"。政府主管部门已经明确规定快递归属邮政业。从学术上讲，邮政和快递是两种具有相近之处但本质上略有不同的企业。二者具有一定的相似性：通过递送网络提供文件或物品，递送对象都是文件或物品，都含有信息传输或实物递送的成分。

但二者又截然不同：邮政业务的特点是普遍服务，即政府定价、财政补贴、全面覆盖、不苛求时效性，给所有人提供基本信息服务；而快递业务的特点是企业根据市场需求差别化定价，政府负责监管，投递网络根据市场需求决定，满足客户的个性化需求。

1.2 邮政快递智能系统

1.2.1 邮政快递智能系统概论

21世纪是智能化的世纪，随着智能技术的发展，邮政快递业也在朝智能化方向发展，智能物流、智能邮政和智能快递等概念也随之出现。作为智能物流领域中具有鲜明行业特色的智能邮政快递是一个复杂的大系统，是多学科交叉、渗透、融合的产物，涉及自然科学（包括人工智能、信息科学、物流管理与工程、交通运输、机械工程、管理科学与工程等）和社会科学（组织行为学、心理学、认知科学等）等多个学科领域。通过将信息技术、计算机技术、人工智能技术等高新技术引入邮政快递领域，并与其他技术集成，能够有效地整合邮政快递系统的各种资源，提高整个社会的效率，降低成本。目前，智能邮政快递已成为现代物流业的一个重要领域，引起了国内外学者和企业的广泛关注。

为了便于对邮政快递智能系统进行理解，现将相关概念梳理如下。

1. 系统的概念

追根溯源，近代比较完整地提出"系统"一词概念的是亨德森，后来发展为贝塔朗菲的"一般系统论"。1948年，诺伯特·维纳创立了"控制论"。美国经济学家肯尼思·博尔楔又尝试把控制论与信息论结合起来，并于1956年发表了题为《一般系统论：一种科学的框架》的文章。1968年，贝塔朗菲在出版的《一般系统理论的基础、发展和应用》一书中，更加全面地阐述了动态开放系统的理论，该书被公认为一般系统论的经典著作。

一般系统论认为：系统是由相互联系、相互作用的若干要素结合而成的，具有特定功能的有机整体。系统不断地同外界进行物质和能量的交换，而维持一种稳定的状态。可以从以下几个方面理解系统的概念。

1）系统是由若干要素（部分）组成的

这些要素可能是一些个体、元件、零件，也可能其本身就是一个系统（或称为子系统）。如寄件下单、上门取件、快件入库、分拨转运、出库派送、客户签收和回单等业务组成的完整运作流程就可称为快递系统。

2）系统有一定的结构

一个系统是其构成要素的集合，这些要素之间相互联系、相互制约。一般而言，系统内部各要素之间相对稳定的联系方式、组织秩序及时空关系的内在表现形式，就是系统的结构。例如，钟表是由齿轮、发条、指针等零部件按一定的方式装配而成的，但一堆齿轮、发条、指针随意放在一起却不能构成钟表；人体由各个器官组成，但各个器官简单拼凑在一起并不能成为一个有行为能力的人。

3）系统有一定的功能（或者说系统有一定的目的性）

系统的功能是指系统在与外部环境相互联系和相互作用中表现出来的性质、能力和功能。例如，信息系统的功能是进行信息的收集、传递、储存、加工、维护和使用，辅助决策者进行决策，有助于企业实现目标。

结构和功能是任何一个系统都存在的两种属性，结构和功能既相互联系又相互影响，结构决定功能，功能是结构的外在表现形式，改变结构就是改变功能。

2. 物流系统的概念

物流系统是若干相互关联、相互作用的物流要素组成的能够完成物流活动、具有物流功能的有机整体。这些物流活动主要包括运输、存储、装卸搬运、包装、流通加工、配送、信息处理等。

运输车辆、运输管理、仓储设备、仓储管理的简单相加并不是物流系统。例如，储运活动若只拥有上述资源，并不能称其为物流系统。因为在储运活动中，运输资源和仓储资源的配置要相互协调；车辆选型、车辆配置数量要考虑仓库规模；搬运设备的选择不仅要考虑仓库作业需要，而且必须考虑运输货物的批量、单元装卸特点；运输调度方案要考虑仓库的作业能力、仓储成本；制定库存策略要考虑运输的经济性等。但若各组成要素之间没有建立有机联系，运输和仓储活动是孤立的，就不能称其为系统。

上述要素能否组成物流系统，关键在于运输与仓储活动能否在一个共同的目标下经过权衡达到较优的配合，进行设施设备的合理配置，采用合适的管理方法将运输和仓储等活动集成起来，使系统整体达到最优。

3. 智能系统的概念

智能是人类大脑的较高级活动的体现，它至少应具备自动地获取和应用知识的能力、思维与推理的能力、问题求解的能力和自动学习的能力。

智能系统是指能产生人类智能行为的计算机系统。智能系统不仅可自组织性与自适应性地在传统的诺依曼的计算机上运行，而且也可自组织性与自适应性地在新一代的非诺依曼结构的计算机上运行。

智能系统处理的对象不仅有数据,而且还有知识。表示、获取、存取和处理知识的能力是智能系统与传统系统的主要区别之一。因此,一个智能系统也是一个基于知识处理的系统,它需要如下设施:知识表示语言;知识组织工具;建立、维护与查询知识库的方法与环境;支持现存知识的重用。

智能系统往往采用人工智能的问题求解模式来获得结果。它与传统系统所采用的求解模式相比,有三个明显特征,即问题求解算法往往是非确定型的或称启发式的;问题求解在很大程度上依赖知识;智能系统的问题往往具有指数型的计算复杂性。智能系统通常采用的问题求解方法大致分为搜索、推理和规划三类。

4. 智能物流系统的概念

智能物流是以物联网广泛应用为基础,利用先进的信息采集、信息传递、信息处理、信息管理技术、智能处理技术,通过信息集成、技术集成和物流业务管理系统的集成,贯穿供应链全过程,实现生产、配送、运输、销售以及追溯的物流全过程优化以及提供最大化利润,为需方提供最佳服务,同时消耗最少的自然资源和社会资源,最大限度地保护好生态环境的整体智能社会物流管理体系。

随着电子商务物流、生产物流、商贸物流、应急物流、农业物流、冷链物流、交通物流等行业物流的应用需求,以物联网及云计算为技术基础,利用物联网技术突破货物跟踪定位、智能交通、移动物流信息服务等关键技术,加快先进物流设备的研制,开展全流程可视化物流运营服务,提高物流系统全程监管和平台化水平。智能物流改变原有的物流运作模式,实现货物运输过程的自动化运作和高效率管理,让整个物流系统具有智慧思维并能自行解决物流中的某些问题。

智能物流系统是在物联网及其相关信息技术的基础上,以电子商务方式运作的现代物流服务体系。它通过物联网及相关信息技术解决物流作业的实时信息采集,并在一个集成的环境下对采集的信息进行分析和处理。通过在各个物流环节中的信息传输,为物流服务提供商和客户提供详尽的信息和咨询服务的系统。

5. 邮政快递智能系统的概念

邮政快递智能系统是智能物流系统在邮政、快递等行业的典型应用。因此,本书对邮政快递智能系统的界定如下:

邮政快递智能系统是以物联网广泛应用为基础,利用先进的信息采集、传递、处理、信息管理技术、智能处理技术,通过信息集成、技术集成和邮政快递业务管理系统的集成,使现代邮政快递业务的供给方和需求方共同融入的一体化智能系统,目的是为需方提供最佳服务,同时消耗最少的自然资源和社会资源,最大限度地保护生态环境。邮政快递智能系统应该具有思维、感知、学习、推理判断和自行解决邮政快递中某些问题的能力。该系统极大地提升邮政快递行业对信息的综合处理能力和对相关资源的优化配置能力,智能管理、智能服务、自动装卸、自动分拨成为其主要呈现形式,并能为现代邮政业提供安全、高效率和高品质服务的一类新型邮政快递系统。

经过互联网、物联网改造后的邮政快递智能系统具有反应速度快,功能高度集成,作业标准化、规范化,全覆盖服务,流程自动化以及管理网络化等显著特征。

6. 邮政快递智能系统的特征

邮政快递智能系统具有以下特征。

1）信息化

信息化表现在快件本身的信息化、信息收集的数据库化和代码化、信息处理的电子化、信息传递的网络化、标准化和实时化以及信息存储的数字化等方面。邮政快递领域中应用的任何先进技术装备都是依靠信息这个纽带来进行相互协作,进而实现各种邮政快递业务的。

2）智能化

智能化是邮政快递智能系统的核心特征,是区别于其他邮政快递系统的主要标志。邮政快递系统的智能化主要通过硬件的智能化、软件的智能化、规划与设计方法的智能化、作业的智能化和管理的智能化来体现,如图1-5所示。

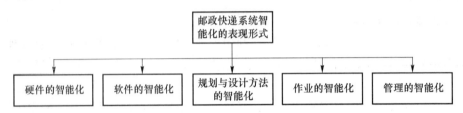

图1-5　邮政快递系统智能化的表现形式

硬件的智能化主要包括装卸搬运设备的智能化、分拣设备的智能化、储存设备的智能化和运输车辆的智能化等。

软件的智能化主要包括智能接单、智能分拨、配送路线实时优化、智能调度、在途监控等。

规划与设计方法的智能化主要是借助智能优化算法来对邮政快递系统的网络、节点、运输与配送系统、评价系统等进行智能的规划与设计。

作业的智能化主要通过采用智能化技术,有效提高邮政快递作业的效率和安全性,减少作业的差错率。

管理的智能化主要体现在智能化地获取、传递、处理与利用信息和知识,为邮政快递管理决策服务。

3）自动化

自动化是指在邮政快递作业过程中的设备和设施的自动化,包括运输、包装、分拣、识别等作业过程的自动化,其基础是物流信息化、核心是机电一体化。自动化借助于自动识别系统、自动检测系统、自动分拣系统、自动存取系统、货物自动跟踪系统以及信息引导系统等技术来实现对各环节信息的实时采集和跟踪,进而提高整个邮政快递系统的管理和监控水平,提升邮政快递领域的作业能力,提高生产效率和减少作业的差错率等。

4）集成化

邮政快递智能系统的集成化主要体现在技术的集成、邮政快递环节的集成和邮政快递管理系统的集成三个方面。通过技术集成将先进的信息技术、智能技术和管理技术等集成在一起;通过依托信息共享和集成,将邮政快递管理过程中的运输、储存、包装、装卸、分拨、配送等诸环节集合成一体化系统;通过将邮政快递的各种业务系统(如运输管理系统、仓储管理系统、物流配送系统等)集成在一起,构建一体化的集成管理系统。邮政快递智能系统的集成化能有效实现邮政快递各环节的信息共享和物流资源的整合,有效缩短快递时效、降低成本,提高邮政快递企业的竞争能力。

5）网络化

网络化包括邮政快递设施及业务的网络化和邮政快递信息的网络化两方面内容。邮政快递信息的网络化是根据邮政快递设施、业务网络的发展需要,利用计算机通信网络和物联网建立起来的邮政快递信息网。现代邮政快递网络化强调的是邮政快递信息的网络化,其基础是邮政快递信息化。

1.2.2 邮政快递智能系统结构

结构是构成系统各要素之间相互联系,相互制约的形态和方式。邮政快递智能系统的目标是要通过相互联系的要素的协同运作才能完成的,这些要素在时间和空间上的集合构成了邮政快递智能系统。邮政快递智能系统的要素组成结构从不同角度上看主要有:流动结构、流程结构、功能结构和网络结构等。邮政快递智能系统结构的分类,如图1-6所示。

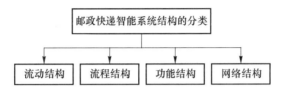

图1-6 邮政快递智能系统结构的分类

1. 流动结构

邮政快递智能系统就是一个完整的流,它具有流的五个流动要素:流体、载体、流向、流量和流程。五个流动要素是相关的,流体的自然属性决定了载体的类型和规模,流体的社会属性决定了流向、流量和流程,流体、流量、流向和流程决定采用的载体的属性,载体对流向、流量和流程有制约作用,载体的状况对流体的自然属性和社会属性均会产生影响等。因此,邮政快递智能系统应该根据快件的自然属性和社会属性、流向、流程的远近及具体运行路线、流量大小与结构来确定载体的类型与数量。

在网络型的邮政快递智能系统中,一定的流体从一个点向另一个点转移时经常会发生载体的变换、流向变更、流量的分解与合并、流程的调整等情况,如果这种调整和变更是必要的,那么也应该减少变换的时间、减少环节、降低变换的成本等。

2. 流程结构

流程是实现商业模式的核心载体,邮政快递企业需要打造以客户为导向的端到端的流程价值链,以有效整合内部资源,支持战略实现。流程是邮政快递企业管理体系的关键模块,随着企业的成长,需要不断提升流程成熟度,把例外变成例行,把经验教训总结到流程中去,支持企业做大做强。随着邮政快递市场竞争的加剧,如何更好地提高邮政快递企业的生产效率和经济效益成为企业管理的重点。业务流程的设计与再造理论现在备受企业界人士的瞩目,越来越多的企业开始关注业务流程的重要性。流程强调的是工作任务如何在组织中得以完成。相应地,流程具有两个十分突出的特点:一是面向顾客,包括组织外部和组织内部的顾客;二是跨越职能部门、分支机构或子单位的既有边界。根据以上论述,可以把业务流程定义为"以达成特定业务成果目标的一系列有逻辑相关性的任务"。

3. 功能结构

邮政快递智能系统可以分为智能邮政系统和智能快递系统等两大子系统。智能邮政系统和智能快递系统又分别开展了不同的业务工作。智能邮政系统开展了国内邮政类业务、国际邮政类业务、速递物流业务等;以邮政物流业务而言,其基本的功能要素包括:业务受理、封发、装卸搬运、运输、配送、信息处理等。智能快递系统开展了国内快递业务、国际快递业务等;以国内快递业务为例,其基本功能要素包括:下单、取件、入库、分拨转运、出库派发、回单、运输等。因此,需要进一步针对特定的系统来对其功能结构进行分析。

一般而言,邮政快递智能系统的整个供应链中的各个阶段都要具备的功能首先是运输,然后是储存,装卸搬运功能伴随着运输方式或运输工具的变换、物流作业功能之间的转换而产生,物流中的包装功能、物流加工功能是在流通过程中才发生的,但也不是每一个邮政快递智能系统都需要进行所有作业。邮政快递智能系统具有复合功能,即一般是由两个及以上基本功能构成的。

邮政快递智能系统的功能结构如何,取决于客户需求,以及流通模式。判断邮政快递智能系统功能发挥是否合理,不是看该系统中进行了多少作业,而是看该系统为客户、企业和社会创造了多大价值。

4. 网络结构

邮政快递智能系统的网络由两个基本要素组成:网点和网路。

1)网点

网点是邮政快递智能系统中供流动的快件等储存、停留的,以进行后续作业的场所。如:面向客户服务的网点(业务网点)会在其指定的服务范围内完成客户的收件、派件等工作,还需要按时段将网点所收取的快件送至中转场参加中转,同时将本服务范围内的派件从中转场带回;负责快件集散的网点(中转场、集散中心或分拨中心)主要负责快件的分拣、封发、中转等任务。

网点承担着客户服务、操作运营和市场开发三大职能,它既是客户服务的密切接触点、又是市场营销的前沿。为了能全面掌握市场,网点势必分布较为广泛;另外,为了在尽可能短的时间内(或在承诺时间内)为客户服务,网点势必分布得较为密集。但出于成本与利润的考虑,网点建设不能随意盲目。因此,网点布局对于邮政快递企业举足轻重。

2)网路

连通中转场与中转场之间的网路称为一级网路,一般是航线或是公路干线。所谓航线是指公司自己的飞机,或包机,或包腹仓,或租仓位来实现快件在两地的传递;所谓公路干线是指由专门的货车在两中转场间来回对开、往返送件。若两个中转场间没有匹配的航线,或快件流量较小还不足以开通公路干线,则会采取外包的形式将快件打包交予货代公司。

连通中转场与网点之间的网路称为二级网路,也称为支线网路。由于网点与中转场间的快件流量有限,在实际操作中一般使用面包车、金杯车等小型车辆来实现快件的传递。快递网络的构成具体如图1-7所示。

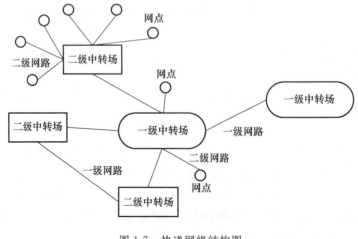

图1-7 快递网络结构图

1.2.3 邮政快递智能系统分类

(1) 从业务的角度进行分析,邮政和快递是两种具有相似之处但本质上略有不同的企业。因此,邮政快递智能系统分为智能邮政系统和智能快递系统两大子系统,如图1-8所示。

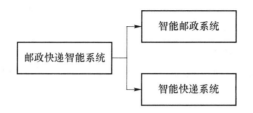

图1-8 邮政快递智能系统分类一

(2) 从智能化的表现形式进行分析,可以把邮政快递智能系统分为智能硬件子系统、智能软件子系统、智能作业子系统、智能管理子系统和智能规划与设计子系统等五大子系统,如图1-9所示。

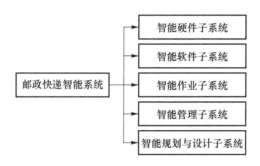

图1-9 邮政快递智能系统分类二

在不发生混淆的情况下,后续章节中所提到的邮政快递智能系统可能是该分类体系中的某一个或某几个的结合。

1.3 邮政快递智能系统规划与设计

1.3.1 邮政快递智能系统规划与设计概论

1. 邮政快递智能系统规划与设计的含义

"邮政快递智能系统规划"与"邮政快递智能系统设计"是两个不同但容易混淆的概念,二者有密切的联系,但也存在区别。在邮政快递智能系统的建设过程中,如果将规划工作与设计工作相混淆,必然会给实际工作带来许多不应有的困难。因此,比较邮政快递智能系统规划与邮政快递智能系统设计的异同,阐明二者的相互关系,对于正确理解邮政快递智能系统规划与设计的含义具有重要意义。

在建设项目管理中,将项目设计分为高阶段设计和施工图设计两个阶段。高阶段设计又分为项目决策设计和初步设计两个阶段。项目决策设计阶段的工作内容包括制订项目建议书和可行性研究报告。通常,也将初步设计和施工图设计阶段统称为狭义的二阶段设计。对于一些工程,在项目决策设计阶段进行总体规划工作,作为可行性研究的一个内容和初步设计的依据。因此,邮政快递智能系统规划属于邮政快递智能系统建设项目的总体规划,是可行性研究的一部分,而邮政快递智能系统设计则属于项目初步设计的一部分内容。

邮政快递智能系统规划与邮政快递智能系统设计具有以下相同之处:

(1) 属于项目的高阶段设计过程,内容上不包括项目施工图等的设计。

(2) 二者理论依据相同,基本方法相似。邮政快递智能系统规划与设计工作都是以邮政工程与管理学的相关原理作为理论依据,运用系统分析观点,采取定性与定量相结合的方法进行的。

邮政快递智能系统规划与邮政快递智能系统设计具有以下不同之处:

(1) 目的不同。邮政快递智能系统规划是关于邮政快递智能系统建设全面的、长远的发展计划,是进行可行性论证的依据。邮政快递智能系统设计是在一定的技术与经济条件下,事先对邮政快递智能系统的建设制订详细方案,是项目施工图设计的依据。

(2) 内容不同。邮政快递智能系统规划强调宏观指导性,而邮政快递智能系统设计强调微观可操作性。

2. 邮政快递智能系统规划与设计的目标

邮政快递智能系统规划与设计的核心就是用系统的思想和方法对邮政快递系统的各个功能进行整合,从而更好地实现企业发展的目标,实现以最小投入获得最大产出。因此,做好邮政快递智能系统规划与设计是保证邮政快递企业健康、良性发展的前提条件。

邮政快递智能系统规划与设计的目标就是服务收益、总成本最小化和创造物流价值。

1) 服务收益

邮政快递智能系统规划与设计能提供具有更高运行效率的分拨、配送服务,以确保用户需求。最大服务战略虽然服务较好,但对降低成本不利,多是在某些特殊的快件,如价格极高,而体积和面积均很小情况下,或是在开拓某些快件的市场空间时才加以采用。最大服务战略很难实施,一个意在提供最大服务的系统试图每 2~4 小时持续地发送快件,这样的系统将设计重点从成本转移到可用性和发送绩效上。对于最大服务战略中每个设施的服务面积取决于所要求发送的能力,且受到运输线路布局的影响。服务于同一个客户的最小成本和最大服务系统之间的总成本的变化可以说是相当大的。

邮政快递智能系统服务水平要从可得性、作业表现等方面加以衡量。

(1) 可得性

可得性意味着拥有存货,能始终满足顾客对材料或产品的需求。根据传统的范例,存货可得性越高,所需的存货投资就越大。虽然当前科学技术正在提供新的方法,使存货的高度可得性与高额的存货投资无关,但是因其具有重大的影响,所以存货可得性的开发仍然是至关重要的。

(2) 作业表现

作业表现处理的是从寄件下单到客户签收以回单的过程。作业表现涉及交付速度和交付一致性。

绝大多数顾客都希望快速交付。然而,这种快速如果反复无常,则快速交付并无多大价值。当一个邮政快递企业答应第二天交付,但通常都迟到时,顾客需求便没有得到满足。因此,要实现顺利作业,客户一般首要寻求实现服务的一致性,然后再提高交付速度。

作业表现的另一个方面是故障。很少会有哪家邮政快递企业许诺在任何情况下都表现完美。故障是指可能发生的物流表现的失败,如快件损坏、快件丢失、分类不正确或单证不精确等。当这类故障发生时,邮政快递企业的表现可以从需要多少时间恢复来进行考察。作业表现关系到邮政快递企业如何处理顾客各方面的需求,包括每天都可能发生的服务失败。

2) 总成本最小化

总成本是邮政快递企业管理业务运作的重要指标,如何才能在企业利润最大化及满足一定的客户服务水平的前提下降低总成本是所有企业的一项经营目标。

例如,普遍认同的一种物流成本计算方法为:

$$企业物流总成本 = 运输成本 + 存货持有成本 + 物流行政管理成本$$

因此,优化部分物流成本会减少单项物流成本,但同时会造成物流总成本的增加。所以,企业必须把物流看作一个整体系统,以减少物流总成本为目标来管理物流运作。

无论是物流企业还是邮政快递企业,如何对自身各种资源进行优化配置,怎样实施管理和决策,以期用最小的成本取得最大的效益,都是其面临的最重要问题之一。

3) 创造物流价值

邮政快递智能系统要想成为邮政快递企业的竞争优势,最关键的就是要具有把企业自身的运作与主要客户的预期、需求相统一的能力。这种对客户服务的承诺,从成本结构上来讲就是物流价值。

在进行邮政快递智能系统规划和设计时,必须考虑服务成本的合理性,协调邮政快递设施能力与邮政快递企业生产经营和市场营销要求之间的关系,以降低成本,获取最大的竞争优势,并且邮政快递企业提供的服务必须与特定的用户需求相关联。

在开发管理工具、协助对成本与服务之间进行权衡取舍方面,一个完善的邮政快递智能系统运作策略应该能够准确地估算出实现不同质量服务水平所需要的不同运作成本的构成。

3. 邮政快递智能系统规划与设计的原则

邮政快递智能系统规划与设计应当遵循以下原则。

1) 需求导向原则

邮政快递智能系统的规划与设计要充分考虑邮政快递企业业务的需求来构建邮政快递智能系统的规模、功能和结构,只有以市场需求和业务需求为导向,才能使构建的邮政快递智能系统既能够有效支持供应链的运作,又能保持很高的设施和设备利用效率。

2) 系统工程原则

智能快递系统的工作包括快件收寄业务、快件处理作业、快件派送业务、快递保价与赔偿等。这些作业内容相互依存、相互影响,有着密不可分的内在联系。如何使各项作业和管理均衡协调、有序高效地运转,实现工序合理化、操作简单化和作业机械化是极为重要的。邮政快递智能系统工作的关键是做好快件量的分析预测,引导并调节快件量,把握业务的最合理流程,调整各作业环节的作业方式。同时,由于运输线路和节点的交织网络特征,邮政快递智能系统的选址对于调节快件量、控制物流速度、降低配送成本、提高作业效率都具有非常重要的作用。

3) 经济性原则

邮政快递智能系统必须对快件进行储存并组织运输与配送活动,因而在进行规划和设计时应综合考虑储存费用、运量、运费和运距等多方面因素,并通过适当的数学方法求解出不同可选方案下总的成本大小,最终为邮政快递智能系统的决策提供参考。

4) 软件先进、硬件适度的原则

近年来,随着市场需求的不断升级和科学技术的飞速发展,在邮政快递领域不断涌现出许多先进的设施设备和实用技术。在邮政快递智能系统规划与设计时,是否采用某种先进技术不能一概而论,而应对技术指标、使用条件、功能需求、能力要求和经济成本等方面进行综合论证,审慎地做出选择。一般来说,软、硬件设备系统的水平常常被看成是邮政快递智能系统先进性的标志,因而为了追求先进性就要配备高度机械化、自动化和智能化的设备,会给投资方面带来沉重的负担。但是,欧洲物流界认为"先进性"就是合理配备,能以较简单的设备、较少的投资,实现预定的功能,也就是强调先进的思想和先进的方法。从功能方面来看,设备的机械化、自动化、智能化程度不是衡量先进性的最主要因素。根据我国的实际情况,对于邮政快递智能系统的建设,比较一致的认识是贯彻软件先进、硬件适度的原则。也就是说,邮政快递设施、设备等硬件条件要根据资金筹措难度大、人工费用相对较低、空间利用要求不严格等特点,在满足作业要求的前提下,更多选用满足系统要求的设备。然而,对于邮政快递智能系统的软件建设,则要瞄准国际先进水平,采用国际通用格式标准,加强计算机管理信息系统与控制软件的研究开发,搭建与国际接轨的、迅速便捷的信息平台。

5) 发展的原则

规划与设计邮政快递智能系统时,无论是建筑设施的规划和机械设备的选择,还是管理信息系统的设计,都要考虑到使其具有较强的应变能力、较高的柔性化程度,以适应快件量增大、经营范围拓展的需要。由于可能对市场变化和未来需求把握不准,而建设邮政快递智能系统投资巨大、建设周期长,因此可以考虑进行分期建设。在规划设计第一期工程时,应将第二期工程纳入总体规划,并充分考虑到扩建时的业务需要。

6) 环境保护原则

环境保护和可持续发展一直是我国的国策,尤其在低碳经济背景下,环境保护成为邮政快递智能系统进行规划和设计时不可忽略的重要原则。在构建邮政快递智能系统时,应该把握经济性与环境保护的平衡,尽可能做到低污染和低排放。

4. 邮政快递智能系统规划与设计的影响因素

邮政快递智能系统的规划与设计是为了更好地配置系统中的各种资源要素,形成一定的生产能力,使之能以最低的总成本完成既定的目标。因此,在进行邮政快递智能系统规划与设计时,有必要考察分析影响邮政快递智能系统绩效的内在和外在因素,只有这样,才能做出合理的邮政快递智能系统规划与设计方案。一般来说,影响邮政快递智能系统规划与设计的因素主要有以下几个方面。

1) 服务需求

服务需求包括服务水平、服务地点、服务时间、快件特征等多项因素,这些因素是邮政快递智能系统规划与设计的基础依据。由于邮政快递市场和竞争对手都在不断地发生变化,为了适应变化的环境,必须不断地改进服务条件,以寻求最有利的邮政快递智能系统,支持市场发展前景良好的服务项目。

2) 行业竞争力

为了成为有效的市场参与者,应该对竞争对手的竞争力做详细分析,这样可以掌握行业基本服务水平,寻求自己的市场定位,从而发展自身的核心竞争力,构筑自身合理的邮政快递智能系统。

3）地区市场差异

邮政快递智能系统中,邮政快递设施的结构直接同顾客的某些特征有关,地区人口密度、交通状况、经济发展水平等都影响着邮政快递智能系统的规划与设计。

4）技术发展

信息和网络技术等对邮政快递行业的发展具有革命性的影响,及时、快速、准确的信息交换不但可以随时掌握快件动态,还可以用来改进邮政快递智能系统的实时管理控制及决策,为实现作业一体化、提高效率奠定基础。

5）流通渠道结构

流通渠道结构是由买卖产品的关系组成的,一个企业必须在渠道结构中建立企业间的商务关系,而邮政快递活动是伴随着一定的商务关系而产生的。因此,为了更好地支持商务活动,邮政快递智能系统的构筑必须考虑流通渠道的结构。

6）经济发展

经济发展水平、居民消费水平、产业结构直接影响着现代邮政业服务需求的内容、数量和质量,而集货、运输、配载、配送、中转、保管、倒装、装卸、包装、流通加工和信息服务等则构成了邮政快递活动的主要内容。为此,邮政快递智能系统应适应服务需求的变化,不断拓展其功能,以满足经济发展的需要。

7）法律、政策、标准等

运输法规、税收政策、行业标准等都将影响邮政快递智能系统的规划与设计。

1.3.2 邮政快递智能系统规划与设计的步骤与主要内容

邮政快递智能系统的规划与设计是一项系统工程,要符合合理化、简单化、机械化及智能化的设计原则。合理化就是各项作业流程具有必要性和合理性;简单化就是使整个系统简单、明确、易操作,并努力做到作业标准化;机械化及智能化就是规划与设计的邮政快递智能系统应力求减少人工作业,尽量采用具有一定智能的自动化设备来提高作业效率,降低人为可能造成的错误。

新建邮政快递智能系统的规划与设计步骤如图1-10所示。

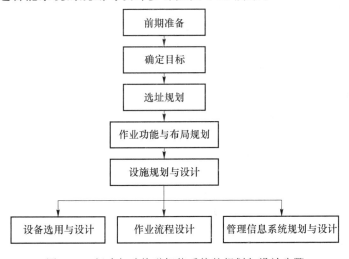

图1-10 新建邮政快递智能系统的规划与设计步骤

1. 前期准备

前期准备工作是为邮政快递智能系统规划与设计提供必要的基础资料,常采用调研的方法,包括网上调研、图书资料调研与现场调研等,其主要包括以下内容:

(1) 收集邮政快递智能系统建设的内部条件、外部条件及潜在客户的信息。

(2) 分析邮政快递智能系统经营快件的品种、货源、流量及流向。

(3) 调查邮政快递服务的供需情况、行业的发展状况等。

2. 确定目标

确定邮政快递智能系统建设的目标是邮政快递智能系统规划与设计的关键步骤,主要是依据前期准备工作的资料,确定邮政快递智能系统建设的近期、中期和远期目标。

3. 选址规划

邮政快递智能系统位置的选择,将显著影响其实际运营的效率与成本,以及日后网点规模的扩充与发展。因此在决定邮政快递智能系统位置方案时,必须谨慎考虑相关因素,并按适当步骤进行。在选择过程中,如果已经有预定地点或区位方案,应于规划前先行提出,并成为规划过程的限制因素;如果没有预定地点,则可在可行性研究时提出几个备选方案,并对比各备选方案的优劣,以供决策者选择。

4. 作业功能与布局规划

首先,需要对邮政快递智能系统进行业务分析与需求分析,进行邮政快递智能系统的作业功能规划,即将邮政快递智能系统作为一个整体系统来考虑,依据确定的目标,规划邮政快递智能系统为完成业务而应该具备的功能,并进一步进行相应的能力设计。其后,还必须根据各作业流程、作业区域的功能及能力进行空间区域的布置规划和作业区域的区块布置工作,以及标识各作业区域的面积和界限范围等。

邮政快递智能系统作业功能的规划与设计包括三个方面,一是总的作业流程规划;二是作业区域的功能规划;三是作业区域的能力设计。通常的步骤如下:首先,针对不同类别的邮政快递智能系统的功能需求和典型的作业环节,设计适合该邮政快递智能系统的作业流程;其次,根据确定的作业流程规划物流作业区域和外围辅助活动区域的功能;最后,确定各作业区域的具体作业内容和作业能力。

在完成作业功能的规划与设计,并确定主要邮政快递设备与外围设施的基本方案后,就可以进行邮政快递智能系统的区域布置规划了。邮政快递智能系统的区域布置规划的目的是有效地利用空间、设备、人员和能源,最大限度地减少物料搬运,简化作业流程,缩短生产周期,力求投资最低,为员工提供方便、舒适、安全和卫生的工作环境。邮政快递智能系统区域布置规划的一般程序如下:规划资料分析→流程分析→作业区域设置→物流相关性分析→非物流相关性分析→综合相关性分析→区域平面布置→修正与调整→方案选择。规划的成果是产生作业区域的布置图,设定各作业区域的面积和界限范围。

5. 设施规划与设计

邮政快递智能系统的设施规划与设计涉及建筑模式、空间布局、设备安置等多方面的内容,需要运用系统分析的方法求得整体优化,最大限度地减少物料搬运、简化作业流程,创造良好、舒适的工作环境。这部分工作主要包括以下内容:分拨中心等网点的设计、装卸货平台的设计、货场及道路的设计以及其他建筑设施的规划等。

6. 设备选用与设计

邮政快递智能系统的主要作业活动基本上均与储存、搬运和分拣等作业有关。因此,在邮政快递智能系统的规划与设计中,对设备的选用与设计是规划的重要内容。不同功能的邮政快递智能系统需要不同的设备,不同的设备使厂房布置和面积需求发生变化,因此必须按照实际需求选取适合的邮政快递智能系统设备。在总体规划阶段,厂房布置尚未完成,设备的设计主要以需求的功能、数量和选用型号等内容为主。在详细规划阶段,必须进行设备的详细规格、标准等内容的设计。

一般来说,邮政快递智能系统的主要设备包括储存设备、装卸搬运设备、运输设备、分拣设备、包装设备、流通加工设备、集装单元器具、外围配合设备等。对邮政快递智能系统的主要设备进行正确的选用与设计是保证邮政快递智能系统顺利运作的必要条件。

7. 作业流程设计

邮政快递智能系统的作用在于"化零为整"和"化整为零",使快件通过它迅速流转。如果没有正确有效的作业方法配合,那么不论具有多么先进的系统和设备,也未必能取得最佳的经济效益。以智能快递系统为例,其基本作业流程综合归纳为以下作业活动:寄件下达、上门取件、快件入库、分拨转运、出库派送、客户签收和回单。

8. 管理信息系统规划与设计

信息化、网络化、自动化、智能化是邮政快递系统的发展趋势。管理信息系统规划与设计是邮政快递智能系统规划与设计的重要组成部分。当邮政快递智能系统的作业功能、结构、设施规划初步完成后,便可以对其管理信息系统进行规划与设计。邮政快递智能系统的管理信息系统规划与设计,既要考虑满足邮政快递智能系统内部作业的要求,有助于提高作业效率,也要考虑同邮政快递智能系统外部的管理信息系统相连,方便邮政快递智能系统及时获取和处理各种经营信息。一般而言,影响邮政快递智能系统的管理信息系统规划与设计的主要因素包括邮政快递企业的组织结构、作业内容以及作业管理制度。

在管理信息系统建设上,需要选择合适的开发模式,一般主要有自行开发、系统开发外包、合作开发和直接购买等四种模式。在选择相关软件时还必须设计相应的采购策略,主要包括对开发商的评审策略与对外购软件的评估策略。最后,进入系统实施与运行维护阶段时,主要工作内容包括编程、测试、运行和维护等。

1.3.3 邮政快递智能系统规划与设计的常用方法

邮政快递智能系统规划与设计常采用系统分析方法来完成。所谓系统分析法就是按照事物本身的系统性把对象放在系统的形式中加以考察的一种方法,即从系统的观点出发,始终着重从整体与部分之间,从整体与外部环境的相互联系、相互作用、相互制约的关系中综合地、精确地考察对象,以达到最佳地处理问题的一种方法。

基本的系统分析法主要有以下几种。

(1) 网络方法

网络方法是一种统筹安排、抓住关键的系统方法。邮政快递企业内有多种不同的业务部门,如何协调工作;快件的流转过程有许多工序,如何最合理地调配人力、物力和安排进度,以确保快递服务顺利完成。为了解决这一类问题,美国在1956—1958年间发展了两种方法,即CPM法和PERT法。CPM法是Critical Path Method的简称,又称关键路径法。PERT法是Program Evaluation and Review Technique的简称,又称计划评审技术,它注重于对各项任务安排的评价和审查。

（2）数学规划法

数学规划法是指在一定的约束条件下，寻求最优目标的一大类数学方法。这里的约束条件主要包括资源约束（如人力、物力、财力、时间等）以及必须满足的一些客观规律。所谓寻求最优目标就是求目标函数的极值。这一类优化方法包括线性规划、整数规划、动态规划以及非线性规划。线性规划是解决目标函数和约束条件都是自变量的一次函数的这类问题；整数规划是解决对于最优解要求必须是整数的情况；动态规划是解决多阶段决策过程的最优化问题；非线性规划是解决目标函数和约束条件中有一个或多个自变量的非线性函数问题。

（3）综合评价方法

综合评价方法就是对系统的各种可行方案，从功能、质量、投资、效益、能耗、使用寿命等各方面进行全面分析比较，综合考虑，从而选择整体效果最优的方案予以实施。综合评价方法的关键在于选择适当的评价项目和评价的定量计算方法。

（4）系统仿真方法

系统仿真方法是通过建立仿真模型并进行各种试验，以弄清楚仿真模型所代表的实际系统的特性，以及各种因素间的关系，从而对现有系统进行分析，使之不断改进和完善；或者为未来系统选择最优方案的决策提供科学依据；或者是对系统今后的发展趋势做出预测等。

（5）大系统理论

大系统是指规模庞大、结构复杂、包括的子系统数量多、系统的功能多、目标多、系统内的因素多、变量多的综合性系统。大系统与一般系统的研究方法是不同的，对于大系统而言，演绎法和靠建立单一的数学模型来求解的方法都不通用了。一般地，对于大系统，比较多地采用"分解—协调"方法，就是按照不同原则把大系统划分成若干子系统，先分别对各子系统进行分析与综合，这可以用常规的分析方法来做，分别使各子系统的状态最优，称为局部最优。但局部最优并不等于整体最优，这就需要再根据大系统的总任务和总目标，使各个小系统之间相互协调，为了总任务和总目标，有时可能会使某些子系统不是局部最优，但局部应服从于整体，最后实现大系统的整体最优。

案例——智能快递柜，助力智慧物流，给智慧城市插上翅膀

智慧城市是指城市信息化，即通过建立多媒体信息网络及地理信息系统等基础平台，整合城市信息资源，建立电子商务、电子政务及交通运输等信息化社区，如图1-11所示。通信网+信息网+物联网构成了智慧城市的基础信息传输网络。

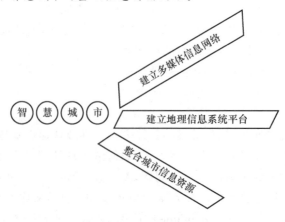

图1-11　智慧城市

智慧城市的建设，涉及诸多方面内容，仅从物流角度来看，智慧物流是智慧城市建设的要求之一。智慧物流的关键环节就是分拣和配送，高度智能化的分拣和配送可以由智能机器代替人力完成。以下是温州市创新物流模式中开展"智慧城市"的一个小片段，从中我们可以领略智慧城市中智慧物流的真正内涵。

前一段时间，温州市开展了"智能快递柜免费进小区"活动，首批的100个智能快递柜分别进入了温州市的100个小区。温州市邮政局和鹿城区委区政府带着物业代表和普通市民代表一起走进市区灰桥、新田园及百里路等小区，实地体验小区放置的智能快递柜。

这些智能快递柜能24小时为住户提供自助收取快递服务，快递员首先根据包裹的大小，选择合适的柜子，当包裹放入柜子并锁好后，柜子的智能系统会自动将取件通知发送至收货人的手机上。

工作人员在现场为市民们展示了取件的全过程，即先点击"取件"按钮，然后输入取件号码，此时柜门会立刻自动打开，取件后关上柜门，柜子会自动锁上，整个过程只需短短5秒钟时间。工作人员介绍说，该智能快递柜还可以采用扫描二维码的方式开启，这样会更加节省时间。

市民对"使用快递柜会不会产生额外费用"存在担心。生产厂家告诉市民，住户不需要承担任何费用，快递柜的维护、维修、更新及升级都由公司负责，小区只需要提供安装快递柜的场地即可。

还有市民对"快递柜取件免费，在寄件时该如何付费"提出疑问。工作人员解释说，寄件费用和普通寄件费用一样，同时用户还可以通过手机支付费用。

以上不过是温州智慧城市中物流智能化的一个缩影。无论是智慧城市的建设，智能物流的建设，还是智慧邮政快递系统的建设，都不是一朝一夕能完成的，还要有政府的推动、企业的介入、市民的广泛参与，还要经过长时间坚持不懈的努力，才有可能最终实现。

资料来源：燕鹏飞.智能物流：链接"互联网+"时代亿万商业梦想.北京：人民邮电出版社，2017：15-16.

第2章 邮政快递智能系统关键技术

邮政快递智能系统的有效运作需要大量的关键技术作支撑,这些关键技术包括:自动识别技术、电子数据交换技术、云计算与大数据技术、物联网技术、检测与控制技术、人工智能技术以及智能优化技术等。

2.1 自动识别技术

在邮政快递业务的运转流程中,自动识别技术具有自动获取信息和自动录入信息的功能。自动识别技术包括条形码技术、射频识别技术、图像识别技术、声音识别技术、生物识别技术和磁识别技术等,如图2-1所示。

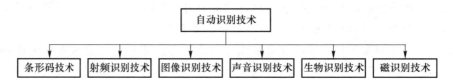

图 2-1　自动识别技术的分类

下面主要对前三种自动识别技术进行介绍。

2.1.1 条形码技术

1. 条形码技术概述

近年来,随着智能手机等移动终端的迅速普及、移动互联网技术的迅猛发展,消费者的信息获取方式和消费习惯出现了较大的变化。在传统实体经济企业和百度、阿里巴巴、腾讯等互联网巨头公司的积极使用和推动下,条形码技术(bar code technology)已经全面渗透到了消费者的日常生活中,条码技术在商品零售结算、物流、邮政管理、快递行业、产品追溯与防伪、医疗溯源、电子商务、物联网、"O2O"等领域都得到极大的应用和发展。

条形码技术是以计算机、光电技术和通信技术为基础的综合性技术,是高速发展的信息技术的一个重要组成部分。

条形码(bar code)是将宽度不等的多个黑条和空白,按照一定的编码规则排列,用以表达一组信息的图形标识符。常见的条形码是由反射率相差很大的黑条(简称条)和白条(简称空)排成而成的图案。这些条和空可以有不同的组合方式,从而构成不同的图形符号,即各种符号体系(也称码制),适用于不同的场合。

条形码可以标出物品的生产国、制造厂家、商品名称、生产日期、图书分类号、邮件起止地点、类别、日期等许多信息。

2. 条形码编码规则

1) 唯一性

同种产品同种规格对应同一个产品代码,同种产品不同规格应对应不同的产品代码。根据产品的不同性质,如:重量、包装、规格、气味、颜色、形状等,赋予不同的商品代码。

2) 永久性

产品代码一经分配,就不再更改,并且是永久性的。当此种产品不再生产时,其对应的产品代码只能搁置起来,不得重复起用再分配给其他产品。

3) 无含义

为了保证代码有足够的容量以适应产品频繁更新换代的需要,常采用无含义的顺序码。

3. 条形码的几种码制

目前国际广泛使用的条形码种类有 EAN 码、UPC 码、Code39 码、ITF25 码和 UCC/EAN-128 码等。其中,EAN 码是当今世界上应用最广的商品条形码。

1) EAN 码

EAN 码是国际物品编码协会制定的一种商品用形条码。EAN 码有标准版(EAN-13)和缩短版(EAN-8)两种。

(1) 标准版

标准版由 13 位数字表示,又称 EAN-13 码,它包括前缀码、制造商代码、商品代码和校验码等四部分。

前缀码由前 2~3 位数字组成,是国家或地区代码,由国际物品编码协会统一确定。例如:690~699 代表中国大陆。某些类型商品比较特殊,如:图书的前缀码为 978~979,连续出版物为 977。

制造商代码由接下来的 4~6 位数字组成,一厂一码。

商品代码由 3~5 位数字组成,表示每个制造商的商品,由厂商确定。

校验码是最后一位数字,用于校验前面各码的正误。

EAN-13 码示例如图 2-2 所示。

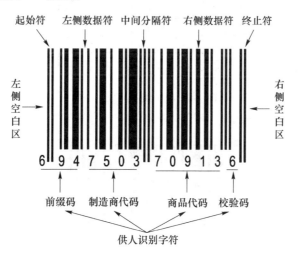

图 2-2 EAN-13 码示例

(2) 缩短版

EAN-8 码是 EAN-13 码的压缩版,用于包装面积较小(小于 120 cm^2 以下)的商品上。缩短版由 8 位数字表示,又称 EAN-8 码,它包括前缀码、商品代码和校验码三部分。

前缀码由前 2~3 位数字组成,是国家或地区代码,与标准版的前缀码相同。

商品代码由 4~5 位数字组成。

校验码是最后一位数字,用于校验前面各码的正误。

(3) 校验码的计算方法

两种条形码的校验码的计算方法一致,具体规则如下:

第一,按"从右向左"的顺序,对条形码进行编号。

第二,把编号为"偶数位"的数值进行求和,之后将该"和数"乘以 3 并赋值给变量 a。

第三,剔除校验码后,把编号为"奇数位"的数值进行求和并赋值给变量 b。

第四,求 a、b 之和并赋值给变量 c。

第五,取比 c 大且能被 10 整除的最小整数赋值给变量 d。

第六,校验码的数值就为 d 与 c 的差值,即 $d-c$。

2) UPC 码

UPC 码(Universal Product Code)是由美国和加拿大共同组织的"统一编码委员会"(Universal Code Council,UCC)选定以 IBM 公司提出的 Dalta-Distance 为基础而通过的编码系统,是最早大规模应用的条码,其特性是一种长度固定、连续性的条码,主要在美国和加拿大使用。我国有些出口到北美地区的商品为了适应北美地区的需要,也需要申请 UPC 码。UPC 条码也有标准版和缩短版两种,标准版由 12 位数字构成,缩短版由 8 位数字构成。

标准版 UPC 码由 11 位数字的通用产品代码和 1 位校验码组成。产品代码的第 1 位数字为编码系统字符,中间 5 位数字表示制造商代码,后 5 位数字为商品代码,最后 1 位为校验码。

标准版 UPC 码如图 2-3 所示。

图 2-3 标准版 UPC 码示例

缩短版 UPC 码如图 2-4 所示。

图 2-4 缩短版 UPC 码示例

标准版 UPC 码的校验码的计算方法如下：

第一，按"从左向右"的顺序，对条形码进行编号。

第二，把编号为"奇数位"的数值进行求和，之后将该"和数"乘以 3 并赋值给变量 a。

第三，剔除校验码后，把编号为"偶数位"的数值进行求和并赋值给变量 b。

第四，求 a、b 之和并赋值给变量 c。

第五，取比 c 大且能被 10 整除的最小整数赋值给变量 d。

第六，校验码的数值就为 d 与 c 的差值，即 $d-c$。

3) UCC/EAN-128 码

UCC/EAN-128 码是由国际物品编码协会、美国统一代码委员会和自动识别制造商协会制定的一种连续型、非定长条形码，其能更多地标识贸易单元中需要表示的信息，如产品批号、数量、规格、生产日期、有效性、交货地等。

UCC/EAN-128 码由应用标识符和数据两部分组成。因为其携带大量信息，所以应用领域非常广泛，包括制造业的生产流程控制、物流业、运输业、邮政业的仓储管理、车辆调度、货物跟踪等。

4) 二维条形码

二维条形码是用某种特定的几何图形按一定规律在平面（二维方向）上分布的黑白相间的图形符号信息。二维条形码不仅可以作为数据库信息的引用，还可以起到数据库的作用。目前，二维条形码有两类，即堆叠式和矩阵式。

堆叠式二维条形码示例如图 2-5 所示。

图 2-5 堆叠式二维条形码示例

矩阵式二维条形码示例如图 2-6 所示。

图 2-6 矩阵式二维条形码示例

二维条形码具有信息容量大，编码范围广，保密、防伪性好，可靠性高，纠错能力强等优点。由于具有以上特点，二维条形码在制造业、邮政快递行业、高速收费等领域中应用广泛。

5) 一维条形码和二维条形码的特点对比

一维条形码和二维条形码的特点对比如表 2-1 所示。

表2-1　一维条形码和二维条形码的特点对比

一维条形码	二维条形码
可直接显示内容为英文、数字、简单符号	可直接显示英文、中文、数字、符号、图形
储存数据不多,主要依靠数据库	储存数据量大,是一维条形码的几十倍到几百倍
保密性能不高	保密性高(可加密)
损污后可读性差	安全级别最高,损污50%仍可读取完整信息
译码错误率约为百万分之二	误码率不超过千万分之一,可靠性极高

2.1.2　RFID技术

1. RFID技术概述

射频识别(Radio Frequency Identification,RFID)是一种先进的非接触式自动识别技术,其基本原理是利用射频信号及其空间耦合、传输特性,实现对静止的或移动中的待识别物品的自动机器识别。

与其他自动识别技术一样,射频识别系统也是由信息载体和信息获取装置组成。其中,装载识别信息的载体是射频标签。获取信息的装置称为射频读写器。标签与读写器之间利用感应、无线电波或微波能量进行非接触式双向通信,实现数据交换,从而达到识别的目的。

RFID技术的突出特点是实现非接触双向通信,解决了无源和非接触这一难题,是电子器件领域的一大突破。广泛应用于生产、物流、交通、运输、邮政、医疗、防伪、跟踪、设备和资产管理等领域。

2. RFID系统的组成

RFID系统在具体的应用过程中,根据不同的应用目的和环境,系统的组成会有所不同。但从RFID系统的工作原理来看,RFID系统通常由电子标签、读写器、天线和后台系统组成,如图2-7所示。

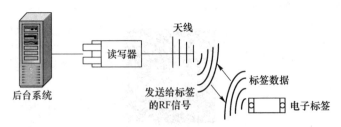

图2-7　RFID系统的基本构成

(1) 电子标签。由耦合元件及芯片组成,每个电子标签具有唯一的电子编码,用于标识目标对象,并存储被识别物体的相关信息,如产品编号、品名、规格、颜色、位置及其他信息。

(2) 读写器。负责读取/写入电子标签上的数据,起到连接电子标签与后台系统的基础作用。读写器有手持式、固定式等,部分产品可以实现多协议兼容。

(3) 天线。负责无线电信号的感应,在电子标签和读写器之间传递射频信号,分为标签天线和读写器天线。天线的设计对RFID读取性能有较大影响。

(4) 后台系统。负责信息收集、过滤、处理、传递和利用,并提供信息共享机制。包括中间件、公共服务体系和应用系统。

3. RFID 系统基本工作流程

（1）读写器将无线电载波信号经过发射天线向外发射。

（2）当电子标签进入发射天线的工作区时，凭借电磁/电感感应电流所获得的能量将存储在芯片中的自身编码等信息通过天线发射出去，或者主动发送某一频率的信号。

（3）读写器的接收天线接收电子标签发出的信号，经天线的调节器传输给读写器。

（4）读写器对接收到的信号进行解调和译码，送往后台系统进行有关数据处理。

（5）后台系统根据逻辑运算判断该电子标签的合法性，针对不同的设定做出相应的处理和控制，如发出指令信号控制执行机构的动作或进行相关处理。

4. RFID 标签的分类

（1）根据电子标签内是否装有电池为其供电，主要分为主动标签（active tag）和被动标签（passive tag）两种。主动标签也被称为有源标签，自身带有电池供电，读写距离远，成本较高；不足之处在于电池寿命有限，需更换电池。被动标签也被称为无源标签，在收到读写器发出的微波信号后，将部分微波能量转换为直流电供自己工作，免维护、成本低，使用寿命长，体积小且轻，读写距离较近。

（2）根据存储的信息是否可被改写，主要分为只读式标签（read only）和可读写式标签（read and write）两种。只读式标签的信息在集成电路生产时即将信息写入，以后不能再修改。可读写式标签可采用专用设备多次擦写；一般地，写入时间远大于读取时间；写入时间为秒级，读取时间为毫秒级；读取距离也大于写入距离。

（3）根据 RFID 技术工作频率的不同，主要分为低频（LF）、高频（HF）、超高频（UHF）和微波（MF）等不同类型。

5. RFID 技术与条形码技术的对比

RFID 在本质上是物品标识的一种手段，它被认为将会最终取代现今应用非常广泛的传统条形码，成为物品标识的最有效方式，它具有一些非常明显的特点。RFID 技术与条形码技术的对比如表 2-2 所示。

表 2-2　RFID 技术与条形码技术的对比

功　能	RFID 技术	条形码技术
读取数量	可以同时读取多个 RFID 标签资料	只能一次读取一个
存储资料容量	存储资料容量大	存储资料容量小
读写能力	电子资料可以反复读写	条形码资料不可更新
读取方便性	RFID 标签可以很薄，如隐藏在包装内仍然可以读取资料	读取时需要看见且需清楚
资料正确性	可以传递资料作为货品的追踪与保全	条形码要靠人工读取，所以有人为错误的可能性
坚固性	在严酷恶劣和污染放射的环境下仍可以读取资料	当条形码有污渍或者被损坏，将无法读取，即没有耐久性
高速读取	可以进行高速移动读取	移动中读取有所限制

知识链接:沃尔玛的 RFID 技术

美国零售商巨头沃尔玛在全球行业中的最大优势就是其完善的物流配送系统,沃尔玛所有的店铺都安装了射频识别系统,而且沃尔玛要求供货商也要有射频识别系统。这一技术的应用,让沃尔玛保持了足够的商品数量和种类,有效避免了货品的无故短缺和脱销,从而优化了沃尔玛对供应链的管理,大幅度提高了服务效率和质量。

2.1.3 数字图像处理与识别技术

1. 数字图像处理与识别技术概述

数字图像处理(digital image processing)又称为计算机图像处理,它是指将图像信号转换成数字信号并利用计算机对其进行处理的过程。

随着数字图像处理技术的发展和实际应用的需要,出现了另一类问题,就是不要求其结果输出是一幅完整图像,而是将经过上述处理后的图像,再经过分割和描述提取有效的特征,进而加以判决分类。例如:要从遥感图像中分割出各种农作物、森林资源、矿产资源等,并进一步判断其产量和蕴藏量;由气象云图结合其他气象观察数据进行自动天气预报;根据医学 X 光图像断层分析各种病变;邮政快递系统中的信函、快件的自动分拣等。这些都是图像识别的研究内容。具体而言,图像识别技术(image recognition technology)是指利用计算机对图像进行处理、分析和理解,以识别各种不同模式的目标和对象的技术。

2. 数字图像处理与识别的关键技术

数字图像处理与识别的关键技术包括:图像变换、图像编码压缩、图像增强和复原、图像分割、图像描述和图像识别。

1) 图像变换

由于图像阵列很大,直接在空间域中进行处理,涉及计算量很大。因此,往往采用各种图像变换的方法,如傅里叶变换、沃尔什变换、离散余弦变换等间接处理技术,将空间域处理转换为变换域处理,不仅可减少计算量,而且可获得更有效的处理(如傅里叶变换可在频域中进行数字滤波处理)。目前,新兴研究的小波变换在时域和频域中都具有良好的局部化特性,它在图像处理中也有着广泛而有效的应用。

2) 图像编码压缩

图像编码压缩技术可减少描述图像的数据量,以便节省图像传输、处理时间和减少所占用的存储器容量。压缩可以在不失真的前提下获得,也可以在允许的失真条件下进行。编码是压缩技术中最重要的方法,它在图像处理技术中是发展最早且比较成熟的技术。

3) 图像增强和复原

图像增强和复原的目的是为了提高图像的质量,如去除噪声,提高图像的清晰度等。图像增强不考虑图像降质的原因,突出图像中所感兴趣的部分。如强化图像高频分量,可使图像中物体轮廓清晰,细节明显;如强化低频分量可减少图像中噪声影响。

图像复原要求对图像降质的原因有一定的了解。一般来讲,应根据降质过程建立"降质模型",再采用某种滤波方法,恢复或重建原来的图像。

4) 图像分割

图像分割是将图像中有意义的特征部分提取出来,其有意义的特征有图像中的边缘、区域等,这是进一步进行图像识别、分析和理解的基础。

5）图像描述

图像描述是图像识别和理解的必要前提。作为最简单的二值图像可采用其几何特性描述物体的特性,一般图像的描述方法采用二维形状描述,它有边界描述和区域描述两类方法。对于特殊的纹理图像可采用二维纹理特征描述。随着图像处理研究的深入发展,已经开始进行三维物体描述的研究,提出了体积描述、表面描述、广义圆柱体描述等方法。

6）图像识别

图像识别属于模式识别的范畴,其主要内容是图像经过某些预处理（增强、复原、压缩）后,进行图像分割和特征提取,从而进行判决分类。图像识别常采用经典的模式识别方法,有统计模式分类和结构模式分类,近年来新发展起来的模糊模式识别和人工神经网络模式分类在图像识别中也越来越受到重视。

具体而言,图像识别过程如图 2-8 所示。

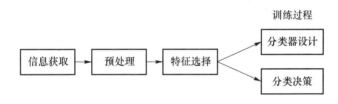

图 2-8　图像识别过程

3. 数字图像处理与识别的技术特点

1）处理信息量很大

如一幅 256×256 低分辨率黑白图像,约要求 64 kbit 的数据量;对高分辨率彩色 512×512 图像,则要求 768 kbit 数据量;如果要处理 30 帧/秒的电视图像序列,则每秒要求 500 kbit～22.5 Mbit 数据量。因此,对计算机的计算速度、存储容量等要求较高。

2）数字图像处理占用的频带较宽

与语音信息相比,占用的频带要大几个数量级。如电视图像的带宽约 5.6 MHz,而语音带宽 4 kHz 左右。所以,在成像、传输、存储、处理、显示等各个环节的实现上,技术难度较大,成本也高,这就对频带压缩技术提出了更高的要求。

3）数字图像中各个像素相关性大

在图像画面上,经常有很多像素有相同或接近的灰度。就电视画面而言,同一行中相邻两个像素或相邻两行间的像素,其相关系数可达 0.9 以上,而相邻两帧之间的相关性比帧内的相关性还要大些。因此,图像处理中信息压缩的潜力很大。

4）数字图像处理受人的因素影响较大

由于人的视觉系统很复杂,受环境条件、视觉性能、人的情绪爱好以及知识状况影响很大,作为图像质量的评价还有待进一步深入地研究。另外,计算机视觉是模仿人的视觉,人的感知机理必然影响着计算机视觉的研究。例如,什么是感知的初始基元？基元是如何组成的？局部与全局感知的关系,优先敏感的结构、属性和时间特征等,这些都是心理学和神经心理学正在重点研究的课题。

2.2 电子数据交换技术

2.2.1 EDI 的概念

电子数据交换(electronic data interchange,EDI)是计算机与计算机之间结构化的事务数据交换,它是通信技术、网络技术与计算机技术的结晶。它将数据和信息规范化、标准化后,在计算机应用系统间直接以电子方式进行数据交换。EDI 是目前较为流行的商务信息、管理业务信息的交换方式,它使业务数据自动传输、自动处理,从而大大提高了工作效率。

2.2.2 EDI 系统模型

EDI 包含三个方面的内容,即计算机应用、通信网络和数据标准化。其中,计算机应用是 EDI 的条件,通信网络是 EDI 应用的基础,数据标准化是 EDI 的特征。EDI 信息的最终用户是计算机应用软件系统,它自动处理传递来的信息,因而这种传输是机-机、应用-应用的传输,为 EDI 与其他计算机应用系统的互联提供了方便。EDI 系统模型如图 2-9 所示。

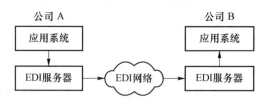

图 2-9 EDI 系统模型

2.2.3 EDI 系统的工作原理

当今世界通用的 EDI 通信网络是建立在信报处理系统数据通信平台上的信箱系统,其通信机制是信箱信息的存储和转发。其具体实现方法是在数据通信网上加挂大容量信息处理计算机,在计算机上建立信箱系统,通信双方需申请各自的信箱,其通信过程是把报文传到对方的信箱中。文件交换由计算机自动完成,在发送报文时,用户只需进入自己的信箱系统即可。EDI 系统的工作流程如图 2-10 所示。

2.2.4 EDI 的类型

1. 直接型的 EDI

直接型的 EDI 系统是通过用户与用户之间直接相连而构成的。EDI 的用户开发各自的系统,这样开发的系统只同自己的客户相联系,不同其他的系统相联系,即所谓的专用 EDI 系统。

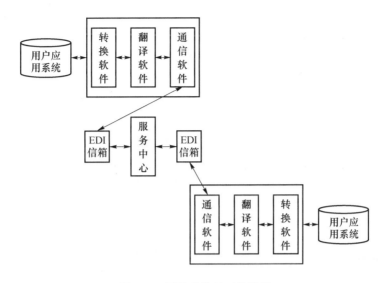

图 2-10　EDI 系统的工作流程

2. 基于增值网的 EDI

所谓增值网是指能提供额外服务的计算机网络系统。增值网可以提供协议的更改、检错和纠错等功能。基于增值网的 EDI 的单证处理过程包括以下几步：

(1) 生成 EDI 平面文件。EDI 平面文件是通过应用系统将用户的应用文件或数据库文件中的数据映射成一种标准的中间文件，这是一种普通的文本文件，用于生成 EDI 电子单证。

(2) 翻译生成 EDI 标准格式文件。翻译器按照 EDI 标准将平面文件翻译成 EDI 标准格式文件，即 EDI 电子单证。电子单证是 EDI 用户之间进行业务往来的数据，具有法律效力。

(3) 通信。用户通过计算机系统由通信网络接入 EDI 信箱，将 EDI 电子单证投递到对方的信箱中，具体过程由 EDI 信箱系统自动完成。

(4) EDI 文件的接收和处理。用户接入 EDI 系统，打开自己的信箱，将来函收到自己的计算机系统中，经过格式校验、翻译、映射之后还原成应用文件，并对应用文件进行编辑、处理和回复。

3. 基于 Internet 的 EDI

由于增值网的安装和运行费用较高，许多中小型公司难以承受，它们大都使用传真和电话来进行贸易往来。即使使用 EDI 的大公司也不可能完全做到节省费用，因为公司的许多贸易伙伴并没有使用 EDI。Internet 的发展则提供了一个费用更低、覆盖面更广且服务更好的系统，使中小型公司和个人都能使用 EDI。随着 Internet 安全性的提高，已表现出部分取代增值网而成为 EDI 网络平台的趋势。

2.2.5　EDI 系统的应用

传统企业的购物贸易过程大致为买方向卖方提出订单，卖方得到订单后，就进行内部的纸张文字票据处理，准备发货。纸张票据中包括发货票等。买方在收到货和发货票之后，开支票，寄给卖方。卖方持支票至银行兑现。银行再开出一个票据，确认这笔款项的汇兑。

而一个生产企业的 EDI 系统，就是要把上述买卖双方在贸易处理过程中的所有纸面单证由 EDI 通信网来传送，并由计算机自动完成全部（或大部分）处理过程。具体为：企业收到一份 EDI 订单,则系统自动处理该订单,检查订单是否符合要求;然后通知企业内部管理系统安排生产;向零配件供销商订购零配件等;有关部门申请进出口许可证;通知银行并给订货方开出 EDI 发票;向保险公司申请保险单等。从而使整个商贸活动过程在最短时间内准确地完成。一个真正的 EDI 系统是将订单、发货、报关、商检和银行结算合成一体,从而大大加速了贸易的全过程。因此,EDI 对企业文化、业务流程和组织机构的影响是巨大的。

(1) 在商业贸易领域,通过采用 EDI 技术可以将不同的制造商、供应商、批发商和零售商之间的生产管理、物料需求、销售管理、仓库管理、商业电子收款机系统(POS)有机地结合起来,从而使这些企业大幅度地提高其经营效率,并创造出更高的利润。商贸 EDI 业务特别适用于那些具有一定规模、具有良好计算机管理基础的制造商,采用商业 POS 系统的批发商和零售商,以及为国际著名厂商提供产品的供应商。

(2) 在运输行业,通过采用电子数据交换业务,可以将航运、空运、陆路运输、外轮代理公司、港口码头、仓库、保险公司等企业之间各自的应用系统联系在一起,从而解决传统单证传输过程中的处理时间长、效率低等问题。可以有效地提高货物运输能力,实现物流控制电子化,实现国际集装箱多式联运,进一步促进集装箱运输事业的发展。

(3) 在外贸领域,通过采用 EDI 技术可以将海关、商检、卫检等口岸监管部门与外贸公司、来料加工企业、报关公司等相关部门和企业紧密地联系起来,从而可以避免企业多次往返多个外贸管理部门进行申报、审批等,大大简化进出口贸易程序,提高货物通关的速度,最终起到改善经营投资环境,加强企业在国际贸易中的竞争力的目的。

(4) 在其他领域,如税务、银行、保险等贸易链路等多个环节之中,EDI 技术同样也有着广泛的应用前景。通过 EDI 和电子商务技术,可以实现电子报税、电子资金划拨等多种应用。

2.3 云计算与大数据技术

2.3.1 云计算技术

1. 云计算概述

2006 年 8 月,Google 公司的首席执行官埃里克·施密特在搜索引擎大会上首次提出了云计算的概念。云计算是基于互联网的相关服务的增加、使用和交付模式,通常涉及通过互联网来提供动态易扩展且经常是虚拟化的资源。

1) 云计算的含义

云计算(cloud computing)是一种基于互联网的计算方式,通过这种方式,共享的软硬件资源和信息可以按需提供给计算机和其他设备。

狭义的云计算是指厂商通过分布式计算和虚拟化技术搭建数据中心或超级计算以免费或按需租用方式向技术开发者或企业客户提供数据存储、分析以及科学计算等服务,即是指 IT 基础设施(硬件、平台、软件)的交付和使用模式,如亚马逊数据仓库出租生意。

广义的云计算是指厂商通过建立网络服务器集群,向各种不同类型客户提供在线软件服务、硬件租借、数据存储、计算分析等不同类型的服务。广义的云计算包括了更多的厂商和服务类型,即是指服务的交付和使用模式,例如,国内用友、金蝶等管理软件厂商推出的在线财务软件,谷歌发布的 Google 应用程序套装等。

通俗理解云计算的"云"就是存在于互联网上的服务器集群上的资源,它包括硬件资源(如服务器、存储器、CPU 等)和软件资源(如应用软件、集成开发环境等)。本地计算机只需要通过互联网发送一个需求信息,远端就会有成千上万的计算机为用户提供需要的资源并将结果返回到本地计算机。这样,本地计算机几乎不需要做什么,所有的处理都由云计算提供商所提供的计算机群来完成。

2) 云计算的技术发展

云计算是结合网格计算(grid computing)、分布式计算(distributed computing)、并行计算(parallel computing)、效用计算(utility computing)、网络存储(network storage technologies)、虚拟化(virtualization)、负载均衡(load balance)等传统计算机和网络技术发展融合的产物。

云计算和移动化是互联网的两大发展趋势。云计算为移动互联网的发展注入动力。IT 和电信企业将基于已有的基础进行价值延伸,力求在"端"——"管"——"云"的产业链中占据有利位置甚至获得主导地位。电信运营商在数据中心、用户资源、网络管理经验和服务可靠性等方面具有优势,目前他们主要通过与 IT 企业的合作逐步推出云计算服务。

云计算是物联网智能信息分析的核心要素。云计算技术的运用,使数以亿计的各类物品的实时动态管理变为可能。随着物联网应用的发展、终端数量的增长,可借助云计算处理海量信息,进行辅助决策,提升物联网信息处理能力。因此,云计算作为一种虚拟化、硬件/软件运营化解决方案,可以为物联网提供高效的计算和存储能力,为泛在链接的物联网提供网络引擎。

未来云计算主要朝三个方向发展,一是手机上的云计算,二是云计算时代资源的融合,三是云计算的商业发展。

2. 云计算的分类

云计算的类型可以有不同的分类方式。

1) 按服务类型分类

云计算按服务类型分类有:基础设施云(infrastructure cloud)、平台云(platform cloud)和应用云(application cloud)三大类。

(1) 基础设施云

基础设施云为用户提供的是底层的、接近于直接操作硬件资源的服务接口。通过调用这些接口,用户可以直接获得计算和存储能力,而且非常自由灵活,几乎不受逻辑上的限制。但是,用户需要进行大量的工作来设计和实现自己的应用。

(2) 平台云

平台云为用户提供一个托管平台,用户可以将它们所开发和运营的应用托管到云平台中。但是,这个应用的开发和部署必须遵守该平台特定的规则和限制,所涉及的管理也需由该平台负责。

(3) 应用云

应用云为用户提供可以为其直接所用的应用,这些应用一般是基于浏览器的,针对某一项特定的功能,应用云最容易被用户使用,因为它们都是开发完成的软件,只需要进行一些定制就可以交付。但是,它们也是灵活性最低的,因为一种应用云只针对一种特定的功能,无法提供其他功能的应用。

2) 按服务方式分类

云计算按服务方式分类有：公有云（common cloud）、私有云（private cloud）和混合云（mixing cloud）三大类。

（1）公有云

公有云是由若干企业和用户共享使用的云环境。在公有云中，用户所需的服务由一个独立的、第三方云提供商提供。该云提供商也同时为其他用户服务，这些用户共享这个云提供商所拥有的资源。

（2）私有云

私有云是由某个企业独立构建和使用的云环境。在私有云中，用户是这个企业或组织的内部成员，这些成员共享着该云计算环境提供的所有资源，该公司或组织以外的用户无法访问这个云计算环境所提供的服务。

（3）混合云

混合云是指公有云和私有云的混合。对于信息控制、可扩展性、突发需求，以及故障转移需求来说，混合和匹配私有云和公有云是一种有效的技术途径。由于安全和控制原因，并非所有的企业信息都适合放置在公有云上，这样大部分已经应用云计算的企业将会使用混合云模式。事实上，私有云和公有云并不是各自为政，而是相互协调工作。例如，在私有云里实现利用存储、数据库和服务的处理，同时在无须购买额外硬件的情况下，在需求高峰期充分利用公有云来完成数据处理需求，以期望实现利益的最大化。

另外，混合云也为其他目的的弹性需求提供了一个很好的基础，如灾难恢复。这意味着私有云把公有云作为灾难转移的平台，并在需要的时候去使用它。

3. 云计算的服务形式

目前，云计算的主要服务形式有基础设施即服务（Infrastructure as a Service，IaaS）、平台即服务（Platform as a Service，PaaS）和软件即服务（Software as a Service，SaaS）。PaaS 基于 IaaS 实现，SaaS 的服务层次又在 PaaS 之上，三者面向不同的需求。IaaS 提供的是用户直接访问底层计算资源、存储资源和网络资源的能力；PaaS 提供的是软件业务运行的环境；SaaS 是将软件以服务的形式通过网络传递到客户端。

1) 基础设施即服务（IaaS）

IaaS 通过虚拟化技术将服务器等计算平台同存储与网络资源打包，通过 API 接口的形式提供给用户，即把厂商的由多台服务器组成的"云端"基础设施，作为计量服务提供给客户。它将内存、I/O 设备、存储和计算能力整合成一个虚拟的资源池，为整个业界提供所需要的存储资源和虚拟化等服务。这是一种托管型硬件方式，用户付费使用厂商的硬件设施。

将基础设备（如 IT 系统、数据库等）集成起来，并且像旅馆一样分隔成不同房间供企业租用。参与者有 IBM、戴尔、惠普、亚马逊等公司。

IaaS 的优点是用户只需低成本硬件，按需租用相应计算能力和存储能力，大大降低了用户在硬件上的开销。

2) 平台即服务（PaaS）

PaaS 构建在 IaaS 之上，在基础构架之外还提供了业务软件的运行环境，个人网站经常用到的"虚拟主机"实际上就属于 PaaS 范畴，个人站长只需要将网站源代码上传到"虚拟主机"的地址，"虚拟主机"会自动运行这些代码并生成相应的 Web 页面。PaaS 把开发环境作为一种服务来提供，除了形成软件本身运行的环境，PaaS 通常还具备相应的存储接口，这些资源可以直接通过 FTP 等方式调用,用户无须从头进行裸盘的初始化工作。

这是一种分布式平台服务,厂商给客户提供开发环境、服务器平台、硬件资源等服务,用户在其平台基础上定制、开发自己的应用程序并通过其服务器和互联网传递给其他客户。

PaaS 能够给企业或个人提供研发的中间件平台,提供应用程序开发、数据库、应用服务器、试验、托管以及应用服务。打造程序开发平台与操作系统平台,让开发人员可以通过网络撰写程序与服务,一般消费者也可以在上面运行程序。参与者有 Google、微软、苹果、Yahoo 等公司。

3) 软件即服务(SaaS)

SaaS 是最成熟、知名度最高的云计算服务类型,在云计算之前软件即服务就已经是一个非常流行的概念了。SaaS 的目标是将一切业务运行的后台环境放入云端,通过一个瘦的客户端(通常是 Web 服务器)向最终用户直接提供服务。最终用户按需向云端请求服务,而本地无须维护任何基础构架或软件运行环境。所有人都可以在上面使用各式各样的软件服务,参与者则是世界各地的软件开发者。

SaaS 服务提供商将应用软件统一部署在自己的服务器上,用户根据需求通过互联网向厂商订购应用软件服务,服务提供商根据客户所订软件的数量、时间的长短等因素收费,并且通过浏览器向客户提供软件的模式。

客户不再像传统模式那样花费大量资金在硬件、软件、维护人员上,只需要支付一定的租赁服务费用,通过互联网就可以享受到相应的硬件、软件和维护服务,这是网络应用最具效益的营运模式。对于小型企业来说,SaaS 是采用先进技术的最好途径。

三种服务形式的关系如图 2-11 所示。

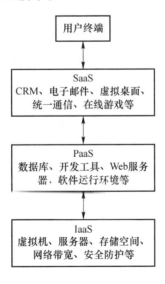

图 2-11 三种服务形式的关系

4. 云计算的体系结构

1) 云计算逻辑结构

云计算平台是一个强大的"云"网络,连接了大量并发的网络计算和服务,可利用虚拟化技术扩展每一个服务器的能力,将各自的资源通过云计算平台结合起来,提供超级计算和存储能力。云计算逻辑结构如图 2-12 所示。

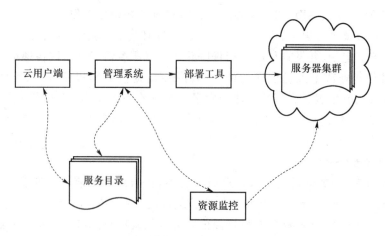

图 2-12 云计算逻辑结构

① 云用户端,它不仅提供云用户请求服务的交互界面,而且也是用户使用云的入口,用户通过 Web 浏览器可以注册、登录、定制服务、配置和管理用户。

② 服务目录,云用户在取得相应权限(付费或其他限制)后可以选择或定制服务列表,也可以对已有服务进行退订操作,在云用户端界面生成相应的图标或列表的形式展开相关的服务。

③ 管理系统和部署工具,提供管理和服务,对用户授权、认证、登录进行管理,还可以管理可用计算资源和服务,根据用户请求并转发到相应的程序,调度资源并智能地部署资源和应用,动态地部署、配置和回收资源。

④ 资源监控,监控和计量云系统资源的使用情况,完成节点同步配置、负载均衡配置和资源监控,确保资源能顺利分配给合适的用户。

⑤ 服务器集群,虚拟的或物理的服务器,由管理系统管理,负责高并发量的用户请求处理、大运算量计算处理、用户 Web 应用服务,云数据存储时采用相应数据切割算法、采用并行方式上传和下载大容量数据。

用户可通过云用户端从列表中选择所需的服务,其请求通过管理系统调度相应的资源,并通过部署工具分发请求、配置 Web 应用。

2) 云计算技术体系结构

由于云计算分为 IaaS、PaaS 和 SaaS 三种类型,不同的厂家又提供了不同的解决方案;所以,目前还没有一个统一的技术体系结构。但综合不同厂家的方案,可以得出一个值得商榷的云计算技术体系结构,如图 2-13 所示。

云计算技术体系结构分为四层,即物理资源层、资源池层、管理中间件层和 SOA 构建层。

① 物理资源层包括计算机、存储器、网络设施、数据库和软件等。

② 资源池层是将大量相同类型的资源构成同构或接近同构的资源池,如计算资源池、网络资源池等。构建资源池大多数是物理资源的集成和管理工作。

③ 管理中间件层负责对云计算的资源进行管理,并对众多应用任务进行调度,使资源能够高效、安全地为应用提供服务。

④ SOA 构建层将云计算能力封装成标准的 Web Services 服务,并纳入到 SOA 体系进行管理和使用,包括服务注册、查找、访问和构建服务工作流等。

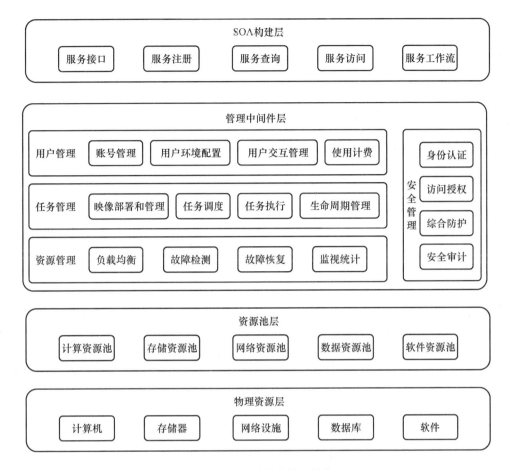

图 2-13 云计算技术体系结构

管理中间件层和资源池层是云计算技术的最关键部分，SOA 构建层的功能更多依靠外部设施提供。

5．云计算的关键技术

云计算是一种新型的超级计算方式，以数据为中心，是一种数据密集型的超级计算。其关键技术主要包括虚拟化技术、分布式海量数据存储、海量数据管理技术、编程方式、云计算平台管理技术等。

1）虚拟化技术

虚拟化技术是指计算元件在虚拟的基础上而不是真实的基础上运行，它可以扩大硬件的容量，简化软件的重新配置过程，减少软件虚拟机相关开销和支持更广泛的操作系统。通过虚拟化技术可实现软件应用与底层硬件相隔离，包括将单个资源划分成多个虚拟资源的裂分模式，也包括将多个资源整合成一个虚拟资源的聚合模式。虚拟化技术主要应用在 CPU、操作系统、服务器等多个方面，是提高服务效率的最佳解决方案。

2）分布式海量数据存储

云计算系统由大量服务器组成，同时为大量用户服务，因此云计算系统采用分布式存储的方式存储数据，用冗余存储的方式（集群计算、数据冗余和分布式存储）保证数据的可靠性。这种方式可保证分布式数据的高可用、高可靠和经济性，即为同一份数据存储多个副本。

3）海量数据管理技术

云计算需要对分布的、海量的数据进行处理、分析,因此,数据管理技术必需能够高效地管理大量的数据。云计算系统中的数据管理技术主要是 Google 的 Chubby 数据管理技术和 Hadoop 团队开发的开源数据管理模块 HBase。如何在规模巨大的分布式数据中找到特定的数据,如何保证数据安全性和数据访问高效性都是云计算数据管理技术所必须解决的问题。

4）编程方式

云计算提供了分布式的计算模式,客观上要求必须有分布式的编程模式。云计算采用了一种思想简洁的分布式并行编程模型 Map-Reduce。Map-Reduce 是一种编程模型和任务调度模型,主要用于数据集的并行运算和并行任务的调度处理。

5）云计算平台管理技术

云计算平台管理技术能够使大量的服务器协同工作,方便地进行业务部署和开通,快速发现和恢复系统故障,通过自动化、智能化的手段实现大规模系统的可靠运营。

6. 云计算的典型平台

1）Google 的云计算平台

Google 的云计算主要由 Map-Reduce、Google 文件系统(GFS)、BigTable 组成。还有其他云计算组件,包括:Sawzall,它是一种建立在 Map-Reduce 基础上的领域语言,专门用于大规模的信息处理;Chubby,它是一个高可用、分布式数据锁服务,当有机器失效时,Chubby 使用 Paxos 算法来保证备份。

Google 还在其云计算基础设施之上建立了系列新型网络应用程序。由于借鉴了异步网络数据传输的 Web2.0 技术,这些应用程序给予用户全新的界面感受和更加强大的多用户交互能力。典型的 Google 云计算应用程序就是 Google 推出的与 Microsoft Office 软件进行竞争的 Docs 网络服务程序。Google Docs 是一个基于 Web 的工具,它有类似于 Microsoft Office 的编辑界面,有一套简单易用的文档权限管理,而且它还记录下所有用户对文档所做的修改。Google Docs 的这些功能令它非常适用于网上共享与协作编辑文档。Google Docs 甚至可以用于监控责任清晰、目标明确的项目进度。当前,Google Docs 已经推出了文档编辑、电子表格、幻灯片演示、日程管理等多个功能的编辑模块,能够替代 Microsoft Office 相应的部分功能。值得注意的是,通过这种云计算方式形成的应用程序非常适合多个用户进行共享以及协同编辑,方便一个小组的人员共同创作。

Google Docs 是云计算的一种重要应用,即可以通过浏览器的方式访问远端大规模的存储与计算服务。云计算能够为大规模的新一代网络应用打下良好的基础。

2）IBM"蓝云"计算平台

"蓝云"是基于 IBM Almade 研究中心的云基础架构,采用了 Xen 和 PowerVM 虚拟化软件、Linux 操作系统映像以及 Hadoop 软件。"蓝云"计算平台由一个数据中心、IBM Tivoli 部署管理软件和监控软件、IBM WebSphere 应用服务器、IBM DB2 数据库以及开源软件共同组成。"蓝云"软件平台的特点主要体现在虚拟机以及对于大规模数据处理软件 Apache Hadoop 的使用上。

3）Amazon 的弹性计算云

亚马逊(Amazon)是互联网上最大的在线零售商,为了应付交易高峰,不得不购买大量的服务器。而在大多数时间,大部分服务器闲置,造成了很大的浪费。为了合理利用空闲服务器,Amazon 建立了自己的云计算平台弹性计算云 EC2 (Elastic Compute Cloud),并且是第一家将基础设施作为服务出售的公司。

Amazon 将自己的弹性计算云建立在公司内部的大规模集群计算的平台上,而用户可以通过弹性计算云的网络界面去操作在云计算平台上运行的各个实例(Instance)。

使用实例的付费方式由用户的使用状况决定,通过这种方式,用户不必自己去建立云计算平台,节省了设备与维护费用。

2.3.2 大数据技术

邮政快递行业正在一步一步迈入数据化发展阶段,邮政快递企业之间的竞争正在由传统的"硬件设施"竞争向"大数据"竞争方向转变。大数据可以让企业各类决策实现有的放矢,甚至可以做到为每一个个性化用户量身打造需要的服务。大数据技术的出现,将颠覆整个现代邮政业的运作模式。

邮政快递企业要实现高利润,必须有效降低各运营环节上的成本。大数据技术的出现,为现代邮政业有效降低整个业务链条上的成本提供了技术支持和可靠保障。比如,邮政快递企业通过采集和分析车辆数据,就可以实现配送路线的优化,从而有效降低物流成本。再比如,通过分析快件的种类和快件的流向等历史数据,就可以指导快递企业的经营活动。通过大数据的共享,企业可以连接上下游的供应链,从而为客户提供更优质的服务。

1. 大数据概述

1) 大数据的定义

大数据是指难以用传统的软件工具存储、管理和分析的大容量数据。

大数据技术是指通过对大数据的提取、交互、整合和分析,为政府、企业或其他机构的管理层提供决策信息,发现隐藏在数据背后的信息,挖掘数据信息的价值。

2) 大数据的发展动力

从目前的实时数据应用状况来看,在许多私企和组织里其实已经开始了大数据应用,因此这一市场非常需要得到政府的支持。诸如在线购物等网站已经开始了大数据的应用与实践,例如亚马逊购物网站,系统会根据用户最近的选择和关注过的商品,来进行对应的产品或服务的推荐。同理,政府也需要根据这种模式来研究如何将大数据技术应用到公共数据上。

大数据在中国已驶入"快车道",政府、企业和科研院所正多方位布局。工信部在物联网"十二五"发展规划中,将信息处理技术作为四项关键创新技术工程之一,其中包括海量数据存储、数据挖掘等。随着4G牌照在2013年末的发放,更高速的网络将带来更大的数据流,为政府和企业带来战略性资源。

例如,国内的政府机构都在推行"智慧城市"这一蓝图。然而,"智慧城市"的信息处理与应用需要具备快速从海量数据中获取决策信息的能力。现代化都市中无所不在的移动设备、RFID、无线传感器以及互联网应用每时每刻都在产生纷繁复杂的巨量数据。

以视频监控为例,一个大型城市目前用于视频监控的摄像头约 50 万个,一个摄像头一个小时的数据量就是几个 G,每天视频采集数据量在 3PB 左右。"智慧城市"的智慧主要出自对上述巨量信息的分析、挖掘和处理。大数据技术的应用恰好有效满足了"智慧城市"信息处理需求。如果说具有感知功能的传感器是智慧城市的末梢神经,连接传感器的城市宽带网络是智慧城市的神经系统,那么大数据应用就是智慧城市的大脑,是城市运行的智慧引擎。

综上所述,大数据成为今天众人瞩目的焦点,是市场、技术、资金以及政府多方因素推动的结果。

2. 大数据的关键技术

大数据的关键技术一般包括：大数据捕捉技术、大数据预处理技术、大数据存储及管理技术、大数据分析及挖掘技术以及大数据可视化技术。

1）大数据捕捉技术

大数据捕捉技术通过不断发展的数据收集方法及技术获取各种数据类型的海量数据，其中最常见的数据类型有普通文本、照片、视频等，还有像位置信息、链接信息等 XLM 类型的数据。

2）大数据预处理技术

大数据预处理技术主要完成对已接收数据的辨析、抽取、清洗等操作。大数据预处理技术通过辨析获得有价值的数据，并将复杂的数据转化为单一的或者便于处理的结构，从而达到快速分析处理的目的。

3）大数据存储及管理技术

大数据存储及管理技术通过存储器把采集到的数据存储起来，按照特定的业务需求，建立相应的数据库，对数据进行提取、操作和分析，形成企业所需要的目标数据，并对数据进行管理和调用。

4）大数据分析及挖掘技术

大数据分析及挖掘技术是指从大量的、不完全的、有噪声的、模糊的、随机的实际应用数据中，提取隐含在其中的、人们事先不知道的，但又是潜在有用的信息和知识的过程。

5）大数据可视化技术

大数据可视化技术是指从大数据中解析到模式，根据对模式的观察选取，创造一定的可视化方法，把表达模式的数值关系通过图形图像空间或色度空间影射到人的视觉空间，实现数据的可视化。

3. 大数据的应用领域

目前，大数据在邮政快递企业中的应用领域主要包括四个方面，具体如下。

1）准确反映市场动态

每一个商品都有其生命周期，比如，一个畅销产品不可能总保持最高销量，随着时间的推移，消费者的需求和行为均会发生变化，这就需要企业对消费者的需求和变化有准确的预测和把握。在过去，企业一般通过问卷调查的方式来完成这一工作，可是这种方式不但费时费力，而且统计调查的分析结果出来后，消费者往往已经"见异思迁"了。延迟、错误的调查结果只会让决策者对市场做出错误的估计。而大数据技术能够帮助企业完全、精准地描述出用户的需求信息，通过真实而有效的数据反映市场动态，从而对产品进入市场后的各个阶段做出预判，这对合理控制邮政快递企业的库存和科学安排运输方案意义重大。

2）利于邮政快递网点选址

邮政快递企业要根据自身的经营特点、快件特点、用户分布特点及交通运输状况等因素，选择最优化的网点位置，使得配送成本、固定成本等相加之和实现最小。通过分类的数据处理分析方法，叠加各个环节的总成本，就能实现邮政快递网点选址的科学化。

3）实现配送线路的优化

选择配送的线路一直是邮政快递企业比较头疼的问题之一。线路优化是一个典型的非线性规划问题，线路选择不当会直接影响到配送效率和配送成本。邮政快递企业可以运用大数据技术来解决这一问题，通过对快件特性、客户需求及交通状况的分析等，并将这些影响配送速度和配送效益的要素一一罗列出来,再综合各方面的因素,选择出最合适的配送路线。而且在配送的过程中,邮政快递企业还可以利用新产生的数据,快速地分析配送路线的交通状况,对事故频发的路段做出提前预警。通过精准分析整个配送过程的信息,实现配送的智能化管理。

4) 合理安排仓库储位

安排仓库储位对于仓库利用率和搬运分拣效率有着极为重要的意义。特别对那些商品种类多、出货频率快的物流仓库,储位优化意味着工作效率和企业效益。例如,为了节省仓储空间,提高仓库的使用效率,那些多品种的产品中有哪些可以存放在一起,既便于分拣又能节省空间,哪些货物储存的时间较短,需要及时出货,等等,都可以通过大数据的关联模式分析法来合理安排仓库储位。

知识链接:阿里巴巴的大数据

据阿里巴巴集团公报显示,其订单创建能力最高可达每秒钟 8 万笔,支付宝每分钟可以完成 285 万笔交易。阿里 96% 的"双 11"订单都是由阿里云的聚石塔平台完成的,并且没有一个错单和漏单。这些数字的背后,突显出来的是大数据强大的信息整合能力。

早在几年前,阿里为了解决物流软肋,其旗下的菜鸟物流已经开始利用大数据来解决配送问题。2015 年,菜鸟网络通过协同多家快递企业和金融企业,实现了资源互联和数据共享,菜鸟物流充分利用大数据的精准预测来引导商家备仓发货,合作伙伴如顺丰等快递公司通过阿里的大数据信息在"双 11"期间提前安排重点线路、预先安排货物进货场及提前搭建网点揽货平台,从而有效提高快递公司的发货效率,降低操作成本。

2.4 物联网技术

2.4.1 物联网概述

1. 物联网的定义

2009 年 1 月,IBM 首席执行官彭明盛提出"智慧地球"的构想,其中物联网成为"智慧地球"不可或缺的一部分。因此,"智慧地球"的理念在某种程度上从宏观层面深化了对物联网的认识。"智慧地球"的提出促使"物联网"在 2009 年成为热点词汇。

物联网是利用条形码、射频识别、传感器等设备,按约定的协议,在任何时间、任何地点都能实现人与人、人与物、物与物的连接,并进行信息交换和通信从而实现智能化识别、定位、跟踪、监控和管理的庞大网络系统。

物联网可以被看作是现有的人与应用之间交互的扩展,只不过这种新的交互是通过在"物"这个层面上的交流和融合实现的。在物联网的背景下,不但可以将"物"定义为那些存在于真实物质世界中的实体事物,也可以将其定义为那些数字的虚拟事物或实体,但是满足定义的前提条件是这些实体在时间和空间中可以通过某种途径进行标识,这种标识既可以用标识代码、名称,也可以用方位、地址等。

2. 物联网的特征

物联网的基础是互联网,即物联网是在互联网的基础上延伸和扩展的网络。其用户端可以延伸、扩展到任何物与物之间,并在它们之间进行信息交换和通信。

一般认为,物联网具有以下三大特征。

① 全面感知的特征。物联网利用射频识别、二维码、无线传感器等感知、捕获、测量技术随时随地对物体进行信息获取和采集。

② 可靠传递的特征。物联网通过无线网络与互联网的融合,将物体的信息实时准确地传递给用户。

③ 智能处理的特征。物联网利用云计算、数据挖掘以及模式识别等人工智能技术,对海量的数据和信息进行分析、处理,对物体实施智能化的控制。

在物联网中,传感是前提,计算是核心,安全是保障,网络是基础,应用服务是牵引。

3. 物联网的基本功能

物联网的基本功能特征是提供"无处不在的连接和在线服务",它应该具备如下十大基本功能。

(1) 在线监测功能。在线监测是物联网最基本的功能,物联网业务一般以集中监测为主、控制为辅。

(2) 定位追溯功能。定位追溯一般基于全球定位系统和无线通信技术,或只依赖于无线通信技术进行定位,如基于移动基站的定位、RTL 等。RTLS(Real Time Location Systems,实时定位系统)是一种基于信号的无线电定位手段,可采用主动感应式或被动感应式。定位追溯也可基于其他卫星(例如,北斗卫星导航系统等)进行定位。

(3) 报警联动功能。报警联动主要提供事件报警和提示,有时还会提供基于工作流或规则引擎(Rule's Engine)的联动功能。

(4) 指挥调度功能。指挥调度具有基于时间排程和事件响应规则的指挥、调度和派遣功能。

(5) 预案管理功能。预案管理基于预先设定的规章或法规对事物产生的事件进行处置。

(6) 安全隐私功能。由于物联网所有权属性和隐私保护的重要性,物联网系统必须提供相应的安全保障机制。

(7) 远程维保功能。远程维保是物联网技术能够提供或提升的服务,主要适用于企业产品售后联网服务。

(8) 在线升级功能。在线升级是保证物联网系统本身能够正常运行的手段,也是企业产品售后自动服务的手段之一。

(9) 领导桌面功能。领导桌面主要指 Dashboard 或 BI 个性化门户,经过多层过滤提炼的实时信息,可供主管负责人对全局实现"一目了然"。

(10) 统计决策功能。统计决策指的是基于对物联网信息的数据挖掘和统计分析,提供决策支持和统计报表功能。

2.4.2 物联网的工作原理

"物联网"的出现和应用,将传统思维中的物理世界与 IT 世界进行了全面整合,建筑物、实体设备设施将与芯片、宽带整合为统一的基础设施。因此,物联网中的基础设施是一个整体,经济管理、生产运行、社会管理乃至个人生活都与物联网密不可分。物联网工作原理如图 2-14 所示。

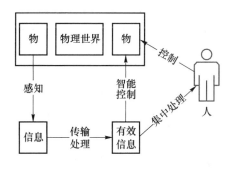

图 2-14 物联网工作原理

物联网的工作原理主要有以下几个过程。

1. 信息的感知

信息来源于对物体属性的感知过程：首先对物体属性进行标识，物体属性包括静态属性和动态属性，静态属性可以直接存储在标签中，动态属性需要先由传感器实时探测；其次通过识别设备完成对物体属性的读取，并将信息转换为适合网络传输的数据格式。

2. 信息的传输处理

物体属性通过感知采集过程转化为信息，通过网络传输到信息处理中心（处理中心可能是分布式的，如家用计算机或者手机；也可能是集中式的，如中国移动的 IDC），由处理中心完成物体通信的相关计算，将有效信息进行集中处理。

3. 信息的应用

物体的有效信息分为两个应用方向：一个方向是经过集中处理反映给"人"，通过"人"的高级处理后根据需求进一步控制"物"；另一个方向是直接对"物"进行智能控制，而不需要由"人"进行授权。

2.4.3 物联网的体系结构

物联网的体系架构一般可分为感知层、网络层、应用层等三个层面。其中，公共技术不属于物联网技术的某个特定层面，而是与物联网技术架构的三层都有关系，它包括标识与解析、安全技术、网络管理和服务质量（quality of service，QoS）管理等内容。物联网体系结构图如图 2-15 所示。

感知层由数据采集模块、传感器网络组网和协同信息处理模块两部分组成。数据采集模块主要由传感器、条形码、RFID 和多媒体信息等模块组成。传感器网络组网和协同信息处理用到了低速和中高速短距离传输技术、自组织组网技术、协同信息处理技术和传感器中间件技术。

网络层主要包括移动通信网、互联网和其他专用网络。

应用层由物联网应用支持子层和物联网应用两部分组成。物联网应用支持子层主要包括公共中间件、信息开放平台、云计算平台和服务支持平台；物联网应用层包括各种物联网应用。

1. 感知层

物联网第一层是感知层，物联网中由于要实现物与物、人与物的通信，感知层是必须具备的。感知层主要用来实现物体的信息采集、捕获和识别，即以条形码、RFID、传感器技术为主，实现对"物"的识别与信息采集。

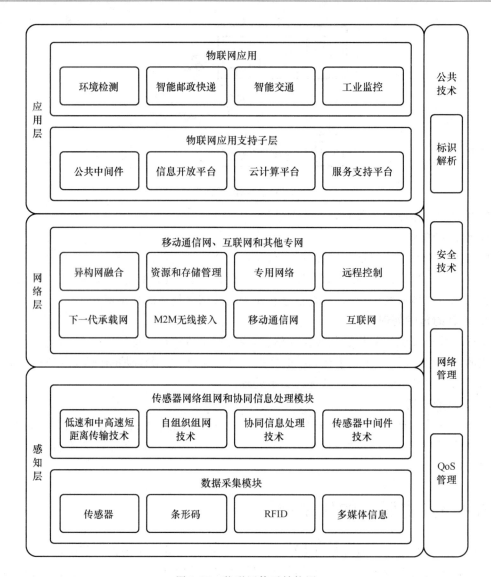

图 2-15 物联网体系结构图

感知层是物联网发展和应用的基础。例如,安装在设备上的 RFID 标签和用来识别 RFID 信息的扫描仪、感应器都属于物联网的感知层。现在的高速公路不停车收费系统、超市仓储管理系统等都是基于感知层的物联网。

感知层由传感器节点接入网关组成,智能节点感知信息,例如,感知温度、湿度、图像等信息,并自行组网传递到上层网关接入点,由网关将收集到的感应信息通过网络层提交到后台处理。当后台对数据处理完毕后,发送执行命令到相应的执行机构,调整被控或被测对象的控制参数或发出某种提示信号来对其进行远程监控。

感知层必须解决低功耗、低成本和小型化的问题,并且向灵敏度更高、更全面的感知能力方向发展。

2. 网络层

物联网第二层是网络层。网络是物联网最重要的基础设施之一。网络层在物联网模型中连接感知层和应用层,具有强大的纽带作用,可以高效、稳定、及时、安全地传输上下层的数据。

网络层是异构融合的泛在通信网络,它包括了现有的互联网、通信网、广电网以及各种接入网和专用网,通信网络对采集到的物体信息进行传输和处理。

网络层是物联网的神经系统,主要进行信息的传递。网络层要根据感知层的业务特征,优化网络特性,更好地实现物与物之间、物与人之间以及人与人之间的通信,这就要求建立一个端到端的全局物联网络。

任何终端节点在物联网中都应实现泛在互联。由节点组成的网络末端网络,例如传感器网、RFID、家居网、个域网、局域网、体域网、车域网等,连接到物联网的异构融合网络上,从而形成一个广泛互联的网络。

3. 应用层

物联网第三层是应用层。应用层主要包括服务支持层和应用子集层。

服务支持层的主要功能是根据底层采集的数据,形成与业务需求相适应、实时更新的动态数据资源库。

物联网应用系统涉及面广,它包含多种业务需求、运营模式、技术体制、信息需求、产品形态等内容,这些内容都有不同的应用系统。因此,只有统一系统的业务体系结构,才能够满足物联网全面实时感知、多目标业务、异构技术体制融合等内容的需求。

物联网业务应用领域十分广泛,主要包括绿色农业、工业监控、公共安全、城市管理、远程医疗、智能家居、智能交通、智能邮政快递和环境监测等不同的业务服务。人们也可以根据业务需求不同,对业务、服务、数据资源、共性支撑、网络和感知层的各项技术进行裁剪,可以形成不同的解决方案。物联网业务应用可以承担一部分人机交互功能。

综上所述,应用层将为各类业务提供统一的信息资源支撑,通过建立实时更新、可重复使用的信息资源库和应用服务资源库,使各类业务服务根据用户的需求组合,使得物联网的应用系统明显地提高业务的适应能力。应用层还能够提升对应用系统资源的重用度,为快速构建新的物联网应用奠定基础,在物联网环境中满足复杂多变的网络资源应用需求和服务。

除此之外,物联网还需要信息安全、物联网管理、服务质量管理等公共技术支撑。在物联网各层次之间,信息不是单向传递的,而是有交互、控制等功能,所传递的信息多种多样,其中最关键的是围绕物品信息,完成海量数据采集、标识解析、传输、智能处理等各个环节与各业务领域应用融合,完成各业务功能。

2.4.4 物联网的关键技术

物联网包括终端技术、网络技术、信息服务技术等关键技术。

1. 终端技术

物联网终端技术用于感知"物",主要包括RFID技术、传感器技术、嵌入式系统。RFID技术的目的是标识物,给每个物品一个"身份证";传感器技术的目的是及时、准确地获取外界事物的各种信息,如温度、湿度等;嵌入式系统的目的是实现对设备的监控、监督或管理等功能。

2. 网络技术

物联网网络技术用于传递与交换"物"的相关信息与服务,主要包括EP系统、EPC ONS技术、信息服务交换技术及无线传感网。其中,EPC ONS技术针对RFID技术,实现物品信息服务的传递与交换,从而实现物流供应链的自动追踪管理。信息服务交换技术在EP技术的基础上,面向所有信息服务,实现信息的整合与共享。无线传感网采用无线通信方式,以网络为信息传递载体,实现物与物、物与人之间的信息交互。

3. 信息服务技术

EPCIS 所扮演的角色是 EPC Network 中的数据存储中心,所有与 EPC 有关的数据都放在 EPCIS 中。除了数据存储功能外,也提供了一个标准的接口,以实现信息的共享。在 EPC Network 中,供应链中的企业包含制造商、流通商、零售商,都需要提供 EPCIS,只是共享的信息内容有所差异。EPCIS 采用 Web Service 技术,通过接口让其他的应用系统或者交易伙伴得以进行信息的查询或更新。通过 EPC 信息服务,可以掌握具体的产品流通过程及其他与产品相关的信息。

2.4.5 物联网的应用

在航空航天领域中,物联网可以大大提高航空航天领域中产品和服务的安全性、隐私性以及可靠性。物联网可以通过建立航空航天应用领域的零部件的电子族谱以及跟踪记录来帮助航空航天业减少、屏蔽假冒伪劣现象的产生,从而提高航空航天领域的安全性与可靠性。

另一方面,物联网通过使用附着在机舱内部和外部的具有感知能力的智能设备,为人们建立起一个实时、无线的监控航空器的网络环境,它将帮助改进维修计划的制订工作,也可以有效减少维修成本的投入和浪费,改善飞机的实际安全和可靠程度。

在汽车工业中,物联网可以监控轮胎气压、周围车辆状况等数据,以便实时获取车辆全方位的各种信息。在汽车生产和销售过程中,通过采用 RFID 自动识别技术,可以提高汽车工业的整体生产效率、改善物流的整体水平、加强车辆的质量控制以及改善客户的服务体验等。

在物联网中,将大范围使用专用短距离通信技术。车对车以及车对系统通信技术的使用将大大推进智能交通系统的发展进程,真正意义上实现车辆安全、交通管理体系与物联网完全整合在一起。

车辆也可以适时自动、自主地在发生紧急情况或者出现故障时发起呼叫,也可以尽其所能地收集周围"物品"的数据与信息,如来自车辆部件、交通设施(如道路、铁路等)、周边车辆的状况、所承载物品(如人、货物等)的各种各样可以探测到的信息。

如果可以通过安装在智能手机上的智能交通应用软件对交通和运输状况进行监控,必将大大提高客运和货运的效率。例如,在集装箱装载货物时,就可以进行自动检测和称重,从而大幅度提高运输公司的效率。

在航空运输方面,通过基于物联网技术的应用管理旅客的行李,对它们进行自动跟踪和分类,不但能够提高读取和通关效率,而且还能大幅提高安保的水平与质量。

对于零售商来说,一方面将物流单元(零售、物流、供应链管理领域中的物品)与 RFID 标签进行绑定,并且使用可以实时跟踪这些物流单元的智能货架,可以优化很多环节和流程。另一方面,进行 RFID 数据交换不仅可以让零售业获利,而且很多其他行业供应链的物流环节也将从中获益匪浅。最后,在传统的商店内,基于物联网的各种应用也会更好地照顾顾客,改善购物体验。例如,可以根据顾客预先选定的购物清单指导其店内购物行为,可以通过识别像生物特征等各种可识别特征,提供快速便捷的支付解决方案。

2.5 检测与控制技术

2.5.1 传感器技术

1. 传感器技术概述

在物联网的部署中,需要感知节点及时、准确地获取外界事物的各种信息,需要感知外部世界的各种电量和非电量数据,如电、热量、力、光、声音、位移等,这就必须合理地选择和善于运用各种传感器,以期获得对应的感知数据。传感器技术是目前世界各国普遍重视并大力发展的高新技术之一。在信息时代,实现物物相连的今天,传感器技术已经成为物联网技术中必不可少的关键技术之一。

1) 传感器定义

国际电工委员会(International Electrotechnical Commission,IEC)对传感器的定义为"传感器是测量系统中的一种前置部件,它将输入变量转换成可供测量的信号,而传感器系统则是组合有某种信息处理(模拟或数字)能力的系统"。传感器是传感器系统的一个组成部分,它是被测量信号输入的第一道关口,也是实现自动检测和自动控制的首要环节。

传感器系统的框图如图2-16所示,由于进入传感器的信号幅度很小,还混杂干扰信号和噪声,所以,首先要将信号整形成具有最佳特性的波形,有时还需要将信号线性化。将信号进行整形或线性化的工作是由放大器、滤波器及其他一些模拟电路来完成的。在某些情况下,模拟电路的一部分和传感器部件直接相邻,整形后的信号随后由模数转换器(A/D)转换成数字信号,并输入到微处理器。

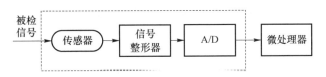

图 2-16 传感器系统框图

2) 传感器功能

在信息时代,人们的社会活动主要依靠对信息资源的开发及获取、传输与处理。传感器是获取自然领域中的信息的主要途径与手段,是现代科学的中枢神经系统。传感器处于研究对象与测控系统的接口位置,一切科学研究和生产过程所要获取的信息都要通过传感器转换为容易传输和处理的电信号。

如果把计算机比喻为处理和识别信息的"大脑",把通信系统比喻为传递信息的"神经系统",那么,传感器就是感知和获取信息的"感觉器官"。

在邮政快递智能系统中,传感器的作用尤为突出,它是收集信息的主要设备,也是各种信息处理系统获取信息重要途径。感知识别技术融合了物理世界和信息世界,是智能系统区别于其他普通系统最独特的部分。

2. 传感器的组成与工作原理

传感器利用各种机制把被观测量转换为一定形式的电信号,然后由相应的信号处理装置来处理,并产生响应的动作。

传感器主要由敏感元件、转换元件、信号调节与转换电路三个部分组成,如图2-17所示。

图 2-17 传感器的组成

敏感元件是直接感受被测量对象(一般为非电量),并输出与被测量对象成确定关系的其他量(一般为电量)的元件。

转换元件又称传感元件,一般情况下,它不直接感受被测量,而是将敏感元件的输出量转换为电量输出。

信号调节与转换电路把传感元件输出的电信号转换为便于显示、记录、处理和控制的有用电信号的电路。

传感器接口技术是非常实用、重要的技术。各种物理量用传感器将其变成电信号,经由放大、滤波、干扰抑制、多路转换等信号检测和预处理电路,将模拟量的电压或电流送到模数转换器(A/D)上进行转换,使其变成供计算机或者微处理器处理的数字量。传感器接口电路结构图如图2-18所示。

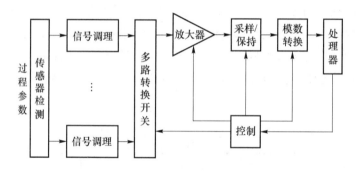

图 2-18 传感器接口电路结构图

3. 传感器的分类

传感器的种类繁多,往往同一种被测量可以用不同类型的传感器来测量,而同一原理的传感器又可测量多种物理量,因此,传感器有许多种分类方法。例如,按构成原理可分为结构型和物性型传感器;按能量关系可分为能量转换型(自源型)和能量控制型(外源型)传感器;按应用场合不同可分为工业用、农用、军用、医用、科研用、环保用和家电用传感器;按具体的使用场合,还可分为汽车用、船舰用、飞机用、宇宙飞船用、防灾用传感器;根据使用目的的不同,又可分为计测用、监视用、侦察用、诊断用、控制用和分析用传感器。

下面介绍传感器几种常规的分类。

1) 按传感器工作原理分类

根据工作原理,传感器可分为物理传感器和化学传感器两大类,其分类如图2-19所示。

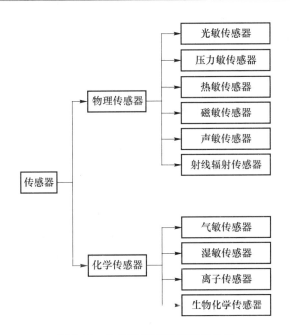

图 2-19 按传感器工作原理的分类

这种分类有利于研究、设计传感器,也有利于对传感器的工作原理进行阐述。物理传感器应用的是物理效应,例如,基于变磁阻类原理的传感器有电感式、差动变压器式、涡流式等;基于变电容类原理的传感器有电容式等;基于变谐振频率类原理的传感器有振动膜式等;基于变电荷类原理的传感器有压电式等;基于变电势类原理的传感器有霍尔式、感应式、热电偶式等。物理传感器中被测信号量的微小变化都将被转换成电信号。

化学传感器包括以化学吸附、电化学反应等现象为因果关系的传感器,被测信号量的微小变化也将转换成电信号。

表 2-3 列出了常见传感器的工作原理和它们对应的应用领域。

表 2-3 常见传感器的工作原理和应用领域

传感器	工作原理	可被测定的非电学量
力敏电阻、热敏电阻、光敏电阻	阻值变化	力、重量、压力、加速度、温度、湿度
电容传感器	电容量变化	力、重量、压力、加速度、湿度
电感传感器	电感量变化	力、重量、压力、加速度、转矩、磁场
霍尔传感器	霍尔效应	力、旋进度、角度、磁场
压电传感器、超声波传感器	压电效应	压力、加速度、距离
热电传感器	热电效应	与热分布有关的量
光电传感器	光电效应	辐射、角度、旋转数、位移、转矩

2)按被测量分类

按照被测量分类,可分为力学量、光学量、磁学量、几何学量、运动学量、流速与流量、热学量、化学量、生物量等传感器。这种分类有利于选择传感器并应用传感器。

在热工量方面应用的有温度、热量、比热、压力、压差、真空度、流量、流速、风速等传感器。

在机械量方面应用的有位移、尺寸、形状、力、应力、力矩、振动、加速度、线速度、噪声、表面粗糙度等传感器。

在物理量方面应用的有黏度、温度、密度等传感器。

在化学量方面应用的有气体(液体)化学成分、浓度、盐度等传感器。

在生物量方面应用的有心音、血压、体温、气流量、心电流、眼压、脑电波等传感器。

在光学量方面应用的有光强、光通量等传感器。

3) 按敏感材料不同分类

按敏感材料不同可分为半导体、陶瓷、石英、光导纤维、金属、有机材料、高分子材料等传感器。这种分类法可分出很多种类。

4) 按传感器输出信号的性质分类

按传感器输出信号的性质分类,传感器可分为输出量为开关量("1"和"0"或"开"和"关")的开关型传感器、输出量为模拟信号的模拟型传感器(电压与电流信号)、输出量为脉冲或代码的数字型传感器等。其中,数字传感器便于与计算机联用,且抗干扰性较强,例如脉冲盘式角度数字传感器、光栅传感器等。传感器数字化是今后的发展趋势。

传感器的分类如表 2-4 所示。

表 2-4 传感器的分类

分类法	形式	说明
按被测量（输入量）	位移、压力、温度、流量、加速度等	以被测量命名（即按用途分类）
按工作原理	电阻式、热电式、光电式等	以传感器转换信号的工作原理命名
敏感材料不同	半导体、陶瓷、石英、光导纤维、金属、有机材料、高分子材料等	以传感器制造材料命名
按输出信号形式	模拟式	输出为模拟信号
	数字式	输出为数字信号
按基本效应	物理型、化学型、生物型等	分别以转换中的物理效应、化学效应等命名
按构成原理	结构型	以转换元件结构参数变化实现信号转换
	物性型	以转换元件物理特性变化实现信号转换
按能量关系	能量转换型（自源型）	传感器输出量直接由被测量能量转换而得
	能量控制型（外源型）	传感器输出量能量由外源供给,但受被测输入量控制

2.5.2 智能控制技术

智能控制代表着当今科学和技术发展的最新方向之一。目前,智能控制技术已经日渐完善,并广泛应用于智能家电、智能家居、智能电网、智能交通、航空航天、军事、工业以及医疗等领域。

1. 智能控制技术概述

智能控制不同于经典控制理论和现代控制理论的传统处理方法,它研究的主要目标不仅仅是被控制对象,同时也包含控制器本身。控制器不再是单一的数学模型,而是数学解析和知识系统相结合的广义模型,是多种知识混合的控制系统。

智能控制系统是对复杂系统进行控制,除被控制对象外,智能控制系统本身也是一个复杂系统,通常表现为由多层次、多种类型的智能控制器和被控子系统构成的许多既相互独立又相互联系、相互协调并通过自组织、自适应及自学习满足整个系统的多层目标及总目标的要求。

2. 智能控制系统的基本功能特点

智能控制是自动控制发展的新阶段,主要用来解决那些用传统方法难以解决的复杂、非线性和不确定的系统控制问题。智能控制系统具有以下几个特点:

(1) 学习和联想记忆能力。有较强的学习能力,能对未知环境提供的信息进行识别、记忆、学习、融合、分析、推理,并利用积累的知识和经验不断优化、改进和提高自身的控制能力。

(2) 较强的自适应能力。具有适应被控对象动力学特性变化、环境特性变化和运行条件变化的能力;对外界环境变化及不确定性的出现,系统具有修正或重构自身结构和参数的能力。具有自学习、自适应、自组织能力,能从系统的功能和整体优化的角度来分析和综合系统,以实现预期的控制目标。

(3) 较强的容错能力。系统对各类故障具有自诊断、屏蔽和自恢复能力;对具有非线性、快时变、复杂多变量和环境扰动等复杂系统能进行有效的全局控制,并具有较强的容错能力。

(4) 较强的鲁棒性。系统性能对环境干扰和不确定性因素不敏感。

(5) 较强的组织协调能力。对于复杂任务和分散的传感信息具有自组织和协调功能,使系统具有主动性和灵活性。

(6) 实时性好。系统具有较强的在线实时响应能力。

(7) 人机协作性能好。系统具有友好的人机界面,以保证人机通信、人机互助和人机协同工作。

(8) 智能控制具有变结构和非线性的特点,其核心是组织级。

(9) 采用并行分布处理方法,使得快速进行大量运算成为可能。

3. 智能控制理论的研究方向

智能控制理论的研究方向主要有以下几种。

(1) 专家系统

专家系统是一个具有大量专业知识与经验的程序系统,它应用人工智能技术,根据某个领域一个或多个人类专家提供的知识和经验进行推理和判断,模拟人类专家的决策过程,以解决那些需要专家决定的复杂问题。专家系统的主要功能取决于大量知识,设计专家系统的关键是知识的表达和知识的运用。专家系统与传统的计算机程序最本质的区别在于:专家系统所要解决的问题一般没有算法解,并且往往要在不完全、不精确或不确定的信息基础上做出结论。

专家系统是最早出现的智能系统,它主要是通过把多个由传统控制策略解决的问题,根据专家的经验进行有机的组合、协调与判断,然后再通过计算机处理来实现的智能控制。

(2) 模糊控制

模糊控制主要是模仿人的控制思维方式与经验,而不依赖控制对象的模型,因此模糊控制器实现了人的某些智能,是智能控制的一个重要分支。模糊控制主要研究那些在现实生活中广泛存在的、定性的、模糊的、非精确的信息系统的控制问题。模糊控制是基于模糊推理,模仿人的思维方式,对难以建立精确数学模型的对象实施的一种控制。其成为处理推理系统和控制系统中不精确和不确定性的一种有效方法,构成了智能控制的重要组成部分。

(3) 人工神经网络控制

人工神经网络(Artificial Neural Networks,ANN)在控制系统中所起的作用大致可分为四类:第一类是基于模型的各种控制结构中充当对象的模型;第二类是充当控制器;第三类是在控制系统中起优化计算的作用;第四类是与其他智能控制如专家控制、模糊控制相结合,为其提供非参数化对象模型、推理模型等。神经网络控制系统用于控制非线性对象时,神经网络的自学习、自适应性使其与线性系统的自适应控制系统有许多相同之处,有一些结论可以平移。但是由于从线性系统到非线性系统有着本质的差异,要解决非线性系统的自适应控制问题,如稳定性问题、结构问题、鲁棒性问题等都要比线性系统难得多,因此,在神经网络的控制中存在的潜在研究问题也相当多。

(4) 模糊神经网络

虽然人工神经网络控制系统在解决高度非线性和严重不确定性复杂系统的控制方面显示出巨大的潜力,但它将系统控制问题看成"黑箱"的映射问题,网络参数缺乏明确的物理意义,不易把控制经验的定性知识融入控制过程中。在对比了模糊系统和人工神经网络各自的优缺点后,人们发现模糊系统和人工神经网络各自的优点正好可以弥补对方的缺点,这使得人们很自然地将神经网络与模糊推理系统相结合,导致涌现出大量新的模糊神经网络。例如,小波神经网络、模糊神经网络、B样条神经网络、混沌神经网络等,为智能控制领域开辟了新的研究方向。

(5) 学习控制系统

学习控制系统是模拟人类自身各种优良控制的调节机制的一种尝试。学习控制系统是一个能在其运行过程中逐步获得被控过程及环境的非预知信息,积累控制经验,并在一定评价标准下进行估值、分类、决策和不断改善系统品质的自动控制系统。学习控制系统根据工作对象的不同可分为两大类:一类是对具有可重复性的被控对象利用控制系统的先验经验,寻求一个理想的控制输入,而这个寻求的过程就是对被控制对象反复训练的过程,这种学习控制又被称为迭代学习控制;另一类是自学习控制系统,它不要求被控过程必须是重复性的,它能通过在线实时学习,自动获取知识,并将所学的知识不断地用于改善具有未知特征过程的控制性能。

2.6 人工智能技术

2.6.1 人工智能技术概述

1. 人工智能的定义

定义1:人工智能(学科)。

长期以来,人工智能研究者们认为:人工智能(学科)是计算机科学中涉及研究、设计和应用智能机器的一个分支,它的近期主要目标在于研究用机器来模仿和执行人脑的某些智力功能,并开发相关理论和技术。

近年来,许多人工智能和智能系统研究者认为:人工智能(学科)是智能科学中涉及研究、设计及应用智能机器和智能系统的一个分支,而智能科学是一门与计算机科学并行的学科。

人工智能究竟属于计算机科学还是智能科学,可能还需要一段时间的探讨与实践,而实践是检验真理的标准,实践将做出权威的回答。

定义 2:人工智能(能力)。

人工智能(能力)是智能机器所执行的通常与人类智能有关的智能行为,这些智能涉及学习、感知、思考、理解、识别、判断、推理、证明、通信、设计、规划、行动和问题求解等活动。

1950 年图灵(Turing)设计和进行的著名实验(后来被称为图灵测试,Turing test)提出并部分回答了"机器能否思维"的问题,也是对人工智能的一个很好注释。

2. 人工智能的主要学派

目前人工智能的主要学派有:

(1) 符号主义。又称为逻辑主义、心理学派或计算机学派,其原理主要为物理符号系统假设和有限合理性原理。

(2) 连接主义。又称为仿生学派或生理学派,其原理主要为神经网络及神经网络间的连接机制与学习算法。

(3) 行为主义。又称进化主义或控制论学派,其原理为控制论及感知-动作型控制系统。

2.6.2 人工智能的研究与应用领域

人工智能的研究与应用领域如下。

1. 问题求解与博弈

人工智能的第一个大成就是发展了能够求解难题的下棋(如国际象棋)程序。在下棋程序中应用的某些技术,如向前看几步,并把困难的问题分成一些比较容易的子问题,发展成为搜索和问题消解(归约)这样的人工智能基本技术。今天的计算机程序能够下锦标赛水平的各种方盘棋、中国象棋和国际象棋,并取得计算机棋手战胜国际和国家象棋冠军的成果。另一种问题求解程序把各种数学公式符号汇编在一起,其性能达到很高的水平,并正在为许多科学家和工程师所应用。有些程序甚至还能够用经验来改善其性能。

如前所述,这个问题中未解决的问题包括人类棋手具有的但尚不能明确表达的能力,如国际象棋大师们洞察棋局的能力。另一个未解决的问题涉及问题的原概念,在人工智能中称作问题表示的选择。人们常常能够找到某种思考问题的方法从而使求解变易而解决该问题。到目前为止,人工智能程序已经知道如何考虑它们要解决的问题,即搜索解答空间,寻找较优的解答。

2. 逻辑推理与定理证明

早期,逻辑演绎研究工作与问题和难题的求解相当密切。已经开发出的程序能够借助于对事实数据库的操作来"证明"断定,其中每个事实由分立的数据结构表示。与人工智能的其他技术的不同之处是,这些方法能够完整和一致地加以表示。也就是说,只要本原事实是正确的,那么程序就能够证明这些从头得出的定理,而且也仅仅是证明这些定理。

逻辑推理是人工智能研究中最持久的子领域之一。特别重要的是要找到一些方法,只要把注意力集中在一个大型数据库中的有关事实上,留意可信的证明,并在出现新信息时适时修正这些证明。

3. 计算智能

计算智能涉及神经计算、模糊计算、进化计算、粒群计算、自然计算、免疫计算和人工生命等研究领域。

进化计算是指一类以达尔文进化论为依据来设计、控制和优化人工系统的技术和方法的总称,它包括遗传算法、进化策略和进化规划。自然选择的原则是适者生存,即物竞天择,优胜劣汰。遗传算法、进化规划、进化策略具有共同的理论基础,即生物进化论,因此,把这三种方法统称为进化计算,而把相应的算法称为进化算法。

人工生命旨在用计算机和精密机械等人工媒介生成或构造出能够表现自然生命系统行为特征的仿真系统或模型系统。自然生命系统行为具有自组织、自复制、自修复等特征以及形成这些特征的混沌动力学、进化和环境适应。人工生命的理论和方法有别于传统人工智能和神经网络的理论和方法。人工生命把生命现象所体现的自适应机理通过计算机进行仿真,对相关非线性对象进行更真实的动态描述和动态特征研究。人工生命学科的研究内容包括生命现象的仿生系统、人工建模与仿真、进化动力学、人工生命的计算理论、进化与学习综合系统以及人工生命的应用等。

4. 分布式人工智能与 Agent

分布式人工智能是分布式计算与人工智能结合的结果。分布式人工智能系统以鲁棒性作为控制系统质量的标准,并具有互操作性,即不同的异构系统在快速变化的环境中具有交换信息和协同工作的能力。

分布式人工智能的研究目标是要创建一种能够描述自然系统和社会系统的精确概念模型。分布式人工智能系统中的智能并非独立存在的概念,只能在团体协作中实现,因而其主要研究问题是各 Agent 间的合作与对话,包括分布式问题求解和多 Agent 系统(Multi-agent System,MAS)两个领域。MAS 更能体现人类的社会智能,具有更大的灵活性和适应性,更适合开放和动态的世界环境,因而备受重视,已成为人工智能乃至计算机科学和控制科学与工程的研究热点。

5. 自动程序设计

自动程序设计能够以各种不同的目的描述来编写计算机程序。对自动程序设计的研究不仅可以促进半自动软件开发系统的发展,而且也使通过修正自身代码进行学习的人工智能系统得到发展。程序理论方面的有关研究工作对人工智能的所有研究工作都是很重要的。

自动编制一份程序来获得某种指定结果的任务与证明一份给定程序将获得某种指定结果的任务是紧密相关的,后者称作程序验证。

自动程序设计研究的重大贡献之一是作为问题求解策略的调整概念。已经发现,对程序设计或机器人控制问题,先产生一个不费事的有错误的解,然后再修改它,这种做法要比坚持要求第一个解答就完全没有缺陷的做法有效得多。

6. 专家系统

专家系统是一个智能计算机程序系统,其内部具有大量专家水平的某个领域知识与经验,能够利用人类专家的知识和解决问题的方法来解决该领域的问题。

发展专家系统的关键是表达和运用专家知识,即来自人类专家的并已被证明对解决有关领域内的典型问题是有用的事实和过程。专家系统和传统的计算机程序的本质区别在于专家系统所要解决的问题一般没有算法解,并且经常要在不完全、不精确或不确定的信息基础上得出结论。

随着人工智能整体水平的提高,专家系统也获得发展。正在开发的新一代专家系统有分布式专家系统和协同式专家系统等。在新一代专家系统中,不但采用基于规则的方法,而且采用基于框架的技术和基于模型的原理。

7. 机器学习

学习是人类智能的主要标志和获得知识的基本手段。机器学习(自动获取新的事实及新的推理算法)是使计算机具有智能的根本途径。此外,机器学习还有助于发现人类学习的机理并揭示人脑的奥秘。

传统的机器学习倾向于使用符号表示而不是数值表示,使用启发式方法而不是算法。传统机器学习的另一倾向是使用归纳(induction)而不是演绎(deduction)。前一倾向使它有别于人工智能的模式识别等分支;后一倾向使它有别于定理证明等分支。

按系统对导师的依赖程度可将学习方法分类为:机械式学习、讲授式学习、类比学习、归纳学习、观察发现式学习等。

近十多年来又发展了下列各种学习方法:基于解释的学习、基于事例的学习、基于概念的学习、基于神经网络的学习、遗传学习、增强学习以及数据挖掘和知识发现等。

数据挖掘和知识发现是 20 世纪 90 年代初期新崛起的一个活跃的研究领域。在数据库基础上实现的知识发现系统,通过综合运用统计学、粗糙集、模糊数学、机器学习和专家系统等多种学习手段和方法,从大量的数据中提炼出抽象的知识,从而揭示出蕴涵在这些数据背后的客观世界的内在联系和本质规律,实现知识的自动获取。

大规模数据库和互联网的迅速发展,使人们对数据库的应用提出新的要求。数据库中包含的大量知识无法得到充分的发掘与利用,会造成信息的浪费,并产生大量的数据垃圾。另一方面,知识获取仍是专家系统研究的瓶颈问题。从领域专家获取知识是非常复杂的个人到个人之间的交互过程,具有很强的个性和随机性,没有统一的办法。因此,人们开始考虑以数据库作为新的知识源。数据挖掘和知识发现能自动处理数据库中大量的原始数据,抽取出具有必然性的、富有意义的模式,成为有助于人们实现其目标的知识,找出人们对所需问题的解答。

8. 自然语言理解

语言处理也是人工智能的早期研究领域之一,并引起进一步的重视。已经编写出能够从内部数据库回答问题的程序,这些程序通过阅读文本材料和建立内部数据库,能够把句子从一种语言翻译为另一种语言,执行给出的指令和获取知识等。有些程序甚至能够在一定程度上翻译从话筒输入的口头指令。

当人们用语言互通信息时,他们几乎不费力地进行极其复杂却又只需要一点点理解的过程。语言已经发展成为智能动物之间的一种通信媒介,它在某些环境条件下把"思维结构"从一个头脑传输到另一个头脑,而每个头脑都拥有庞大的、高度相似的周围思维结构作为公共的文本。这些相似的、前后有关的思维结构中的一部分允许每个参与者知道对方也拥有这种共同结构,并能够在通信"动作"中用它来执行某些处理。语言的生成和理解是一个极为复杂的编码和解码问题。

9. 机器人学

人工智能研究中日益受到重视的另一个分支是机器人学。一些并不复杂的动作控制问题,如移动式机器人的机械动作控制问题,表面上看并不需要很多智能。然而人类几乎下意识就能完成的这些任务,要是由机器人来实现就要求机器人具备在求解需要较多智能的问题时所用到的能力。

机器人和机器人学的研究促进了许多人工智能思想的发展。它所导致的一些技术可用来模拟世界的状态,用来描述从一种世界状态转变为另一种世界状态的过程。

智能机器人的研究和应用体现出广泛的学科交叉,涉及众多的课题,如机器人体系结构、机构、控制、智能、视觉、触觉、力觉、听觉、机器人装配、恶劣环境下的机器人以及机器人语言等。机器人已在工业、农业、商业、旅游业、空中和海洋以及国防等领域获得越来越普遍的应用。

10. 模式识别

计算机硬件的迅速发展，计算机应用领域的不断开拓，急切要求计算机能更有效地感知诸如声音、文字、图像、温度、震动等人类赖以发展自身、改造环境所运用的信息资料。

着眼于拓宽计算机的应用领域，提高其感知外部信息能力的学科——模式识别便得到迅速发展。

人工智能所研究的模式识别是指用计算机代替人类或帮助人类感知模式，是对人类感知外界功能的模拟，研究的是计算机模式识别系统，也就是使一个计算机系统具有模拟人类通过感官接受外界信息、识别和理解周围环境的感知能力。

实验表明：人类接受外界信息的80％以上来自视觉，10％左右来自听觉。所以，早期的模式识别研究工作集中在对视觉图像和语音的识别上。

模式识别是一个不断发展的新学科，它的理论基础和研究范围也在不断发展。随着生物医学对人类大脑的初步认识，模拟人脑构造的人工神经网络方法已经成功地用于手写字符的识别、汽车牌照的识别、指纹识别、语音识别等方面。

11. 机器视觉

机器视觉或计算机视觉已从模式识别的一个研究领域发展为一门独立的学科。在视觉方面，已经给计算机系统装上电视输入装置以便能够"看见"周围的东西。在人工智能中研究的感知过程通常包含一组操作。

整个感知问题的要点是形成一个精练的表示以取代难以处理的、极其庞大的未经加工的输入数据。最终表示的性质和质量取决于感知系统的目标。不同系统有不同的目标，但所有系统都必须把来自输入的、多得惊人的感知数据简化为一种易于处理的和有意义的描述。

计算机视觉通常可分为低层视觉与高层视觉两类。低层视觉主要执行预处理功能，如边缘检测、动目标检测、纹理分析、通过阴影获得形状、立体造型、曲面色彩等。高层视觉则主要是理解所观察的形象。

机器视觉的前沿研究领域包括实时并行处理、主动式定性视觉、动态和时变视觉、三维景物的建模与识别、实时图像压缩传输和复原、多光谱和彩色图像的处理与解释等。

12. 神经网络

研究结果已经证明，用神经网络处理直觉和形象思维信息具有比传统处理方式好得多的效果。神经网络的发展有着非常广阔的科学背景，是众多学科研究的综合成果。神经生理学家、心理学家与计算机科学家的共同研究得出的结论是：人脑是一个功能特别强大、结构异常复杂的信息处理系统，其基础是神经元及其互联关系。因此，对人脑神经元和人工神经网络的研究，可能创造出新一代人工智能机——神经计算机。

对神经网络的研究始于20世纪40年代初期，经历了一条十分曲折的道路，几起几落，20世纪80年代初以来，对神经网络的研究再次出现高潮。

对神经网络模型、算法、理论分析和硬件实现的大量研究，为神经计算机走向应用提供了物质基础。人们期望神经计算机将重建人脑的形象，极大地提高信息处理能力，在更多方面取代传统计算机。

13. 智能控制

人工智能的发展促进自动控制向智能控制发展。智能控制是一类无须（或需要尽可能少的）人的干预就能够独立地驱动智能机器实现其目标的自动控制。或者说，智能控制是驱动智能机器自主地实现其目标的过程。许多复杂的系统，难以建立有效的数学模型和用常规控制理论进行定量计算与分析，而必须采用定量数学解析法与基于知识的定性方法的混合控制方式。随着人工智能和计算机技术的发展，已可能把自动控制和人工智能以及系统科学的某些分支结合起来，建立一种适用于复杂系统的控制理论和技术。智能控制正是在这种条件下产生的。它是自动控制的最新发展阶段，也是用计算机模拟人类智能的一个重要研究领域。

智能控制是同时具有以知识表示的非数学广义世界模型和以数学公式模型表示的混合控制过程，也往往是含有复杂性、不完全性、模糊性或不确定性以及不存在已知算法的非数学过程，并以知识进行推理，以启发来引导求解过程。智能控制的核心在高层控制，即组织级控制。其任务在于对实际环境或过程进行组织，即决策和规划，以实现广义问题求解。

14. 智能调度与指挥

确定最佳调度或组合的问题是人们感兴趣的又一类问题。一个古典的问题就是旅行商问题（TSP）。许多问题具有这类相同的特性。

在这些问题中有几个（包括旅行商问题）是属于理论计算机科学家称为 NP 完全性一类的问题。他们根据理论上的最佳方法计算出所耗时间（或所走步数）的最坏情况来排列不同问题的难度。该时间或步数是随着问题大小的某种量度增长的。

人工智能学家曾经研究过若干组合问题的求解方法。有关问题域的知识再次成为比较有效的求解方法的关键。智能组合调度与指挥方法已被应用于物流运输调度、列车的编组与指挥、空中交通管制以及军事指挥等系统。

15. 智能检索

随着科学技术的迅速发展，出现了"知识爆炸"的情况。对国内外种类繁多和数量巨大的科技文献的检索远非人力和传统检索系统所能胜任。研究智能检索系统已成为科技持续快速发展的重要保证。

数据库系统是储存大量事实的计算机软件系统，它们可以回答用户提出的有关该学科的各种问题。数据库系统的设计也是计算机科学的一个活跃的分支。为了有效地表示、存储和检索大量事实，已经发展了许多技术。

智能信息检索系统的设计者将面临以下几个问题。第一，建立一个能够理解以自然语言陈述的询问系统本身就存在不少问题。第二，即使能够通过规定某些机器能够理解的形式化询问语句来回避语言理解问题，仍然存在一个如何根据存储的事实演绎出答案的问题。第三，理解询问和演绎答案所需要的知识都可能超出该学科领域数据库所表示的知识。

16. 系统与语言工具

除了直接瞄准实现智能的研究工作外，开发新的方法也往往是人工智能研究的一个重要方面。计算机系统的一些概念，如分时系统、编目处理系统和交互调试系统等，已经在人工智能研究中得到发展。一些能够简化演绎、机器人操作和认识模型的专用程序设计和系统常常是新思想的丰富源泉。几种知识表达语言（把编码知识和推理方法作为数据结构和过程计算机的语言）已在 20 世纪 70 年代后期开发出来，以探索各种建立推理程序的思想。20 世纪 80 年代以来，计算机系统，如分布式系统、并行处理系统、多机协作系统和各种计算机网络等，都有了长足发展。在人工智能程序设计语言方面,除了继续开发和改进通用和专用的编程语言新版本和新语种外,还研究出了一些面向目标的编程语言和专用开发工具。关系数据库研究所取得的进展,无疑为人工智能程序设计提供了新的有效工具。

知识链接:亚马逊的人工智能技术

早在2012年,亚马逊就以近8亿美元的巨资收购了仓库机器人公司KIVA。该公司的首席执行官本州斯说,到2012年年底,运行于亚马逊物流系统的机器人数量就达到了1万个,到2015年年底,部署在亚马逊各个物流节点的机器人数量已有1.5万多个。亚马逊的高层管理者说,用机器人代替人力,主要是为了提高效率,减少员工的工作量。

的确,亚马逊橘色机器人的工作效率非常高,其运转速度比人力快很多,而且不知疲倦。KIVA可以让货架"走到"取货者面前,这在大大节省劳力的同时,也让整个物流过程实现了自动化。

亚马逊之所以能够迅速出货,一方面得益于大数据的支持;另一方面智能机器人的使用也大大减少了员工的劳动量,并提高了仓库的运作效率。

人工智能的运用不但使亚马逊提高了物流效率,而且让亚马逊员工的满意度上升。为降低成本,亚马逊的半自动化系统减少了公共设施的开支,之前就有员工抱怨设施太差,现在设施较差的地方就让机器人去做。机器人的工作区域甚至不用开灯,更不需要调控室温。

2.7 智能优化技术

2.7.1 智能优化技术概述

智能优化技术以其自身所具有的特性不断地引起众多学者的关注和兴趣,并且在智能系统的控制与优化中起到越来越重要的作用。智能优化算法是一种成熟的具有高鲁棒性和广泛适用性的全局优化方法,具有自组织、自适应、自学习的特性,能够不受问题性质的限制,有效地处理传统优化算法难以解决的复杂问题。

2.7.2 智能优化算法

1. 遗传算法

遗传算法是建立在自然选择和自然遗传学机理基础上的迭代自适应概率性搜索算法,是一种基于生物进化模拟的启发式智能算法,也是所有进化算法中最基本的全局优化算法。遗传算法的基本策略是:将待优化函数的自变量编码成类似基因的离散数值码,然后依照所选择的适应度函数,通过遗传中的复制、交叉及变异对个体进行筛选,使适应度高的个体被保留下来,组成新的群体,新群体既继承了上一代的信息,又优于上一代,这样周而复始,群体中个体适应度不断提高,直到满足一定的条件。遗传算法具有以下优点:

(1) 从许多初始点开始进行并行操作,克服了传统优化方法容易陷入局部极点的缺点,是一种全局优化算法。

(2) 对变量的编码进行操作,替代梯度算法,在模糊推理隶属度函数形状的选取上具有更大的灵活性。

(3) 对所要求解的问题不要求其连续性和可微性,只需知道目标函数的信息。

(4) 由于具有隐含并行性,所以可通过大规模并行计算来提高计算速度。

(5) 可在没有任何先验知识和专家知识的情况下取得次优或最优解。

遗传算法的应用按其方式可分为三部分,即基于遗传的优化计算,基于遗传的优化编程和基于遗传的机器学习。

2. 群智能优化算法

群智能优化算法的研究已经成为优化研究领域的一个热点,其中研究和应用最广泛的算法是蚁群算法和粒子群算法,另外还有人工鱼群算法和人工免疫算法。

蚁群算法是群体智能的典型实现,是一种基于种群寻优的启发式搜索算法。蚁群算法中,候选解可以理解为蚂蚁爬行的路径,蚂蚁在所走过的路径上留下信息素为其他同伴提供选择路径的依据,经过迭代寻找较优路径。蚁群算法的基本思想是:当一只蚂蚁在给定点进行路径选择时,被先行蚂蚁选择次数越多的路径,被选中的概率越大,该算法的主要特点如下:

(1) 蚂蚁群体行为表现出正反馈过程,通过反馈机制的调整,可对系统中的较优解起到一个自增强的作用,使问题的解向着全局最优的方向演变,有效地获得全局相对较优解。

(2) 蚁群算法是一种本质并行的算法。个体之间不断进行信息交流和传递,有利于发现较好解,并在很大程度上减少了陷于局部最优的可能。

(3) 蚂蚁之间没有直接联系,而是通过路径上的信息素来进行信息的传递,是间接通信。

蚁群算法不仅能够智能搜索、全局优化,而且具有鲁棒性、正反馈、分布式计算、易与其他算法结合等特点。Marco Dorigo 等人将蚁群算法先后应用于旅行商问题、资源二次分配问题等经典优化问题,得到了较好的效果。在动态环境下,蚁群算法也表现出高度的灵活性和鲁棒性,如集成电路布线设计、电信路由控制、交通建模及规划、电力系统优化及故障分析等方面都被认为是目前较好的算法之一。

案例——菜鸟网络的大数据

阿里巴巴旗下的菜鸟网络,实际上就是一个大数据物流平台。2013 年,马云辞去阿里总裁职务,准备投资 3 000 亿元建设一张遍布全国的智能物流骨干网。

2013 年 5 月,阿里联合银泰、富春、复兴、申通、中通、圆通及韵达等企业,在深圳注册成立菜鸟网络,注册资本为 50 亿元,由马云任董事长。

马云为菜鸟定了两个要求:① 国内快递 24 小时内按用户约定的时间送达;② 菜鸟的员工数控制在 5 000 人以内。菜鸟的定位非常明确,即"社会化物流协同、以数据为驱动力的平台"。到 2015 年,菜鸟网络平台聚合了近 1 000 家物流服务商,在全国 12 个重点城市建设仓储系统,并在海外建立了仓储中心。运用菜鸟网络,可以实现货物通往 200 多个国家和地区,在国内,1 200 多个村实现了村淘商直接入村。在解决最后一公里物流方面,菜鸟网络建起了超过 2 万个菜鸟驿站。

也就是说,菜鸟搭建了一个平台,以数据为媒介,以仓储为点提供运输服务。在这个平台上,仓储服务商、配送服务商及那些有仓储需求的企业,都可以通过这个平台与上、下游企业和消费终端连接。

菜鸟希望利用平台与数据的力量改造快递行业。2014 年开始,菜鸟就向全国物流行业推广以电子面单替换纸质面单。电子面单的最大优势就是节约印刷成本,同时能有效减少人为错误。除此之外，菜鸟还向合作快递企业提供相应数据服务，菜鸟的预测数据能够帮助快递公司提前制订配送方案，合理配备资源和人手。

可以说，菜鸟在用大数据重新变革快递业。未来大数据将始终贯穿快递业，从经营实践来看，大数据能够提高运营效率，发现运管环节中需要改进的地方。比如，在快递业务中，最难的是把客户与地址匹配起来，大数据可以把客户的地址信息输入系统，由系统动态匹配。

资料来源：燕鹏飞.智慧物流：链接"互联网+"时代亿万商业梦想.北京：人民邮电出版社，2017：87-88.

第 3 章 邮政快递智能系统设备

邮政快递行业的设备是邮政快递智能系统的重要资产,其在邮政快递运行的各个环节中都发挥着至关重要的作用。设备的自动化、智能化程度是衡量邮政快递行业或企业技术水平的重要标志,也是一个社会的生产发展水平与现代化程度的重要标志。本章对邮政快递智能系统的设备进行总体介绍,对分拣设备、装卸搬运设备以及储存设备等邮政快递智能系统使用的主要设备的类型、特点和性能作详细探讨,为后续章节作铺垫。最后,特别介绍了新生的智能快递柜,并分析了其构成与功能。

3.1 邮政快递智能系统的设备分类

邮政快递智能系统设备是指在邮政快递运转过程中所使用的各种机械设备、器具等物质材料。邮件处理中心、快件转运中心以及物流中心中经常使用的设备类型包括:分拣设备、装卸搬运设备、储存设备、连续输送设备、升降设备以及其他设备。

1. 分拣设备

邮政快递智能系统的分拣设备主要包括:包件分拣设备、扁平件分拣设备、信函分拣处理设备等。

2. 装卸搬运设备

邮政快递智能系统的装卸搬运设备主要包括:起重设备、工业搬运设备以及柔性搬运系统等。

3. 储存设备

邮政快递智能系统的储存设备主要包括:托盘货架、移动式货架、贯通式货架、阁楼式货架以及自动仓储货架等。

4. 连续输送设备

邮政快递智能系统的连续输送设备主要包括:带式输送设备、链式输送设备、悬挂式输送设备、滚柱式输送设备以及重力式输送设备等。

5. 升降设备

邮政快递智能系统的升降设备主要包括:电梯、链式升运设备、小型起重设备以及夹带式升运设备等。

6. 其他设备

除了上述几种类型的设备外,邮政快递智能系统的设备类型还包括:智能快递柜、信息终端设备、称量设备以及手持扫描器与数据采集器等。

3.2 邮政快递智能系统分拣设备

3.2.1 包件分拣设备

包件分拣是指对包裹、印刷品、邮袋等均属体型大、重量大的快件进行的分拣。包件分拣常用的分拣机有四种,分别是带式分拣机、链式分拣机、悬挂式分拣机和辊柱式分拣机。

1. 带式分拣机

带式分拣机是利用输送带运载快件完成分拣工作的设备,按带的设置形式可以分成平带式和斜带式两种。

1) 平带式分拣机

平带式分拣机如图3-1所示,在其输送机上,对应每一格口,有一个挡板推包机构。分拣人员通过阅读地址按键,在包件到达规定的滑槽时,有挡板将包件导向滑槽。

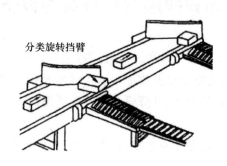

图3-1 平带式分拣机

挡板推包机构存在包件入格时可能会被挡板夹住的问题。为解决这一问题,在实际工作中常常将平胶带换成平钢带或者将挡板改为顺向运转的立式导向带,前者可以大大减小包裹与带面间的摩擦力,配合立式导向带大大减小了包件卡塞的概率,后者效果较差。

2) 斜带式分拣机

斜带式分拣机如图3-2所示,其主体部分是沿纵轴倾斜的传送带。传送带在供包端是水平运行的,当到达扭转区时,逐步沿托板扭成与水平面约呈37°的夹角。传送带在分拣区一直保持着这个角度,此后在机尾的扭转区传送带又恢复水平运行。

在斜带下方,每一格口有对应的侧板,这些侧板彼此毗邻。每一块侧板都可以由卸包机构推动实现翻转成与带面平行的状态,使包件可以顺利滑入格口。斜带分拣机最大的特点是利用重力卸载,卸载机构比较简单。但斜带分拣机利用摩擦力进行包件的移动,因此容易受外界气候、湿度等环境影响。

2. 链式分拣机

一般链式分拣机由牵引链、驱动装置、运载容器以及上包装置组成。常见的链式分拣机可以分为托盘式、翻板式、交叉带式、滑块式等。

1) 托盘式分拣机

托盘式分拣机是一种应用十分广泛的机型,它由托盘小车、驱动装置以及牵引装置等组成。其中,托盘小车形式多种多样,有平托盘小车、U形托盘小车以及交叉带式托盘小车等。

图 3-2　斜带式分拣机

传统的平托盘小车利用盘面倾翻,重力卸载货物,结构简单,但存在着上货位置不稳、卸货时间过长的缺点,从而造成高速分拣时不稳定以及格口宽度尺寸过大的问题。托盘式分拣机如图 3-3 所示。

图 3-3　托盘式分拣机

2) 翻板式分拣机

翻板式分拣机是由一系列翻板组成的板式传送分拣设备(图 3-4),倾倒板为铰接式结构,可向左或向右倾斜。装载快件的倾倒板运行到一定位置时,倾倒板倾斜,将快件翻到旁边的滑道中,为减轻快件倾倒时的冲击力,有的分拣机能控制快件以抛物线状来倾倒出快件。这种分拣机对分拣快件的形状和大小以不超出倾倒板为限。对于长形快件可以跨越两只倾倒板放置,倾倒时两块倾倒板同时倾斜。这种分拣机常能采用环状连续输送,其占地面积较小,又由于是水平循环,使用时可以分成数段,每段设一个分拣信号输入装置,以便快件输入,而分拣排出的快件在同一滑道排出,这样就可提高分拣能力。

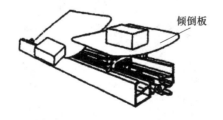

图 3-4　翻板式分拣机

3）交叉带式分拣机

交叉带式托盘小车取消了传统的盘面倾翻、利用重力卸落货物的结构，而在车体下设置了一条可以双向运转的短传送带（又称交叉带），用它来承接上货机，并由牵引链牵引运行到格口，再由交叉带运送，将货物强制卸落到左侧或右侧的格口中。交叉带式分拣机在接包卸包的准确性、卸包速度上的性能较其他类型分拣机有很大提升。交叉带式分拣机结构如图 3-5 所示。

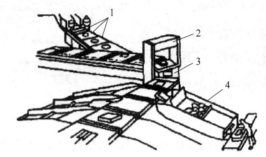

1—上货机；2—激光扫描器；3—交叉带式托盘小车；4—格口

图 3-5　交叉带式分拣机

交叉带式分拣机是国际及我国用于包件分拣的主要机型，其技术性能优越、机型及布局形式丰富多样。环形布局的交叉带式分拣机在生产实际中应用较广，该形式下快件绝大多数一次分拣到位，无须二次分拣，但占地面积较大。如图 3-6 所示为环形布局的交叉带式分拣机图例。

图 3-6　环形布局的交叉带式分拣机

如图 3-7 所示为直线布局的交叉带式分拣机图例，直线布局的交叉带式分拣机为处理中心工艺流程设计提供了多样化选择。

图 3-7　直线布局的交叉带式分拣机

4）滑块式分拣机

如图 3-8 所示,滑块式分拣机是一种特殊形式的封闭环链型分拣系统,输送机的表面由多个金属链板构成,每个链板上有一枚用硬质材料制成的导向滑块,能沿链板做横向运动。链板是承载包件的输送载体,链板上嵌套的滑块通过沿链板活动完成分拣动作。

滑块在输送机的侧边,滑块的下部有销子与链板下导向杆连接,通过计算机控制,当被分拣的快件到达指定道口时,控制器使导向滑块有序地自动向输送机的对面一侧滑动,把快件推入分拣道口,从而快件就被引出主输送机。滑块式分拣机的分拣方式是将快件侧向逐渐推出,并不冲击快件,故快件不容易损伤,它对分拣快件的形状和大小适用范围较广,是目前一种最新型的高速分拣机。

图 3-8　滑块式分拣机

3. 悬挂式分拣机

悬挂式分拣机是用牵引链(或钢丝绳)作牵引件的分拣设备,按照有无支线可分为固定悬挂和推式悬挂两种类型。前者用于分拣、输送货物,只有主输送线路、吊具和牵引链是连接在一起的,后者除主输送线路外还具备储存支线,并有分拣、储存、输送货物等多种功能。悬挂式分拣机适合于分拣箱类、袋类货物,具有悬挂在空中,利用空间进行作业的特点,对包装物形状要求不高,分拣货物重量大,一般可达 100 kg 以上。

固定悬挂式分拣机主要由吊挂小车、输送轨道、驱动装置、张紧装置、编码装置、夹钳等组成。分拣时,货物吊夹在吊挂小车的夹钳中,通过编码装置控制,由夹钳释放机构将货物卸落到指定的搬运小车或分拣滑道上。

推式悬挂机具有线路布置灵活、允许线路爬升等优点,较普遍用于货物分拣和储存业务。

悬挂式分拣机如图 3-9 所示。

图 3-9　悬挂式分拣机

4. 辊柱式分拣机

辊柱式分拣机多用于信盒的路向分拣,其主线及支线全部由辊柱机组成。货物输送过程中在需要积放、分路的位置均设置光电传感器进行检测。当货物输送到需分路的位置时,光电传感器给出检测信号,由计算机控制货物下面的那组滚柱停止转动,并控制推进器开始动作,将货物推入相应支路,实现货物的分拣工作。

辊柱式分拣机一般适用于包装良好、底面平整的箱装货物,其分拣能力高但结构较复杂,价格较高。

辊柱式分拣机如图 3-10 所示。

图 3-10 辊柱式分拣机

3.2.2 信函分拣设备

1. 信函分拣机结构描述

信函分拣机是一种集光、电、机一体化的现代化设备。通过扫描得到信函的邮编信息,控制器根据邮编的含义给设备的机械部分发出指令,经皮带传输和机械手把信函放入特定邮政支局的信格里,达到机械化自动分拣的目的。

信函分拣机械化经历了从人工按键分拣、人工标码自动识码和直接识别邮政分拣三个阶段。信函设备分拣有键盘输入、OBR、OCR 和 OVCS 等四种方式,但分拣机结构大致相同,设备结构主要受分拣格数的影响。

1)初分机

多采用卧式结构,信流传送基准面呈现水平状态,格口数量少、格口容量大。此类初分机设有单件分离装置、双封信剔除器、整位器,当信函经扫描阅读后便分路进入粗分格口,格口可以根据实际情况单双侧设计。

2)细分机

多采用立式结构,为了缩短机身多采用多层结构,格口数量多、格口容量小。细分机由机头部分、转撤区和格口区三部分组成。机头部分装有单件分离装置、双封剔除器、整位器、扫描阅读装置等;转撤器由夹送带和层分路器配合,将信流分为 4 层或 5 层;格口区常采用积木式单元结构,更利于设计的标准化专业化。

3)自动出格分拣机

自动出格分拣机主要由链式环形信盒输送机和斗形信盒升降机组成,二者同步运行,通过一个推信器把输送机信盒内的信函推送到对应升降机的信盒内。信盒从下行段到上行段依靠升降机完成,相关信盒到达下一环节的自动信把封装机后,助推器可以将信函推送到自动制签及自动封装部分。

2. OVCS 信函自动分拣机

OVCS 自动信函分拣机由主机(信函处理部分)、中央电子控制系统(OCR)和视屏标码台三大部分组成。其中,机器主体部分采用模块化结构,包含输入模块、延迟线模块、阅读打印模块、集堆器模块、连接提升分配模块以及格口模块等。

信函经单封分离装置分离后变成具有特定间隔的信函流,经整位段后由检测装置检测信函长度和宽度,然后 CCD 摄像机进行图像采集定位,送主控室进行识别,不合格的信函将被送至拒分集堆器,其余进入延迟线模块。信函在延迟线模块延时 7 s,等待 OCR 系统的处理结果。根据分拣方案的要求,OCR 系统将需要打印的信息通过机器控制板送到喷墨打印机,在相应的信函上打印荧光条码,并由其后的荧光条码阅读器进行阅读和校验。提升模块将信函提升到高层信道,并使信函偏转 90°,由垂直传输变为水平传输,分配模块把信函分配到不同的格口中。

OCR 控制系统接收主机内部的图像采集、定位设备通过光纤送来的图像信息,并识别红框内的邮政编码,将不能识别的数字区域的灰度图像送到视屏台,由操作员进行标码,然后按照识别结果或操作员的标码结果查找分拣方案,确定分拣的目的地格口,并将有关信息送回机械控制电路,控制信函的转向和入格。此外,本系统还完成整个 OVCS 系统的报表处理和打印工作。

OCR 控制系统组成及与输入模块的联系如图 3-11 所示。

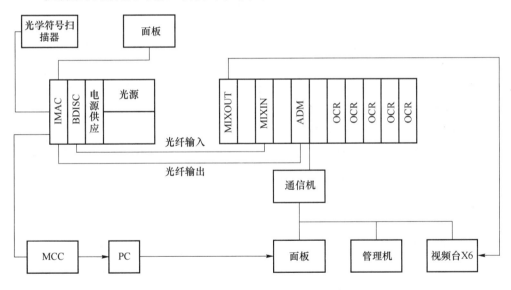

图 3-11 OCR 控制系统组成及与输入模块的联系

视屏标码台由一台无盘工作站、一台 TVGA 显示器和一只标码键盘组成。OCR 控制系统将 OCR 不能识别的邮政编码或 VIDEO 方式下编码的灰度图像送到标码台,以 4 个数字为一组显示在显示器上,操作员根据显示的图像键入相应的数字,标码的结果被送回到 OCR 控制系统。

3. MPS 信函分拣机

中国邮政集团公司上海研究院自主研发,能够识别中文地址的新一代信函分拣机(MPS)

如图 3-12 所示。

图 3-12　MPS 信函分拣机

MSP 信函分拣系统是一种多功能的高速邮政信函处理设备,能同时识别信函上的条形码、邮政编码和地址信息,实现有效的自动分拣功能。机器性能稳定、可靠高效,是大型邮件处理中心实现信函高速自动分拣的理想设备。

MPS 集成了理信功能与分拣功能,采用两个相机同时采集信函正反两面图像,能自动判断信函面向,实现信函的自动理信功能。同时具有多种识别方式,能同时识别信函的条形码、邮政编码和地址信息,从而实现有效的信函分拣。还具有多种视频标码方式,可实现在线和离线以及在线离线组合的视频标码方式,以及自动识别与视频标码的组合方式进行信函分拣。

3.2.3　分拣设备主要技术性能

分拣设备是进行快件分类整理的设备,如何在最短的时间对目标快件按既定要求准确地进行分类并将其运送到指定地点要求分拣机的选型必须准确合适,除了要考虑分拣快件的特征性能、场地情况、格口数目以及设备尺寸布局外,更要考虑分拣机自身的技术性能和技术指标,本小节将对这些性能指标作简要介绍。

1. 分拣能力

规定分拣能力 Q 是设备的最大理论处理能力,以件/小时为单位,通常用式(3-1)表示:

$$Q = \frac{3600V}{T} \tag{3-1}$$

式中:V 为分拣过程中快件运动的速度(m/s);T 为分拣过程中两快件之间的距离。

2. 上机率和允许上机快件的参数(尺寸、质量、形状)

上机率是指上机处理的快件数量与快件总量之比。在总数一定的情况下增加上机率的唯一途径是使上机快件数量增加,这就要求放宽上机快件的尺寸、质量、形状等参数,但这会导致设备设计变复杂、技术难度上升以及制造成本增加、可靠性降低。上机率过低又会增加人工分拣的压力,降低分拣设备的使用价值。因此,必须根据实际情况,兼顾上机率和设备技术经济两个因素,确定更为合理的上机快件参数,以得到较优良的上机率。

3. 正确入格率

一般用错分率和拒分率来评价分拣设备的正确入格。分拣差错率是指系统因各种因素引起的快件错误分拣率,不含收容格中的量,通常由式(3-2)表示:

$$\text{分拣差错率} = \frac{\text{错分的快件}}{\text{全部上机的快件}} \times 100\% \tag{3-2}$$

4. 人机关系

人机关系是评价综合设计水平以及使用感受的重要因素,是一个概念性的技术性能,主要包括:

(1) 操作的舒适性:包括操作高度、操作范围、操作姿态、操作人员巡回通道以及按钮、指示灯、音响以及键盘等硬件的位置。

(2) 操作人员的视觉感受:包括设备的外观、尺寸比例、色调和视野以及采光等。

(3) 操作的安全性和维护的方便性:包括设备紧急状态措施、人身及设备防护、安全通道以及维护是否安全方便等。

5. 可靠性

设备的可靠性通常用设备使用系数 K 和设备连续工作时间来表示。设备使用系数由式(3-3)表示,其中故障既包括设备运行时的各种机电故障,也包括快件阻塞造成的故障。

$$K = \frac{T_1}{T_1 + T_2} \tag{3-3}$$

式中:T_1 为两次故障之间设备连续工作的平均时间;T_2 为消除故障所需平均时间。

6. 其他

运行噪声、开机预警、故障诊断等其他性能指标。

3.3 邮政快递智能系统装卸搬运设备

3.3.1 起重设备

起重设备是一种以间歇作业方式对物料进行起升、下降和水平运动的机械设备,可以满足对货物的装卸、转载等作业要求,在很多部门都得到了广泛的应用。起重设备有效地减轻了人工的劳动强度、提高了生产效率、保证了作业质量,是实现工业机械化、自动化和智能化必不可少的机械设备。

1. 起重设备的特点

起重设备作业最典型的两个特性就是它的重复循环性以及间歇动作性,不同的起重机的结构和工作原理不同,但工作特性基本一致。一个完整的工作循环包括取物、提升、平移、下降、卸载以及回到装载位置等几个环节,它的工作程序是:吊挂抓取货物,提升后进行一个或数个动作的运移,将货物放到卸载地点,然后返程做下一次工作准备(称作一个工作循环)。每个工作循环中包括载货和空返行程。在工作中,起重设备的各工作机构经常处于反复起动、制动的状态,而稳定运动的时间相对于其他机械而言则较为短暂。

起重机在装卸货物方面功能较强,在搬运方面稳定性较差且搬运距离很短。起重机对工作空间的高度要求较大,且大部分起重机的机械体质量、体积较大,搬运困难,因此多在港口、仓库、物流中心等固定使用。

2. 起重设备的分类

起重设备的分类方式目前尚无统一的标准。通常按结构不同分为小型起重设备、桥架式起重设备、臂架式起重设备以及升降起重设备等四类,图 3-13 所示。

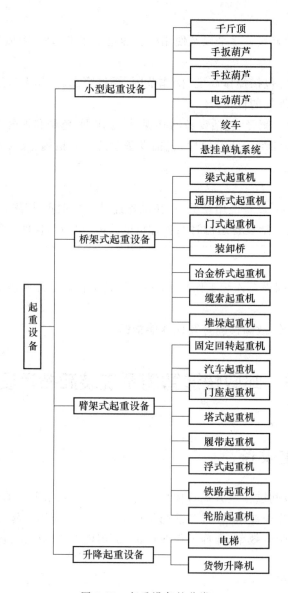

图 3-13 起重设备的分类

3．常见的起重设备

1）千斤顶

千斤顶是一种起重高度小于 1m 的最简单的起重设备，用钢性顶举件作为工作装置，通过顶部托座或底部托爪在小行程内顶升重物的轻小起重设备，分机械式和液压式两种。千斤顶主要用于厂矿、交通运输等部门作为车辆修理及其他起重、支撑等工作。汽车千斤顶的种类可以分为齿条式千斤顶、螺旋式千斤顶、液压式千斤顶以及充气式千斤顶等四种。

齿条式千斤顶分别由齿条、齿轮、手柄三部分组成，它依靠摇动手柄从而使齿条上升或下降。齿条式千斤顶是普通汽车常见的一种汽车千斤顶的种类。它体积不大，比较好存放。但也正因如此，限制了它的支撑力，不能太大。齿条式千斤顶如图 3-14 所示。

螺旋式千斤顶依靠螺纹自锁来撑住重物，结构并不复杂，其支撑力较大。但这种螺旋式千斤顶的工作效率较低，上升慢，下降快。螺旋式千斤顶如图 3-15 所示。

第 3 章 邮政快递智能系统设备

液压式千斤顶又分为通用液压式千斤顶和专用液压式千斤顶。液压式千斤顶的使用好处则是升降速度快,承重能力较齿条式千斤顶大。液压式千斤顶如图 3-16 所示。

图 3-14 齿条式千斤顶　　　图 3-15 螺旋式千斤顶　　　图 3-16 液压式千斤顶

充气式千斤顶因为结构独特,可以在任何表面使用它,这个表面可以是倾斜的,崎岖不平的。唯一需要注意的是接触面不要有尖锐的物品,否则会划伤千斤顶。充气式千斤顶利用汽车尾气冲入气囊并维持一定的压力,此压力通过气囊与汽车底盘的接触转变为均匀分布的举升力,从而达到顶起车辆的目的。充气式千斤顶如图 3-17 所示。

图 3-17　充气式千斤顶

2) 电动葫芦

电动葫芦是一种特种起重设备,安装在天车、龙门吊之上。电动葫芦具有体积小,自重轻,操作简单,使用方便等特点,用于工矿企业、仓库、码头等场所。电动葫芦结构紧凑,电机轴线垂直于卷筒轴线的电动葫芦采用蜗轮传动装置。其缺点为:长度尺寸大,宽度方面尺寸大,结构粗笨,机械效率低,加工较难等。电动葫芦有钢丝绳式、环链式、板链式三种,如图 3-18 所示。

(a) 钢丝绳式电动葫芦　　　(b) 环链式电动葫芦　　　(c) 板链式电动葫芦

图 3-18　电动葫芦

3) 通用桥式起重机

通用桥式起重机属于电动起重机,又称"天车""行车",由起升机构、运行机构(包括小车运行机构和大车运行机构)组成,是横架于车间、仓库和料场上空进行物料吊运的起重设备。它的两端坐落在高大的水泥柱或者金属支架上,形状似桥。桥式起重机的桥架沿铺设在两侧高架上的轨道纵向运行,起重小车沿铺设在桥架上的轨道横向运行,构成一个矩形的工作范围,就可以充分利用桥架下面的空间吊运物料,不受地面设备的阻碍。通用桥式起重机主要包括吊钩桥式起重机、抓斗桥式起重机、电磁桥式起重机、两用桥式起重机、三用桥式起重机五种类型,如图3-19所示。

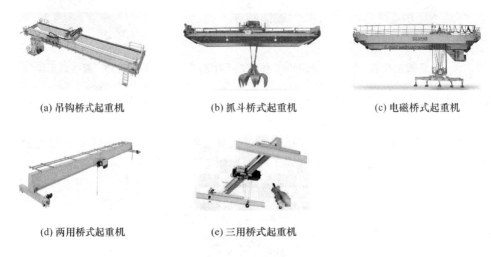

图3-19 通用桥式起重机

4) 门式起重机

门式起重机也称龙门吊,是桥式起重机的一种变形。其金属结构的外形很像龙门架,由主梁、左右两条支腿和下部横梁组成。支腿由大车运行机构驱动,沿铺设在地面上的轨道运行。吊货的起重小车装有起升机构和小车运行机构,小车沿主梁上的小车轨道移动。门式起重机具有场地利用率高、作业范围大、适应面广、通用性强等特点,主要用于室外的货场、料场的散货装卸作业,在港口也得到了广泛使用。

门式起重机按门框结构形式可分为门式起重机和悬臂门式起重机,如图3-20所示。悬臂门式起重机可细分为双悬臂门式起重机和单悬臂门式起重机:双悬臂门式起重机是最常见的一种结构形式,其结构的受力和场地面积的有效利用都很合理;单悬臂门式起重机的结构形式往往是因场地的限制而被选用。门式起重机又可细分为全门式起重机和半门式起重机。全门式起重机主梁无悬伸,小车在主跨度内运行;半门式起重机支腿有高低差,可根据使用场地的土建要求而定。

门式起重机按主梁形式可分为单主梁门式起重机和双主梁门式起重机,如图3-21所示。单主梁门式起重机结构简单,制造安装方便,自身质量小,主梁多为偏轨箱形架结构。与双主梁门式起重机相比,整体刚度要弱一些。单主梁门式起重机门腿有L型和C型两种形式。L型的制造安装方便,受力情况好,自身质量较小,但是,吊运货物通过支腿处的空间相对小一些。C型的支腿做成倾斜或弯曲形,目的在于有较大的横向空间,以使货物顺利通过支腿。双主梁门式起重机承载能力强、跨度大、整体稳定性好、品种多,但自身质量与相同起重量的单主梁门式起重机相比要大些,造价也较高。

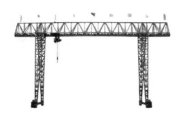
(a) 双悬臂门式起重机

(b) 单悬臂门式起重机

(c) 全门式起重机

(b) 半门式起重机

图 3-20　门式起重机按门框结构划分类型

(a) C型单主梁式起重机

(b) L型单主梁式起重机

(c) 双主梁式起重机

图 3-21　门式起重机按主梁形式划分类型

门式起重机按主梁结构可分为桁架梁式起重机和箱梁式起重机,如图 3-22 所示。桁架梁式是使用角钢或工字钢焊接而成的结构形式,优点是造价低、自重轻、抗风性好。但是由于焊接点多和桁架自身的缺陷,桁架梁式也具有挠度大、刚度小,可靠性相对较低,需要频繁检测焊点等缺点,适用于对安全要求较低,起重量较小的场地。箱梁式是使用钢板焊接成箱式结构,具有安全性高、刚度大等特点。一般用于大吨位及超大吨位的门式起重机。箱梁式同时也具有造价高、自重大、抗风性较差等缺点。

(a) 桁架梁式起重机

(b) 箱梁式起重机

图 3-22　门式起重机按主梁结构划分类型

5）汽车起重机

汽车起重机是安装在标准的或专用的载货汽车底盘上的全旋转悬臂起重机,其车轮采用弹性悬挂。汽车起重机主要由起升、变幅、回转、起重臂和汽车底盘组成,自重较大。行驶性能接近于汽车,汽车起重机行驶速度高,越野性能好,作业灵活,能迅速改变作业场地,适合流动性大、不固定的作业场所。作业时一般都放下支腿,不能带负荷行驶,也不能配套双绳抓斗使用,因而其使用受到一定限制,如图 3-23 所示。

6）轮胎式起重机

轮胎式起重机是把起重机构安装在加重型轮胎和轮轴组成的特制底盘上的一种全回转式起重机,如图 3-24 所示。其上部构造与履带式起重机基本相同,为了保证安装作业时机身的稳定性,起重机设有四个可伸缩的支腿。在平坦地面上可不用支腿进行小起重量吊装及吊物低速行驶。轮胎式起重机同汽车起重机的主要区别在于二者的底盘不同,汽车起重机使用的是标准的或专用的汽车底盘,轮胎式起重机使用专用底盘,其轮距和轴距比例适当、稳定性好,能在平坦的地面上吊货行驶,但行驶速度慢。

图 3-23　汽车起重机

图 3-24　轮胎式起重机

7）履带起重机

履带起重机是将起重作业部分装在履带底盘上,行走依靠履带装置的流动式起重机,如图 3-25 所示。履带起重机由动力装置、工作机构、动臂、转台以及底盘等组成。履带式起重机相对于地面的压力小,可在路面状况不好(松软、泥泞)的情况下作业,爬坡能力好、牵引能力强,但其行驶速度较低且对路面有一定的破坏性。

图 3-25　履带起重机

3.3.2 工业搬运设备

1. 搬运设备概述

搬运设备是指依靠机械本身的运行和装卸机构的功能实现物品水平搬运、装卸和码垛的设备。搬运设备承担了物流领域绝大部分的装卸搬运工作,常见的有叉车、托盘搬运车、牵引车和挂车等。其中,应用最广泛的是叉车。

2. 叉车

1) 叉车的特点

叉车是指对成件托盘货物进行装卸、堆垛和短距离运输、重物搬运作业的各种轮式搬运车辆,是现代物流运输的重要搬运工具。叉车广泛应用于港口、车站、机场、货场、工厂车间、仓库、转运中心和配送中心等,并可进入船舱、车厢和集装箱内进行托盘货物的装卸、搬运作业,是托盘运输、集装箱运输中必不可少的设备。

2) 叉车的总体结构

叉车是一种复杂的机器,在吨位大小、型号、式样上各有不同,但在总体结构上都具备动力系统、传动系统、转向系统、制动系统、液压系统、起重系统、电器系统和行驶系统等八大装置系统。

① 动力系统

动力系统是叉车行驶和工作的动力来源。目前在叉车上采用的发动机80%为往复式。内燃机按材料不同分为汽油机和柴油机。动力分两端输出:后端通过飞轮与离合器连接,将动力传给传动系统;前端通过钢球联轴节,经风动箱传递给液压齿轮油泵。

② 传动系统

传动系统的作用是将发动机传来的动力有效地传递到车轮,满足叉车实际工作的需要。传动系统由离合器、变速器和驱动桥等组成。传动系统的传动有机械式传动、液力式传动和静压传动以及电力传动。

③ 转向系统

转向系统是在驾驶操作下,控制叉车的行驶方向。由转向器和转向联动机构两部分组成。转向器有机械转向器、具有液力助力器的机械转向器和全液压转向器。

④ 制动系统

制动系统使叉车能迅速地减速或停车,并使叉车能稳妥地停放,以保证安全。通常由手制动和脚制动两个独立的部分组成,它们又由制动器和制动驱动机构组成。制动驱动方式有机械制动驱动机构和液压制动驱动机构两种。

⑤ 起重系统

起重系统的作用是通过起重装置实现对货物的装卸和堆垛。起重系统由内外门架、货叉架和货叉组成。

⑥ 液压系统

液压系统是利用液压油传递能量的机构,通过液压油把能量传给各执行元件,以达到装卸货物的目的。通常把液压系统的工作过程称作液压传动。

⑦ 电器系统

电器系统包括发动机、起动机、照明、蓄电池、喇叭和仪表等。

⑧ 行驶系统

行驶系统承受叉车的全部重量,传递牵引力及其他力和力矩,并缓冲对叉车的冲击.以保证叉车平稳的行驶,它由车架、车桥、悬挂和车轮等组成。

3) 叉车的分类

叉车通常可以分为三大类:电动叉车、内燃叉车和仓储叉车。

① 电动叉车

电动叉车以电动机为动力,蓄电池为能源。承载能力 1.0~4.8 t,作业通道宽度一般为 3.5~5.0 m。由于没有污染、噪音小,因此广泛应用于对环境要求较高的工况,如医药、食品等行业。由于每个电池一般在工作约 8 h 后需要充电,因此对于多班制的工况需要配备备用电池,且在工作场所应有专门的充电装置。电动叉车如图 3-26 所示。

图 3-26　电动叉车

② 内燃叉车

内燃叉车又分为普通内燃叉车、重型叉车、集装箱叉车和侧面叉车。一般采用柴油、汽油、液化石油气或天然气作为发动机的动力,承载能力较大,一般均可承载 5 t 以上的重量。考虑到尾气排放和噪音问题,通常用在室外对尾气排放和噪音没有特殊要求的场所。由于燃料补充方便,因此可实现较长时间的连续作业,而且能胜任恶劣环境下的工作。内燃叉车如图 3-27 所示。

图 3-27　内燃叉车

③ 仓储叉车

仓储叉车主要是为仓库内货物搬运而设计的叉车。除了少数仓储叉车(如手动托盘叉车)是采用人力驱动的,其他都是以电动机驱动的。因其车体紧凑、移动灵活、自重轻和环保性能好而在仓储业得到普遍应用。在多班作业时,电机驱动的仓储叉车需要有备用电池,且在工作场所应有专门的充电装置。

第一，电动托盘搬运叉车。

如图 3-28(a)所示,电动托盘搬运叉车承载能力为 1.6～3.0 t,作业通道宽度一般为 2.3～2.8 m,货叉提升高度一般在 210 mm 左右,主要用于仓库内的水平搬运及货物装卸。一般有步行式和站驾式两种操作方式,可根据效率要求进行选择。

第二,电动托盘堆垛叉车。

如图 3-28(b)所示,电动托盘堆垛叉车承载能力为 1.0～1.6 t,作业通道宽度一般为 2.3～2.8 m,在结构上比电动托盘搬运叉车多了门架,货叉提升高度一般在 4.8 m 以内,主要用于仓库内的货物堆垛及装卸。

第三,前移式叉车。

如图 3-28(c)所示,前移式叉车承载能力为 1.0～2.5 t,门架可以整体前移或缩回,缩回时作业通道宽度一般为 2.7～3.2 m,提升高度最高可达 11 米左右,常用于仓库内中等高度的堆垛、取货作业。

第四,电动拣选叉车。

如图 3-28(d)所示,在某些工况下(如超市的配送中心),不需要整托盘出货,而是按照订单拣选多种品种的货物组成一个托盘,此环节称为拣选。按照拣选货物的高度,电动拣选叉车可分为低位拣选叉车(2.5 m 以内)和中高位拣选叉车(最高可达 10 m)。承载能力为 2.0～2.5 t(低位)、1.0～1.2 t(中高位,带驾驶室提升)。

第五,低位驾驶三向堆垛叉车。

如图 3-28(e)所示,低位驾驶三向堆垛叉车通常配备一个三向堆垛头,叉车不需要转向,货叉旋转就可以实现两侧的货物堆垛和取货,通道宽度 1.5～2.0 m,提升高度可达 12 m。叉车的驾驶室始终在地面不能提升,考虑到操作视野的限制,主要用于提升高度低于 6 m 的工况。

第六,高位驾驶三向堆垛叉车。

如图 3-28(f)所示,高位驾驶三向堆垛叉车与低位驾驶三向堆垛叉车类似,高位驾驶三向堆垛叉车也配有一个三向堆垛头,通道宽度 1.5～2.0 m,提升高度可达 14.5 m。其驾驶室可以提升,驾驶员可以清楚地观察到任何高度的货物,也可以进行拣选作业。高位驾驶三向堆垛叉车的效率和各种性能都优于低位驾驶三向堆垛叉车,因此该车型已经逐步替代低位驾驶三向堆垛叉车。

第七,电动牵引车。

如图 3-28(g)所示,牵引车采用电动机驱动,利用其牵引能力为 3.0～25 t,后面拉动几个装载货物的小车。经常用于车间内或车间之间大批货物的运输,如汽车制造业仓库向装配线的运输、机场的行李运输。

3. 其他搬运设备

除了以上介绍的常用叉车,本节还将继续介绍另外几种工业中比较普遍使用的装卸搬运设备。

1) 牵引车

牵引车是指具有牵引装置、专门用于牵引载货挂车进行水平搬运的车辆。牵引车没有取物装置和载货平台,不能装卸货物,也不能单独搬运货物。牵引车如图 3-29 所示。

(a) 电动托盘搬运叉车　　　(b) 电动托盘堆垛叉车　　　(c) 前移式叉车

(d) 电动拣选叉车　　　(e) 低位驾驶三向堆垛叉车　　　(f) 高位驾驶三向堆垛叉车

(g) 电动牵引车

图 3-28　仓储叉车的分类

图 3-29　牵引车

2）手推车

手推车是以人力推或拉为主的搬运车辆。手推车在生产和生活中获得广泛应用是因为它造价低廉、维护简单、操作方便、自重轻，能在机动车辆不便使用的地方工作，在短距离搬运较轻的物品时十分方便。手推车如图 3-30 所示。

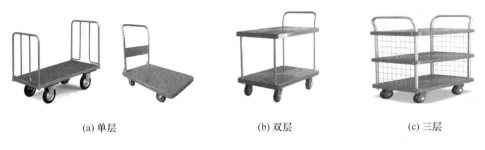

(a) 单层　　　　　　　(b) 双层　　　　　　　(c) 三层

图 3-30　手推车

3) 手动液压升降平台车

手动液压升降平台车是以手压或者脚踏为动力,通过液压驱动使载重平台做升降运动的手动平台车。可调整货物作业时的高度差,减轻操作人员的劳动强度。广泛应用于机械制造、航天航空、医药卫生、物流配送、仓储、超市、汽车、食品、铁路、石化以及纺织等各行各业。手动液压升降平台车如图 3-31 所示。

图 3-31　手动液压升降平台车

3.3.3　柔性搬运系统

1. 柔性搬运系统概述

柔性搬运系统是以自动导引搬运车(AGV)为核心,辅以通信及多车调度管理技术的无人搬运车系统。柔性搬运系统由物流上位调度系统、地面控制系统、自动导引搬运车三部分组成。在此系统中,自动导引搬运车不用人驾驶,便能按照预定的程序,实现前进、转弯、减速、后退、停车,完成货物的运送、装卸工作。近几年广泛应用于厂内生产线、邮件处理中心、快件转运中心、物流中心、仓库、码头等工作场所,配合电梯实现立体自动搬运。

通过柔性搬运系统可实现以下功能:

(1) 任务管理

根据现场信号,对 AGV 进行任务调度,调度最近的空闲 AGV 执行任务。

(2) 交通管理

对管辖内的所用 AGV 能实时的控制和管理,使 AGV 能够按照规定的路径完成任务,并且能够相互避让,同时保持较高的运行效率。

(3) 控制管理

查询车辆当前位置、车辆运行状态、线路占用、车辆报警等相关信息,查询工位数据采集系统信号,检测无线局域网的通信情况。

(4) 画面监控功能

显示所有在线 AGV 的坐标点,显示系统内所有 AGV 的状态信息,如故障、任务状态、电量状态等。

(5) 数据库管理

实现数据统计、报表打印、信息储存等功能。可连接车间 MES 系统,通过 BOM 表自动领取任务。

2. 自动导引小车

自动导引小车(AGV)是指装备有电磁或光学等自动导引装置,能够沿规定的导引路径行驶,具有安全保护以及各种移载功能的运输小车。

AGV 是一种以电池为动力,装有非接触导向装置的无人驾驶自动化车辆。它的主要功能表现为能在计算机监控下,按路径规划和作业要求,使小车较为精确地行走并停靠到指定地点,完成一系列作业功能。

1) 自动导向类型与工作原理

自动导向技术是 AGV 的关键技术,AGV 的导向方式不仅决定着由其组成的物流系统的柔性,也影响着系统运行的可靠性与经济性。

(1) 电磁导引

电磁导引是较为传统的导引方式之一(图 3-32),目前仍被许多系统采用,它是在 AGV 的行驶路径上埋设金属线,并在金属线加载导引频率,通过对导引频率的识别来实现 AGV 的导引。

电磁导引的主要优点是引线隐蔽,不易污染和破损,导引原理简单而可靠,便于控制和通信,对声光无干扰,制造成本较低。

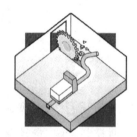
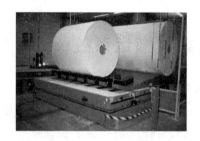

图 3-32　电磁导引方式

(2) 磁带导引

磁带导引技术与电磁导引相近(图 3-33),用在路面上贴磁带替代在地面下埋设金属线,通过磁感应信号实现导引。

磁带导引灵活性比较好,改变或扩充路径较容易,磁带铺设也相对简单。但此导引方式易受环路周围金属物质的干扰,由于磁带外露,易被污染且难以避免机械损伤,因此导引的可靠性受外界因素影响较大。适合于环境条件较好,地面无金属物质干扰的场合。

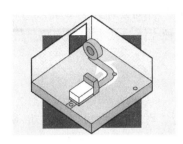 

图 3-33　磁带导引方式

（3）惯性导引

惯性导引是在 AGV 上安装陀螺仪（图 3-34），在行驶区域的地面上安装定位块，AGV 可通过对陀螺仪偏差信号与行走距离编码器信号的综合计算，以及地面定位块信号的比较校正来确定自身的位置和方向，从而实现导引。

此项技术在航天和军事上较早运用，其主要优点是技术先进，定位准确性高，灵活性强，便于组合和兼容，适用领域广。

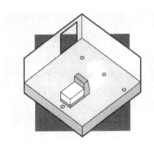 

图 3-34　惯性导引方式

（4）激光导引

激光导引是在 AGV 行驶路径的周围安装位置精确的激光反射板（图 3-35），AGV 通过发射激光束，同时采集由反射板反射的激光束，来确定其当前的位置和方向，并通过连续的三角几何运算来实现 AGV 的导引。

此项技术最大的优点是，AGV 定位精确；地面无须其他定位设施；行驶路径可灵活多变，能够适合多种现场环境，它是目前国外许多 AGV 生产厂家优先采用的先进引导方式。

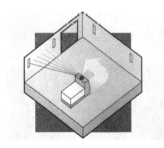 

图 3-35　激光导引方式

（5）视觉导引

视觉导引是在 AGV 上安装 CCD 摄像头和传感器，在车载计算机数据库中设置电子地图，AGV 的行驶路径和周围环境都已知。AGV 行驶过程中，摄像头动态拾取车辆周围环境图像,并与电子地图比照从而确定 AGV 当前位置,并对下一步行驶路线进行决策。随着图像识别技术日趋成熟以及摄像头像价格的下降,这种无线导线方式越来越经济可靠,因而应用日益广泛。

2) 典型的 AGV 车型种类

(1) 推挽式

推挽式 AGV 可以双侧向移动伸臂推拉托盘货物,托盘在辊道上滚动,实现同高站台之间的物料搬运。作业效率高,高站台不需要动力,适合多站台之间的物料搬运(图 3-36)。

(2) 龙门式

龙门式 AGV 可以单侧面落地移动铲叉,高低站台或货位装卸物料。转向灵活,适合有不同高度要求的货位之间的物料装卸(图 3-37)。

(3) 三向叉式

三向叉式 AGV 的铲叉可落地向左或向右移动,也可正向作业,具有升降功能,进行高低货位之间的物料装卸(图 3-38)。

(4) 辊道式

辊道式 AGV 可以左、右侧向滚动装卸货物。作业效率高,适合货物入、出口之间往返作业(3-39)。

(5) 机器人式

在 AGV 上装备机器人,通过机械手装卸货物完成其他指令,用途广泛但成本较高(图 3-40)。

(6) 牵引式

AGV 通过牵引拖车或挂斗实现对物料的搬运。由于转弯和离合挂钩等方面的局限性,应用范围有限(图 3-41)。

图 3-36　推挽式

图 3-37　龙门式

图 3-38　三向叉式

图 3-39　辊道式

图 3-40　机器人式

图 3-41　牵引式

3.4 邮政快递智能系统储存设备

3.4.1 货架概述

1. 货架的含义

中华人民共和国国家标准《物流术语》对货架的定义是"用支架、隔板或托架组成的立体储存货物的设施"。因此,货架泛指用来存放货物的结构件,由立柱片、横梁和斜撑等构件组成。货架的结构形式对实现存取货物的机械化、自动化作业有着直接密切的关系。

2. 货架的分类

1) 按发展时间分为传统货架和新型货架。传统式货架包括:层架、层格式货架、抽屉式货架、橱柜式货架、U形架、悬臂架、栅架、鞍架、气罐钢筒架、轮胎专用货架等。新型货架包括:旋转式货架、移动式货架、装配式货架、调节式货架、托盘货架、驶入式货架、高层货架、阁楼式货架、重力式货架等。

2) 按货架的适用性分为通用货架和专用货架。

3) 按货架的制造材料分为钢货架、钢筋混凝土货架、钢与钢筋混凝土混合式货架、木制货架、钢木合制货架等。

4) 按货架的封闭程度分为敞开式货架、半封闭式货架、封闭式货架等。

5) 按货架的结构特点分为层架、单元格式货架、悬臂式货架、托盘式货架、移动式货架、旋转式货架、驶入式货架等。

3.4.2 托盘货架

1. 托盘货架与托盘概述

托盘货架用来储存单元化托盘货物,跟巷道式堆垛机及其他储运机械配合进行作业(图3-42)。高层货架多采用整体式结构,一般是由型钢焊接的货架片,通过水平、垂直拉杆以及横梁等构件连接起来。其侧面间隙考虑在原始位置货物的停放精度、堆垛机的停位精度、堆垛机及货架的安装精度等;货物支承的宽度必须大于侧面间隙,免得货物一侧处于无支承状态。采用自由组合方式,易于拆卸和移动,可按物品堆码的高度,任意调整横梁位置,又可称为可调式托盘货架。托盘式货架广泛应用于制造业、第三方物流和配送中心等领域,既适用于多品种小批量物品,又适用于少品种大批量物品。

托盘作为托盘货架的重要载体,在存储中发挥着非常重要的作用。《中华人民共和国国家标准》(物流术语)对托盘的定义是:用于集装、堆放、搬运和运输的放置作为单元负荷的货物和制品的水平平台装置。作为与集装箱类

图 3-42 托盘货架

似的一种集装设备,托盘现已广泛应用于生产、运输、仓储和流通等领域,被认为是 20 世纪物流产业中两大关键性创新之一。

托盘作为物流运作过程中重要的装卸、储存和运输设备,与叉车配套使用在现代物流中发挥着巨大的作用。托盘给现代物流业带来的效益主要体现在:可以实现物品包装的单元化、规范化和标准化,保护物品,方便物流和商流。

2. 托盘的分类

托盘的种类繁多,就目前国内外常见的托盘种类来说,大概分为平托盘、柱式托盘、箱式托盘、轮式托盘和特种专用托盘五类。

1) 平托盘

平托盘使用范围最广,利用数量最大,通用性最好(图 3-43)。平托盘又可细分为三种类型:

① 根据台面分类。可分为单面型、单面使用型、双面使用型和翼型等四种。

② 根据叉车的叉入方式分类。可分为单向叉入型、双向叉入型、四向叉入型等三种。

③ 根据材料分类。可分为木制平托盘、钢制平托盘、塑料制平托盘、复合材料平托盘以及纸制平托盘等五种。

(a) 木制平托盘　　　　(b) 塑料制平托盘　　　　(c) 钢制平托盘

图 3-43　平托盘

2) 柱式托盘

柱式托盘分为固定式和可拆卸式两种,其基本结构是托盘的 4 个角有钢制立柱,柱子上端可用横梁连接,形成框架型。柱式托盘的主要作用:一是利用立柱支撑重物,往高叠放;二是可防止托盘上放置的货物在运输和装卸过程中发生塌垛现象。柱式托盘如图 3-44 所示。

图 3-44　柱式托盘

3) 箱式托盘

箱式托盘是四面有侧板的托盘,有的箱体上有顶板,有的没有顶板。箱板有固定式、折叠式、可卸下式三种。四周栏板有板式、栅式和网式,因此,四周栏板为栅栏式的箱式托盘也称笼式托盘或仓库笼。箱式托盘防护能力强,可防止塌垛和货损;可装载异型不能稳定堆码的货物,应用范围广。箱式托盘如图 3-45 所示。

图 3-45　箱式托盘

4）轮式托盘

轮式托盘与柱式托盘、箱式托盘相比，多了下部的小型轮子，如图 3-46 所示。因而，轮式托盘显示出能短距离移动、自行搬运或滚上滚下式的装卸等优势，有利于装放车、船后移送位置，用途广泛，适用性强。

图 3-46　轮式托盘

5）特种专用托盘

上述托盘都带有一定的通用性，可适用于多种中、小件，杂、散、包装货物。由于托盘制作简单、价格较低，所以对于某些运输数量较大的货物，可按照其特殊性制造出装载效率高、装运方便的专用托盘。比较常见的特种专用托盘有航空托盘、油桶专用托盘、货架式托盘、轮胎专用托盘等，图 3-47 给出了部分特种托盘实物图。

(a) 轮胎专用托盘　　(b) 油桶专用托盘　　(c) 航空托盘

图 3-47　特种专用托盘

3.4.3 移动式货架

移动式货架将货架本体放置在轨道上,在底部设有行走轮或驱动装置,靠动力或人力驱动货架沿轨道横向移动,如图3-48所示。其突出的优点是提高了空间利用率,一组货架只需一条通道,而固定型托盘货架的一条通道,只服务于通道内两侧的两排货架。所以在相同的空间内,移动式货架的储存能力比一般固定式货架高得多。根据驱动方式不同,分为人力摇动式和电力驱动式两种。

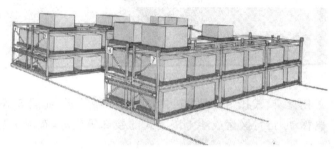

图 3-48 移动式货架

两排背靠背货架成一组安装在一个移动底盘上,呈多组排列,每个底盘附设多个滚轮和驱动电机,通过按动控制按钮,由驱动电机通过链条传动带动整个底盘及其上货架货物,沿铺于地面上的两条或多条轨道移动(或无轨-磁条导引),从而叉车可进入已移动开的场地进行存取货。

移动货架适合用于库存品种多,但出入库频率较低的仓库,或者库存频率较高,但可按巷道顺序出入库的仓库。通常只需要一个作业通道,可大大提高仓库面积的利用率,所以广泛应用于传媒、图书馆、金融、食品等行业仓库。

3.4.4 贯通式货架

贯通式货架又称通廊式货架或驶入式货架,如图3-49所示,它取消了两排货架之间的巷道,将所有货架合并在一起,使同一层、同一列的货物互相贯通,托盘或货箱搁置于货架的支腿上,叉车可直接进入货架每列存货通道内作业。贯通式货架采用托盘存取模式,适用于品种少、批量大的货物类型的储存。

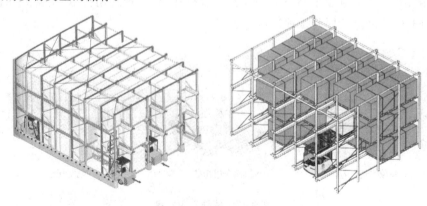

图 3-49 贯通式货架

贯通式货架具有如下特点：

(1) 在支撑导轨上，托盘按深度方向存放，一个紧接着一个，这使得高密度存储成为可能。

(2) 货物存取从货架同一侧进出，先存后取、后存先取，平衡重及前移式叉车可方便地驶入货架中间存取货物，无须占用多条通道。

(3) 这种货架适用存储大批量、少品种的货物

(4) 贯通式货架的牛腿及牛腿搁板均采用整体冲压/滚压技术，因此，其承载能力强、外形美观。

(5) 贯通式货架是全插接组装式结构，柱片为装配式结构，靠墙区域的货架总深度一般最好控制在 5 个托盘深度以内，中间区域可两边进出的货架总深度一般最好控制在 10 个托盘深度以内，以提高叉车存取的效率和可靠性。

(6) 贯通式货架系统的稳定性是所有种类货架中较为薄弱的，为此货架不宜过高，一般在 10 m 以内，另外系统中还需加设拉固装置。

3.4.5 阁楼式货架

阁楼式货架是在厂房地面面积有限的情况下，利用钢梁和金属板将原有储存区做楼层区分，每个楼层可以放置不同的种类和货架，而货架结构具有支撑上层楼板的作用。货架的底层货架不但是保管物料的场所，而且是上层建筑承重梁的支撑。楼层设计根据各种安装情况定制，可在现场轻松装配，无须焊接。阁楼式货架系统在汽车零部件领域、汽车 4S 店、轻工、电子等行业有较多应用。阁楼式货架如图 3-50 所示。

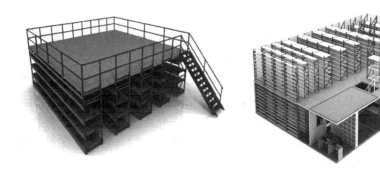

图 3-50 阁楼式货架

阁楼式货架系统是在已有的工作场地或货架上建一个中间阁楼，以增加存储空间，可做二、三层阁楼，宜存取一些轻泡货物及中小件货物，适于多品种大批量或多品种小批量货物，人工存取货物。货物通常由叉车、液压升降台或货梯送至二楼、三楼，再由轻型小车或液压托盘车送至某一位置。

阁楼式货架具有以下特点：

(1) 提高仓储高度、增加空间利用率。

(2) 上层仅限于轻量货物存放，不适合重型设备行走。

(3) 适合各类货品的存放。

3.4.6 自动化立体仓储货架

自动化立体仓储货架主要应用于自动化立体仓库中,借助机械设施与计算机管理控制系统实现物料的存入和取出。自动化立体化仓库又称高层货架仓库、自动存取系统 AS/RS。自动化立体仓库是由电子计算机进行管理和控制的,不需要人工搬运作业而实现收发作业的仓库。自动化立体仓库一般由高层货架、物料搬运设备、控制和管理设备及土建公用设施等部分构成。

(1)按照高层货架与建筑物之间的关系,可分为整体式和分离式,如图 3-51 所示。

整体式的货架除了储存货物以外,还作为库房建筑物的支撑结构,是库房建筑的一个组成部分,即货架与建筑物形成一个整体。这种形式的仓库建筑费用低,抗震,尤其适用于 15 m 以上的大型自动化立体仓库。

分离式的货架与建筑物相互独立。适用于车间仓库、旧库技术改造和中小型自动化立体仓库。

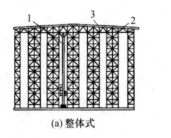
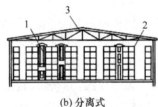

(a) 整体式　　　　　　　　(b) 分离式

图 3-51　自动化立体仓库结构

(2)按货架的结构形式,可分为单元货格式自动化立体仓库、贯通式自动化立体仓库、移动货架式自动化立体仓库和旋转式自动化立体仓库。

① 单元货格式自动化立体仓库是一种标准格式的、通用性较强的立体仓库,其特点是每层货架都是由同一尺寸的货格组成,货格开口面向货架之间的通道,堆垛机在通道中行驶并能对左、右两边的货架进行存、取作业。每个货格中存放一个货物单元或组合货物单元。如图 3-52(a)所示,货架以两排为一组,组间留有通道。所以这种自动化立体仓库需留有较多的通道,面积利用率不太高,空间利用率较高。

② 贯通式自动化立体仓库又称为流动型货架仓库,是一种密集型的仓库,如图 3-52(b)所示。这种仓库货架之间没有间隔,不留通道,货架紧靠在一起,实际上成了一个货架组合整体。这种货架独特之处在于,每层货架的每一列纵向贯通,像一条条隧道,隧道中能依次放入货物单元,使货物单元排成一列。货架结构一端高一端低,使贯通的通道成一定坡度。在每层货架底部安装滑道、辊道或在货物单元装备(如货箱、托盘)底部安装轮子,则货物单元便可在其自身重力作用下沿坡道高端自动向低端运动。这种货架运行方式是从货架高端送入单元货物(进货),单元货物自动向低端运动,从低端出库。或一端送入,在行走机构推动下运动到另一端。这种货架全部紧密排列,因而仓库平面利用率和容积利用率可大幅度提高。

③ 移动货架式自动化立体仓库的特点是仅需设置一条通道来进行堆垛机或叉车对货物的存取工作,在提高搬运频率的同时,也可达到提高库存能力、优化物流和采用计算机支持盘货的目的,但工作效率受货架移动速度的影响。此外,同时工作的叉车数量上的限制也降低了

货物存取的速度,因此适用于出入库频率较低的仓库,如图 3-52(c)所示。

④ 旋转式自动化立体仓库利用电动机的设置,可以使货架水平或垂直旋转以达到货物的自动出入库,如图 3-52(d)所示。此种货架操作简单存取效率较高,货架的移动速度很快,适用于小批量、多品种、高频率出入库的小物品的储存管理。由于旋转式货架能够适用于各种空间配置,存取出入口固定,同时层数不会受到高度限制,故能有效地利用空间。

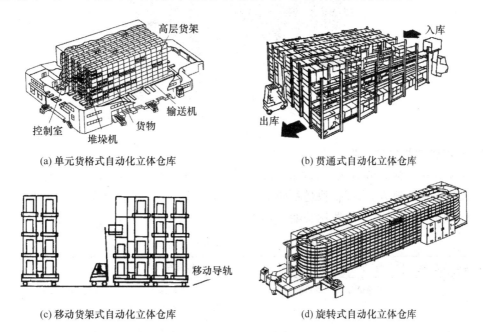

图 3-52 货架的结构形式分类

(3)按照立体仓库的高度分类,可分为低层立体仓库、中层立体仓库、高层立体仓库。

① 低层立体仓库。低层立体仓库高度在 5 m 以下,主要是在原来老仓库的基础上进行改建的,是提高原有仓库技术水平的手段。

② 中层立体仓库。中层立体仓库的高度在 5～15 m 之间,由于中层立体仓库对建筑以及仓储机械设备的要求不高,造价合理,是目前应用最多的一种仓库。

③ 高层立体仓库。高层立体仓库的高度在 15 m 以上,对建筑以及仓储机械设备的要求高、安装难度大。

3.5 邮政快递智能系统智能快递柜

3.5.1 智能快递柜设备

1. 智能快递柜概述

智能快递柜是一个基于物联网的,能够对物品(快件)进行识别、暂存、监控和管理的设备,如图 3-53 所示。其与 PC 服务器一起构成智能快递柜系统。智能快递柜将快件暂时保存在投递箱内,并将投递信息通过短信等方式发送给用户,为用户提供 24 小时自助取件服务。这种服务模式较好地满足了用户随时取件的需要,受到快递企业和用户的欢迎,为解决快件"最后一公里"问题提供了有效的解决方案。

图 3-53　智能快递柜

2. 智能快递柜操作流程

快件在到达目标城市的配送站点时,由快递员完成末端配送。快递柜一般安放在小区、写字楼等人群密集的地方。目前,快递柜的基本功能有三种:快递员存件服务、客户取件服务和客户寄件服务,可满足基本的使用功能。具体操作流程如表 3-1 所示。

表 3-1　智能快递柜操作流程

快递柜功能	操作流程
快递员存件	快递员登录→身份确认→开启存件模式→扫描快递单号→系统查询→输入手机号并确认→根据尺寸选择适合的柜子→柜门打开存放物品→柜门关闭→系统向客户发送提货码
客户取件	到达快递柜站点→点击取件服务→输入手机号确认→输入提货码→系统查询→柜门打开取出快递→关好柜门→确认无误后离开(若有问题,联系客服解决)
客户寄件	登录手机客户端→选择寄件服务→填写寄件相关信息→选择合适的柜子→预约箱格成功→收到预约单号→到达任意快递柜站点→选择寄件服务→输入预约单号、手机号确认→支付寄件费用→柜门打开放入物品→关好柜门离开→快递员到达站点收件

3. 我国智能快递柜运营模式

2012 年,以京东和速递易为代表的快递柜首次出现在国内市场,短短几年发展非常迅速,各个快递柜品牌层出不穷,并不断扩张占领市场。目前,我国智能快递柜运营主要有以下三种模式。

1) 电商企业自建自营

典型代表有京东快递柜、1 号柜。2012 年 8 月,由京东商城在北京地铁站开启快递自助投递服务,2013 年开始在全国布局。截至 2014 年 10 月,全国有数千个快递柜网点。但是,京东快递柜仅为京东自营用户提供便利,未对外开放,在很大程度上影响了京东快递柜的使用及周转率。

2) 快递企业自建自营

典型代表是丰巢快递柜。2015 年 6 月 6 日,顺丰、申通、中通、韵达、普洛斯 5 家物流企业联合出资 5 亿元,成立丰巢科技有限公司,并在全国范围内投放快递柜,迅速入驻全国大部分小区、写字楼等场所。丰巢快递柜可供所有的快递员使用,快递员仅需在平台注册即可免费使用,在很大程度上为快递员带来了便利。

3) 第三方企业自建自营

典型代表是速递易、E邮柜，供所有的快递员使用。速递易的母公司三泰电子是中国领先的电子产品与服务提供商，多年来致力于电子设备和系统软件开发，具有丰富的自助设备开发经验。速递易依托于母公司丰富的经验和实力，在全国范围内不断扩张，是目前在全国铺设数量最多、分布最广的快递柜品牌。截至2016年6月，累计投递包裹超过4亿件。

3.5.2　智能快递柜系统构成

智能快递柜系统由后台服务器、快递柜终端、Web PC 客户端、APP 客户端四个功能子系统构成。

1. 后台服务器

独立台式服务器，可运行 Windows 2003/2008 企业版，可扩展为集群式服务器网络。Web 终端的站点运行 MS SQL 服务，是该快递系统后台服务程序。这里的后台服务程序主要实现与各地众多快递柜子系统进行通信，采用 WINFORM 实现，即时监控各快递柜终端的在线状况，向快递柜终端推送指令和信息，处理来自终端的请求和报告等。

2. 快递柜终端

智能快递终端是基于嵌入式技术，通过 RFID、摄像头等各种传感器进行数据采集，然后将采集到的数据传送至控制器进行处理，处理完再通过各类传感器实现整个终端的运行，包括 GSM 短信提醒、RFID 身份识别、摄像头监控等。

运行 Windows XP 系统，采用 WINFORM 实现，通过 4G 网络连接至服务器程序进行查询和提交操作，各项操作考虑网络暂时断开的情况。

主要功能：① 快递员收件寄存；② 配送到达；③ 快递员取件；④ 会员寄件；⑤ 客户取件等。

有权限操作的人员有快递公司员工、会员客户和普通收件客户。柜子分不同种类大小的柜门，用于寄存不同体积的快件。有些柜门只能员工权限开启，如"收件寄存"的大柜，有些柜门员工和客户都可开启。

柜体配置主要有：Windows XP 系统配电阻或表面声波触控系统、标准 M1 卡 IC 读卡器、条码阅读器、票据打印机（打印快递单）、4G 上网设备等。实现功能：打印设备能检测纸张剩余和故障检测。

柜门配置主要有：电控开/关锁，物品检测传感器。实现功能：开/关门指令有回复，探测门是否处于关闭状态，单个查询柜内是否有物品。

3. Web PC 客户端

PC 服务端主要是将智能快递终端采集到的快件信息进行整理，实时在网络上更新数据，分别供网购用户、快递人员、系统管理员进行快件查询、调配快件、维护终端等操作。

程序放置于服务器 IIS，对外公开的 Web 网站。会员可以用手机号/注册用户名/邮箱地址/身份证号码＋密码＋验证码登录。会员卡发行给客户后，需要自行登录 Web 网站激活，激活后可设置各项资料。在使用过程中，可存储发件目的地址历史资料。

会员登录后，可以完成的操作有：提交寄件请求资料，该资料可以由快递柜终端调用；可以查询各项快件记录（重量、快递费用、收件员信息、收发时间记录等），并链接快递公司网站查询过程详情；在线充值等。隐藏 Web 页，主要对快递公司原有快递系统提供查询服务，不对外公开。还可实现系统管理功能,采用 WINFORM 实现,主要管理会员卡等会员资料,快递柜终端资料管理、日志查询等。

4. APP 客户端

用户可通过扫描二维码下载 APP 客户端,实现收件、寄件等功能,留短信接口、支付接口等。

3.5.3 智能快递柜功能分析

智能快递柜除了给快递员和客户带来更加方便安全的快件管理,让客户及时了解快件的实时情况,解决邮政快递公司收件和送件工作量大的问题这些基本性功能,未来它还可以被期待在以下方面发挥更多的功能:

(1) 日常饮食的配送——寄存柜:生鲜、速食产品、牛奶等;
(2) 日常用品配送:生活用品、外卖;
(3) 安保监控功能:监控、天眼;
(4) 日常网购配送:快递收发、二手回收;
(5) 日常生活缴费、信用卡还款、公交卡缴费、水电费缴费;
(6) 报修报检、家政服务;
(7) 物品交换、公益爱心、工具租赁(日常修理工具);
(8) 广告、信息发布:公告发布、平面广告、液晶广告;
(9) 智能存包柜:自助售货、夜间购物等。

案例——智能快递柜再成市场热点

2017年1月6日,丰巢科技正式宣布,A轮融资已经完成。包括鼎晖投资等几家大型机构投资者都在本轮融资中进行了出资,共计8.7亿元人民币。另外,公司的原始股东合计出资16.3亿元。其中顺丰及其关联企业出资9.8亿元,总持股比例上升到了38.68%。此轮增资的目的主要将用于公司智能快递柜业务的全国铺开及扩张,将最后100 m的末端网点布局进一步落到实处。

此次大规模的(投后估值近40亿)A轮融资,将丰巢科技,以及智能快递柜产业再一次推到了投资者的眼前。

丰巢公司是由快递业巨头顺丰、申通、中通、韵达以及物流地产业巨头普洛斯联合创办的。于2015年正式建立,主要定位于智能快递柜研发、投产和应用,并以此为核心,开展全方位的专业快递末端服务。

公司发展速度迅速,在创立同年7月,首创开发了快递柜寄件功能;同年11月,又立足于几大创始股东的快递行业属性,推出了"快递柜变微仓"服务,变相提出了"双十一"物流高峰的新解决方案。2016年6月,公司五大创始股东按原持股比例增资5亿元,继续看好智能快递柜行业。最终在2017年1月的本轮25亿融资后,公司估值达到近40亿的规模。仅仅2年的时间内,丰巢已在全国74个城市投放了超4万个智能快递柜,日均快递派送量达到100万件。

类似于丰巢科技的智能快递柜公司,目前在国内有几十家,不过规模普遍不大。其实快递柜行业在全球范围已经有十多年的历史,而我国快递柜行业目前仍处于发展期,快递柜数量及市场规模存在较大提升空间。

据统计,我国2014年智能快递柜的行业规模达到50.10亿元,并且根据2009—2014年数据中快递柜市场规模占快递行业总收入 2%~3%,可估计 2015 快递柜行业市场规模约为 69.2 亿元,2016 年可能将达到近百亿的规模。

相信随着跨境、农村、O2O 等电商新模式的崛起,我国的互联网零售业务仍将保持高速增长。而快递配送业务作为整个生态链必不可少的一环,必将会继续增长。但另一方面,快递末端配送耗时长、成本高、丢件率高,仍然对客户体验有不小的影响。智能快递柜作为"最后 100 米"的新生解决方案,被推至风口也符合整个行业大逻辑。

从统计数据来看,截至 2016 年 6 月底,我国快递柜布置总数量约为 9 万组,按照年内同等增速,2016 年年底我国快递柜存量保守估计约为 12 万组。根据行业统计,每组快递柜约 60 个箱子,总共 720 万个快递柜。另外,2016 年平均每日快递包裹数约为 8 700 万个,假设所有快递柜每日都被使用一次,也未达到快递业务包裹总量的十分之一,因此的确存在巨大的行业空间和用户数增长的可能性。

资料来源:http://news.chinawutong.com/wlnxs/wldjt/201703/48649.html.

第4章 邮政快递智能系统网络规划与设计

邮政快递网络是邮政快递企业运营的基础,布局合理、管理科学、运转高效的快递网络对推动邮政快递业的发展具有重要的战略意义。邮政快递系统网络的规划与设计是邮政快递企业降低成本,提升核心竞争力的一种重要手段。

4.1 邮政快递智能系统网络概述

4.1.1 邮政快递智能系统网络的含义

1. 物流系统网络的含义

物流系统网络是物流系统的空间网络结构,是物流活动的载体。它是指货物从供应地到需求地的整个流通渠道的结构。包括物流节点的类型、数量与位置,节点所服务的相应客户群体,节点的连接方式以及货物在节点之间空间转移的运输方式等。

2. 邮政快递智能系统网络的含义

邮政快递智能系统网络是物流系统网络在邮政快递领域的实例化。邮政快递智能系统网络就是由若干面向客户服务的呼叫中心、服务网点、负责快件等集散的各级分拨中心(中转点),以及连通它们的运输干线,按照一定的原则和方式组织起来的,遵循一定运行规则的快件传递的智能网络系统。

4.1.2 邮政快递智能系统网络的构成要素

1. 物流系统网络的构成要素

物流系统网络的主要构成是物流系统的节点与节点的连接方式(运输线路与运输方式选择)。在一个物流网络系统中,不同层级、不同类型的节点之间的连接必须通过运输把它们有效地连接起来,这包括运输线路和运输方式的选择。物流节点与运输线路构成了物流网络的主要框架结构,在这基础上选择不同物流处理方式完成物流系统的功能要求,达到物流系统的目标。

2. 邮政快递智能系统网络的构成要素

如前所述,节点和线是网络的基本构成要素。邮政快递智能系统网络中的节点就是呼叫中心、服务网点和各级中转点,线就是运输路线。快递网络中的呼叫中心、服务网点、中转点,以及运输路线的具体含义如下。

1）呼叫中心

呼叫中心也称客户服务中心，是通过电话、互联网络系统负责处理客户委托、帮助客户查询快件信息、回答客户询问、受理客户投诉等业务工作的服务系统。不论客户身处何处，呼叫中心都可以在客户感觉方便的时候提供服务。此外，客户服务中心可以使邮政快递企业与客户的沟通联络处于管理监控状态，有利于提高服务品质，还可以有效地进行客户调查分析，搜集整理客户需求信息。

2）服务网点

服务网点是邮政快递网络的始端和末端，常被称为收派网点，对快件等进行收寄和投递。服务网点分布在邮政快递企业的业务覆盖区域内，是直接面向客户的服务机构，是联系客户的主要途径。邮政快递企业采取门到门的服务。取件员和取件车辆从服务网点出发上门收取快件，快件由此开始进入邮政快递网络，从而成为整个邮政快递网络的始端。当快件到达目的地的服务网点后，派件员完成快递上门投递服务。

3）中转点

中转点是邮政快递网络的集散节点。和一般的物流中心相比，邮政快递网络的中转点通常不包括仓储、加工等功能，其主要功能是将从其他网点汇集来的快件进行集中、交换和转运，实现快件在全网中从分散到集中再到分散的流动。

分布在快递网络中的最小的中转点常称为分部或者分公司，负责当地快件的集散，进行快件的分拣并分发到对应的上级中转点。大型的中转点常称为分拨中心（中转中心或中转场），主要负责一个片区或全网快件的集散处理。分拨中心将下属各中转点的快件集中后再统一处理，通过汽车或飞机等运输方式发往其他分拨中心，或者发送至下属相应的中转点。其他的中转点则介于最大型中转场和最小型中转点之间，各自覆盖相应的区域。相对于服务网点，中转点的数量要少得多。

中转点的地位和相互联系的疏密程度不同，构成不同层次的邮政快递运输系统。中转点的选择和在网络中地位的确定，一般要综合考虑快件流量流向、交通条件、地理环境、城市规划和政策、与其他中转点的衔接、作业效率、边际成本等因素。如果中转点过多，每个中心处理的快件就少，大量快件需要中转，也不利于提高全程作业效率。中转的批次一般要综合考虑时效、流量、处理能力和成本等因素，使最低的处理量大于维持生产的最低成本费用，同时有利于提高全网的作业效率。不同级别的中转点的主要业务基本相同，仅是业务所覆盖的地理区域有所不同而已。

4）运输路线

邮政快递运输路线是指在服务网点、中转点之间的运输路线，承担运送快件的功能。运输按规定路线和班期运行，从而形成无形的连线，将快递网络的各个节点连接起来，构成一个整体的网络。快件通过运输路线从分散到集中，再从集中到分散，有规律地流动。快递使用的运输工具主要包括飞机、汽车和火车等。长距离干线主要使用飞机，因为飞机不受距离的限制，而且速度快。

邮政快递系统网络中连接各节点间的运输路线具有层次性，不同层级运输路线的功能、地位不同。相应地，每一条运输路线使用的运输工具也不同，以适应不同传递速度要求。在实际中，运输路线按照运输距离、货量以及在网络中的重要程度，可分为干线和支线，各自使用的运输工具也会有差别，从而产生不同的传递速度和传递时间。跨省或跨区域的连接中心中转场的线路一般称为一级干线，多使用飞机或大型汽车工具。省内或区域内下级各地区之间的线路一般称为二级干线或一级支线。省级以下地区内的线路一般均称为支线，也可进一步分为各级支线。城市内的线路一般称为市内支线，支线运输多使用汽车运输。

4.1.3　邮政快递智能系统网络的特征

邮政快递智能系统网络的特征如下。

1．整体性

邮政快递智能系统网络的节点和运输路线相互依赖，共同构成一个有机整体，从而实现邮政快递服务的综合功能。邮政快递智能系统网络不是节点和路线的简单连接。节点和路线的连接有一定的要求，不仅与节点的规模有关，还与节点之间的业务关系有关。这种连接以实现邮政快递智能系统网络的整体效应为目标。

2．层次性

组成邮政快递智能系统网络的节点和路线在规模、地理区位和功能等方面都存在着差异，使得邮政快递智能系统网络对外呈现出一定的层次性，如区域收派智能网络系统、城际快递智能网络系统、省际快递智能网络系统和国际快递智能网络系统等。

3．适应性

邮政快递智能系统网络的节点规模和线路规模等会随着区域经济、交通、区位环境的变化而变化。因此，邮政快递智能系统网络不是一成不变的，而是具有非常强的适应性。

4．复杂性

邮政快递智能系统网络的复杂性体现在组成邮政快递智能系统网络的节点及其路线的复杂性上。

4.2　邮政快递智能系统网络结构类型

4.2.1　邮政快递智能系统网络的基本结构

在构建邮政快递智能系统网络时，根据快件量、时限要求、网络节点数量、网络衔接方式等不同，可以选择合适的网络结构模式。

邮政快递智能系统网络主要有两种基本结构：全连通式网络（Fully-connected Network，FCN）、轴辐式网络（Hub-and-spoke Network，HSN）。根据网络中是否存在直接连接，轴辐式网络又分为单一轴辐式网络和混合轴辐式网络。并且，单一轴辐式网络又因轴节点（Hub）数量的不同分为单枢纽轴辐式网络和多枢纽轴辐式网络。

下面分别对全连通式网络和轴辐式网络进行详细介绍。

4.2.2　全连通式网络

全连通式网络也称为点点直达式网络，就是在任意两个节点之间建立投递路线，如图4-1所示。

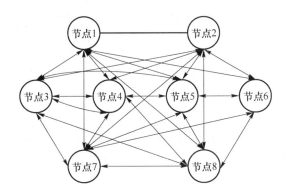

图 4-1 全连通式网络

全连通式网络中的任何节点间可以直接运输，无须中转。全连通式网络中任何一条边的失效或节点失效都不影响整个网络的连通。全连通式网络能够带来各节点间较快的传递速度，是时限最快的一种网络结构模式。在节点数量相对较少，且每个节点之间的快件量达到一定规模的情况下，点点直达模式可以减少换装次数，降低中转货损，节省装卸费用，提高运输速度，产生比较好的效率和效益。但是，如果节点过多，或者各节点之间的快件量规模较小或运量不平衡，采用全连通式网络则会导致网络不经济，带来较大的成本支出。

4.2.3 轴辐式网络

1. 单枢纽轴辐式网络

单枢纽轴辐式网络就是将所有的快件集中到一个中心节点，然后再向各节点发运的网络模式，具体模式如图 4-2 所示。

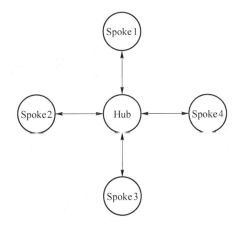

图 4-2 单枢纽轴辐式网络

这种网络结构可以实现最大程度的运量合并，发挥中心节点的处理能力，产生网络规模经济，但同时会出现不同程度的逆向运输和对流运输等情况，并带来一定的时间延长。单枢纽轴辐式网络一般在网络规模不大、服务范围较小的情况下采用。

2. 多枢纽轴辐式网络

多枢纽轴辐式网络就是设立一定数量的中转轴节点，将周围多个辐节点的运量集中到中转轴节点进行运量合并后再进行运输的网络模式,具体模式如图 4-3 所示。

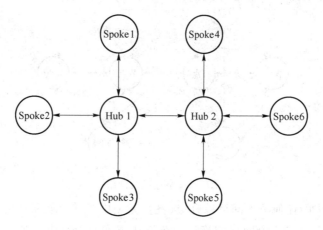

图 4-3　多枢纽轴辐式网络

多枢纽轴辐式网络可以避免单一枢纽轴辐式网络中枢纽流量拥挤的情况,在运输节点数量众多,各节点间运量相对较低或不平衡的情况下,这种模式较为适用。

3. 混合轴辐式网络

单一轴辐式网络中所有辐节点上的流量都要通过中心轴节点进行中转,不同的辐节点之间不存在直接通路。而混合轴辐式网络中的连接除了辐节点和中心轴节点之间的连接以外,还允许辐节点之间的直接连接,这些直接连接只往返于各个辐节点之间,但是这种连接只占全部连接的少数,网络的整体结构还是表现为轴辐式网络特征。混合轴辐式网络如图 4-4 所示。

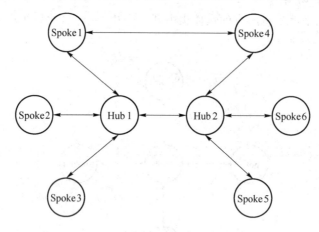

图 4-4　混合轴辐式网络

4.3　邮政快递智能系统网络规划与设计

4.3.1　邮政快递智能系统网络规划与设计的原则

为了达到邮政快递智能系统网络节约社会资源、提高整体效率的目的,在进行邮政快递智能系统网络构建时要遵循一定的原则。

1. 按经济区域建立网络

邮政快递智能系统网络构建不仅要考虑经济效益,也要考虑社会效益。考虑经济效益就是通过建立邮政快递智能系统网络降低总体拥有成本,考虑社会效益是指邮政快递智能系统网络有利于资源的节约。

在一个经济区域内,各个地区或企业之间经济上的关联性和互补性往往会比较大,经济活动比较频繁,物流规模总量较大,物流成本占整个经济成本的比重大,物流改善潜力巨大。因此,在经济关联性较大的经济区域建立邮政快递智能系统网络非常必要,要以整个经济区域的发展来考虑构建邮政快递智能系统区域网络。

2. 以城市为中心布局网络

作为厂商和客户的集聚点,城市中物流网络的基础节点建设和相关配套支持设备比较完备,城市物流网络的构建可有效地发挥节省投资和提高效益的作用。因此,在宏观上进行邮政快递智能系统网络布局时,要考虑网络覆盖经济区域的城市,把它们作为重要的物流节点;在微观上进行邮政快递智能系统网络布局时,要考虑把中心城市作为依托,充分发挥中心城市现有的物流功能。

3. 以厂商集聚形成网络

集聚经济是现代经济发展的重要特征,厂商集聚不仅可以降低运营成本,而且将形成巨大的物流市场。在现代邮政业服务制造业的运作模式中,邮政快递活动对地域、基础节点等依赖性很强。因此,很多邮政快递企业把其邮政快递网络节点设立在制造企业集聚之地。例如,邮政快递企业可以考虑优化网络系统布局,支持京津冀、长江三角洲、珠江三角洲等城市群的制造业发展,服务于郑州、重庆、成都、西安等中西部制造业基地;邮政快递企业可以考虑进驻工业园区、经济开发区、高新技术产业园等制造业集聚区,依托生产要素集聚优势,创新服务产品和配送体系,提高产业协作配套水平,建设产业链条完备、服务平台完善的现代产业集群。因此,在进行邮政快递智能系统网络构建时,需要在厂商物流集聚地形成邮政快递智能系统网络的重点节点。

4. 以客户集聚形成网络

在现代邮政业服务电子商务的运作模式中,邮政快递活动对客户需求的数量和频次等依赖性很强。因此,很多邮政快递企业把其邮政快递网络节点设立在客户集聚之地。例如,可以在高校、高新科技园区、大型社区等附近设置邮政快递的智能快件箱,进一步提高"最后一公里"的服务效率。在进行邮政快递智能系统网络构建时,需要在客户需求的集聚之地形成邮政快递智能系统网络的末端节点。

5. 建设信息化的网络

信息系统作为邮政快递智能系统网络的一个重要组成部分,发挥着非常重要的作用。邮政快递智能系统网络要素不仅指呼叫中心、服务网点、各级中转点、运输路线等硬件(这些硬件只保证邮政快递业务活动能够实现而不能保证高效率),还必须通过搭建邮政快递网络信息平台、及时共享邮政快递业务信息和对邮政快递活动进行实时控制,才能够大大提高邮政快递智能系统网络的整体效率。

4.3.2 邮政快递智能系统网络规划与设计的主要影响因素

影响邮政快递智能系统网络结构的因素很多,其中主要的因素包括以下几个方面:企业总体战略、快件需求、客户服务、快件特征和服务成本等。

1. 企业总体战略

企业总体战略将直接对邮政快递智能系统网络产生深刻的影响,邮政快递智能系统网络的规划与设计要服从于企业总体战略,对其目标的实现起支持作用。不同的企业战略要求有不同的邮政快递智能系统网络结构与其相对应。例如,采取扩张战略的企业与采取收缩战略的企业网络系统会有显著的区别。

2. 快件需求

不仅快件需求的水平极大地影响着邮政快递智能系统网络的结构,快件需求的地理分布也一样。通常,邮政快递企业在国内某一区域的快件需求量会比其他地区增长或下降得更快。虽然从整个系统的快件总需求水平来看,可能只要在当前设施的基础上进行略微扩建或压缩;然而,快件需求模式的巨大波动则可能要求在需求增长较快的区域建造新的分拨中心,而在市场增长极慢或萎缩的地区,则可能反而要关闭部分设施。每年几个百分点的异常增长,往往就足以说明需要对邮政快递智能系统网络进行重新规划与设计。

3. 客户服务

客户服务的内容很广,包括服务速度、客户投诉处理、快件跟踪和问题件的赔偿等。随着客户服务水平的提高,与这些因素相关的成本会以更快的速率增长。因此,服务成本受客户服务水平的影响很大,尤其是当客户服务水平已经很高时。显然,服务水平过低或过高都不利于系统总体效率的发挥。过低的服务水平满足不了用户要求,过高的服务水平则会带来较高的服务成本。

由于竞争的压力、政策的修改或主观确定的服务目标已不同于制定企业战略最初所依据的目标等原因,客户服务水平发生了改变,这时企业通常就需要重新规划与设计邮政快递智能系统网络,使之与变化相适应。但是,如果服务水平本身很低,变化的幅度也很小,也不一定需要重新规划与设计邮政快递智能系统网络。

4. 快件特征

服务成本受某些快件特征影响很大,如快件的重量、数量(体积)、价值和风险。在物流渠道中,类似快件特征可以因包装设计或产品储运过程中的完工状态而发生改变。由于变化快件特征可以极大地改变服务组合中的某一项成本,而对其他各项成本影响很小,因此可能形成整个系统内新的成本平衡点。因此,当快件特征发生很大的变化时,重新规划与设计邮政快递智能系统网络就可能是有益的。一般而言,对于不同的快件性质和不同的快件生命周期要考虑与其相适应的邮政快递智能系统网络。

5. 服务成本

邮政快递企业在快件接收、分拨和派送过程中产生的服务成本往往决定着邮政快递智能系统网络重新规划与设计的频率。如果其他因素都相同,那么服务高价值产品的邮政快递企业由于服务成本只占总收益的比重较小,企业很可能并不关心快件服务战略是否优化。然而,对于快件服务成本很高的邮政快递企业而言,快件服务战略将是其关注的重点。由于快件服务成本很高,即使多次重构邮政快递智能系统网络带来稍许改进,也会引起快件服务成本大幅度下降。

4.3.3 邮政快递智能系统网络规划与设计的主要内容

邮政快递智能系统网络规划与设计就是确定快件从始发网点到目的网点流动的结构,包括决定使用什么样的设施(如果需要使用)、设施的数量、设施的位置、分派给各个设施的快件和客户、设施之间应使用什么样的运输服务、如何进行访问。这种网络规划与设计的问题包括空间问题和时间问题。

(1) 空间或地理的规划与设计问题决定各种设施(如分拨中心、快件派送点)的平面地理位置。确定各种设施的数量、规模和位置时则要在以地理特征表示的客户服务要求和成本之间寻求平衡。这些成本包括采购成本、库存持有成本、设施成本(存储、搬运和固定成本)和运输成本等。

(2) 时间性或时期的规划与设计问题是一个为满足客户要求而保持快件服务时效性的问题。通过缩短相关处理环节的时间和提高服务的可靠性来保证快件的时效性。在满足客户服务目标的同时平衡各类成本,将决定快件流经邮政快递智能系统网络的方式。以时间为基础的决策也会影响设施的选址。

邮政快递智能系统网络规划与设计就是使利润最大化和服务最优化的途径。战略性网络规划与设计通常需要解决以下几方面的问题：

① 计划区域内应建立的邮政快递智能系统网络节点数；
② 节点的位置；
③ 每个节点的规模；
④ 各节点进出快件的关系；
⑤ 服务质量水平及信息网络的连接方式。

知识链接：海尔"一流三网"管理模式

在供应链管理阶段,海尔物流创新性地提出了"一流三网"的管理模式。海尔特色物流管理的"一流三网"充分体现了现代物流的特征："一流"是以订单信息流为中心；"三网"分别是全球供应链资源网络、全球配送资源网络和计算机信息网络。"三网"同步流动,为订单信息流的增值提供支持。

(1) 以订单信息流为中心,实现JIT过站式物流

在海尔,仓库不再是储存物资的水库,而是一条流动的河,河中流动的是按单采购的生产必需的物资。物流网络整合以后,呆滞物资降低了73.8%,库存资金减少了67%。

海尔建立了两个国际化物流中心,改存储物资的合库为过站式配送中心,从最基本的物流容器单元化、标准化、集装化、通用化到物料搬运机械化,逐步深入到工位的五定送料管理、日清管理系统的全面改革,看板拉动式管理实现了柔性生产,每条生产线每天可以生产几十个国家上百种规格的产品,实现了JIT过站式物流。

(2) 全球供应链资源网的整合

海尔通过整合内部资源、优化外部资源,建立起强大的全球供应网络。目前世界500强企业中有59家已成为海尔的合作伙伴。另外,海尔还引进国际化供应商在当地投资建厂,为政府实现招商引资40多亿元。全球供应链资源网的整合使海尔获得了快速满足用户需求的能力。

(3) 整合全球配送网络,形成全国最大的分拨物流体系

海尔的全球配送网络已从城市扩展到农村,从沿海扩展到内地,从国内扩展到国外。海尔国内可调配车辆有16 000辆,在全国建有42个配送中心,每天向1 550个专卖店和9 000多个网点提供50 000多台产品；形成了完善的成品分拨物流体系、备件配送体系与返回物流体系。

(4) 建立了企业内部的信息高速公路

将用户信息同步转化为企业内部的信息,实现以信息替代库存和零资金占用。目前海尔第三方物流采用信息化集成程度最高的 物流执行系统(Logistics Execution system,LES),成功地将运输管理、仓库管理和订单管理系统高度一体化地整合,从而提高对客户的响应速度和达到及时配送的要求。物流网络搭建的海尔集团内部的信息高速公路,能将从电子商务平台上获得的信息迅速转化为企业内部的信息,达到零营运资本的目的。

4.3.4 邮政快递智能系统网络规划与设计的主要步骤

如图 4-5 所示为邮政快递智能系统网络规划与设计过程常见的七个步骤,它用于综合性的邮政快递智能系统网络规划与设计过程,以下是对这七步的详细说明。

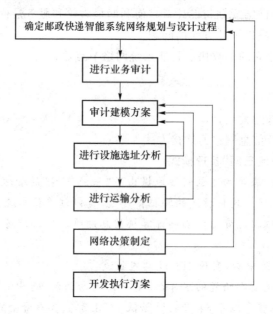

图 4-5 邮政快递智能系统网络规划与设计的步骤

1. 确定邮政快递智能系统网络规划与设计过程

在这一步骤中,重要的是成立对邮政快递智能系统网络规划与设计过程各个方面负责的网络再造团队。这一团队需要先了解邮政快递企业的总体战略、企业根本的业务需求以及所参与的所有业务过程。与此步骤同样重要的是,设置邮政快递智能系统网络规划与设计过程自身的参数和目标。例如,高层管理者的支持对于总体规划与设计过程的有效开展非常重要。

另一个需要考虑的是,邮政快递业务服务的第三方具有使企业目标实现的潜能。这种考虑非常重要,因为它将拓展邮政快递智能系统网络规划与设计团队的视野,将外部提供的邮政快递智能系统网络解决方案或适当的相关资源一并纳入考虑的范围中。

2. 进行业务审计

业务审计使得邮政快递智能系统网络规划与设计团队的成员对邮政快递企业的业务过程有一个全面深入的了解,它帮助收集各种类型的重要信息,这些信息在规划与设计过程的余下步骤中非常有用。审计后应该得到的不同类型的信息包括:

① 客户需要和关键环境要素;

② 关键业务目标和成果；
③ 目前邮政快递智能系统网络的描述和邮政快递企业在行业竞争环境中所处的位置；
④ 邮政快递成本耗费所对应的目标、产出价值和关键的绩效衡量标准；
⑤ 目前和期望的业务绩效间差距的确定（定量和定性）；
⑥ 邮政快递智能系统网络规划与设计的主要目标，有助于进行衡量的方式表达。

与此同时，完成对邮政快递智能系统网络规划与设计所需数据的收集并将其信息化。

（1）邮政快递智能系统网络规划与设计所需的数据清单

邮政快递智能系统网络规划与设计需要一个包罗万象的数据库，尽管有些数据专门用于某些特殊网络结构问题，但数据库的大部分数据都是通用的。这些数据包括：

① 分拨中心中分拨的所有快件清单；
② 顾客、快件供应源的地理分布；
③ 每一区域的顾客对每种快件的需求量；
④ 运输成本和费率；
⑤ 运输时间、快件递送周期、时效满足率；
⑥ 快件递送服务收费标准；
⑦ 快件的运输批量；
⑧ 顾客服务目标；
⑨ 在服务能力范围内设备和设施的可用性；
⑩ 快件的配送模式等。

（2）数据来源

数据来源于邮政快递企业内外部各个环节，主要包括运营运作文件、会计报告、邮政快递研究报告、公开出版物和人为判断等。

① 运营运作文件

邮政快递企业的运营业务管理中会产生一些业务报告文件，这些文件可以为邮政快递智能系统网络规划与设计提供原始数据。例如，可以从快件业务处理系统中获取有关客户地理分布、各类快件的历史收寄量数据、运输批量、时效满足率和客户服务水平等重要数据。

② 会计报告

会计数据的重点在于提供邮政快递业务活动在内的所有经营业务活动的成本。当然，目前的会计体系往往没有直接提供邮政快递智能系统网络规划与设计人员所关心的快件库存维持成本和快件损失成本等重要数据，对某些成本的描述也含糊不清。尽管如此，会计报告仍是成本数据的主要来源。

③ 邮政快递研究报告

与经营运作文件和会计报告的不同之处在于，邮政快递研究报告描述和定义一些十分重要的基本关系，如运输费率与运输距离的关系、服务成本与服务水平的关系等。邮政快递企业内部人员或企业外部的咨询机构、大学教授都可以开展邮政快递研究工作。事实上，邮政快递研究有时并非是直接为某个邮政快递企业而开展的。社会上一些研究机构经常资助开展行业性的邮政快递研究，并将研究报告提供给会员单位。对同行业甚至其他行业的企业来说，这些研究报告也是数据来源。

④ 公开出版物

公开出版物，如邮政快递行业杂志、政府资源的研究报告，以及一些学术期刊中包含了大量的有关邮政快递成本、产业发展趋势、邮政快递技术新进展、邮政快递活动业务水平以及预测等重要信息。邮政快递智能系统网络规划与设计人员必须具备相当的理论素质,经常地阅读这些公开出版物,从中可以获得指导和有价值的分析数据。

⑤ 人为判断

邮政快递企业经理、咨询顾问、运作人员、技术人员都是企业的数据来源,都应当被视为邮政快递数据库的一部分。

3. 审计建模方案

审计建模方案包括在目前的邮政快递智能系统网络和考虑中的备选方案与方法中应用恰当的定量模型。这些模型提供了各种可能的网络功能和成本/服务效果的大量信息。

选择了恰当的建模程序,就应该用于帮助确定与在业务审计中识别的目标一致的邮政快递智能系统网络。

一旦最初的设计方案确定下来,紧接着就应该进行"可能性因素"类型的分析,以测试所推荐网络设计在改变关键变量方面的敏感性。这一步骤应该提供相关设施的数量和一般位置推荐,它将有助于满足期望的目标。

4. 进行设施选址分析

一旦对期望邮政快递智能系统网络的一般构造做出了推荐,下一项工作就是详细分析特定区域和城市的特征,它们是相关设施地址的候选者。这些分析将在定量和定性两个方面进行。定量元素的很多内容已经集成到了步骤 3 的建模工作中。定性的内容包括劳动环境、运输问题与市场和客户的距离、生活质量、税收和产业发展激励、行业竞争态势、土地成本和用途以及企业特惠等考虑事项。这一步的工作将通过设施选址团队的建立来完成,它将收集各个具体特征信息(如在前面确认的那些信息)。此外,这一团队应该能够在地形、地质和设施设计方面对潜在的场所进行审查。为了对内部的可用资源进行补充,企业可以依靠咨询机构的服务,但这些咨询机构应该致力于在设施选址过程中支持客户。

5. 进行运输分析

运输线路和方式的选择或某种运输方式服务内容的选择取决于运输服务的众多特性,但并非所有的服务特性都同等重要。对决策者而言,只有某些特性是至关重要的。这一步骤主要是在考虑运输服务成本、平均运输时间(速度)和运输时间的波动性(可靠性)等因素的前提下,选择合适的运输线路和运输方式。

6. 网络决策制定

这一步骤是对在步骤 3~步骤 5 中推荐出的邮政快递智能系统网络与在步骤 1 中确定的设计标准进行比较,对它们是否一致进行评价。本步骤应该确定需要对邮政快递智能系统网络进行何种改变,但这一切都应该在邮政快递企业总体定位的基础上进行。

7. 开发执行方案

总体方向一旦确定,有效的执行方案的开发就变得非常重要了。这一计划应该包括从目前的邮政快递智能系统网络向期望的邮政快递智能系统网络移动的有用路径图。因为一开始就已经知道这一再造过程可能会产生进行大变革的建议,因此提供必需的资源,以保证顺利、准时地执行非常重要。

4.3.5 邮政快递智能系统网络规划与设计的方法与模型

1. 图表和尺规技术

图表和尺规技术泛指大量的直观方法。虽然这类技术不需要深奥的数学分析,但能够综合反映各种现实的约束条件,其分析结果并非是低质量的。支持这种分析的方法大量存在并被广泛应用,如统计图表、加权评分法、电子表格等。借助这些方法,加上分析人员的经验、洞察力,以及对邮政快递智能系统网络规划与设计的良好理解,往往能得到满意的设计方案。

2. 仿真模型

网络的仿真通常包括模拟成本结构、约束条件和其他能够合理代表网络的因素。这类模拟通常利用随机的数学关系来完成。因而,仿真程序就是对系统的模型进行抽样试验的技术。仿真被用来处理邮政快递管理中的各种规划与设计问题。

如果在某个复杂问题的描述中有大量重要的细节,或问题中存在许多随机因素,或寻找数学上的最优解并不是问题的关键,则可以选用仿真技术。仿真技术是对规划与设计方案进行验证的常用分析技术。

3. 启发式模型

启发式模型是某种形式的混合模型,它将仿真模型能够实现的模型定义的真实性与最优模型所能实现的寻求最优解的过程结合在一起。启发式模型一般可以解决相当广泛的问题,但无法保证获得最优解。模型是围绕启发法的概念建立的,这是一个简化了的推理过程,寻求得到满意答案,而不是最优解。启发法包含一种规则或计算程序,可以限制问题的可行解的个数,它根据与人类的反复试验法类似的过程对无法求得最优解的问题得出一个可接受的解,缩短了问题的求解时间。

启发式模型对邮政快递企业中某些难以解决的问题是一种很实用的方法。如果人们建模的目的是要找到最优答案,且利用优化法对问题求解要求的条件过多,那么启发式模型会非常有用。

4. 最优模型

最优模型依赖精确的数学过程评价各种可选方案,且能保证得到的是针对该问题的数学最优解(最佳选择),即从数学上可以证明所得到的解是最优的。许多确定型的运筹学模型或管理科学的模型都属于此种模型。这些模型包括数学规划(线性规划、非线性规划、动态规划和整数规划)、枚举模型、排序模型、各种各样的微积分模型。许多最优模型已经过概括总结,可以得到相应的软件包。

5. 专家系统模型

如果某个规划问题曾经在不同环境下多次求解,规划人员就很可能对该问题的解决方法有了一定的见解。这些见解往往胜过最复杂的数学公式。如果能将这样的知识或经验融入现有模型或专家系统中,就能比单独使用仿真技术、启发法或最优化方法得出的结果总体质量更高。在物流管理的库存、运输和客户服务等领域已经开始少量应用专家系统模型。

开发专家系统模型所要克服的最大障碍就是指定专家、确定知识库(大部分是定性的)和获得专家们的相关知识。然而,专家系统提出了通过掌握规划与设计艺术的技术和知识来弥补当前规划与设计过程所使用的方法的不足,这种观点很有吸引力,专家系统无疑会在将来得到更普遍的应用。

4.4 邮政快递智能系统网络服务网点布局优化

服务网点(常称为分站、营业部/厅、站点等)是快递企业在某个城市中最小、最基本的操作单位。它负责城市某一区域内快件的揽收、运输、分拣和派送工作,具备财务结算、营销、质量控制等功能。

根据服务网点选址的影响因素和原则,可以得到相对合理的服务网点选址方案。此外,分拨中心选址的各种方法也可以用来进行服务网点选址。但市场是动态的,快递企业需要不断地进行服务网点布局优化,以提升快件收派的时效性。快递企业服务网点布局的优化模式可归结为两类:拆分和撤并。其中,网点拆分是实践中比较常用的方法。

4.4.1 网点拆分

1. 网点拆分的定义

网点拆分是指根据一定的标准来划分网点原来所管辖的服务范围,被划分出来的区域或是独立成为新的服务网点,或是与其他相邻的被划分出来的区域合并成为新的服务网点。也就是说,通过缩小原服务范围的面积,增加服务网点数量。

2. 网点拆分的标准

网点拆分主要基于四个标准:人口密度标准、业务密度标准、管理幅度标准和客户类型标准。

(1) 人口密度标准

克里斯泰勒提出了中心地"人口门槛"和"服务半径"的对应关系。当人口密度较大时,服务半径相对较小;人口密度较小时,服务半径相对较大。人口密度标准就是根据区域人口密度,按照一定的标准对服务半径进行调整,改变网点覆盖区域。一般来说,人口的多少直接影响着各种需求的数量。对于快递行业,除了关注人口密度,还应从就业结构来考虑。根据经验,第二产业和第三产业的从业人员使用快递的比例更大。

(2) 业务密度标准

按照城市地域结构模式,一般分为中央商务区、中心城区、中心城区外围、近郊区、远郊区,从里向外商务活动密度越来越小,快递业务密度也越来越小。因此,越是靠近核心圈层的网点,业务密度越大,服务半径越小;越是靠近边缘区域的网点,业务密度越小,服务半径越大。业务密度也意味着收派员的劳动强度。收派员劳动强度过大会影响快件收派的时效,从而降低客户满意度,同时也会妨碍收派员进行市场开发,使得市场精力不能充分得到挖掘。由此看来,服务半径应与业务密度相适应,以保证收派员的劳动强度处于正常范围。

(3) 管理幅度标准

按照管理层次与管理幅度,上一层级对下一层级人员的管理能力是有限的,操作人员比管理人员的管理幅度要更大。此外,行业与企业的实际情况不同,管理幅度也不尽相同。从快递行业的实际来看,网点收派员的数量应保持在 10~20 人为宜,一方面可以保证管理的精细化,另一方面可以降低管理成本。当网点的收派员数量随着业务量的增长而增加到一定水平时,即可考虑对该网点进行拆分。当然,快递企业不同,管理方式或方法也不尽相同。例如,宅急送公司规定:网点达到8个收派员可以考虑拆分,达到10个收派员时必须拆分。顺丰公司则针对不同地区执行不同的拆分标准,如表4-1所示。

表4-1 顺丰公司服务网点拆分参考标准

地 区	拆分标准	备 注
华东地区	收派员达到25人必须拆分	20人时做好拆分准备工作
华南地区	收派员达到30人必须拆分	20人时做好拆分准备工作
华北地区	收派员达到15~20人必须拆分	视业务增长速度决定
华中地区	收派员达到15人必须拆分	10人时做好拆分准备工作

(4)客户类型标准

城市内部是由不同圈层组成的,同圈层内部呈现出相同或相似的客户同质性。若网点所服务的市场群体不属于同一圈层,那么其主要客户类型也不相同。对于快递企业来讲,如果客户类型具有较大的差异性,那么需求差异性也会非常明显,加大了快递服务的难度。例如,跨越商务区和住宅区的主要快件类型不同,一部分为以文件为主的商务快递,另一部分为以包裹为主的包裹快递,这样就造成同一网点有两种不同的取派模式,无疑增大了操作难度,可以考虑拆分。

3. 网点拆分的适用范围

网点拆分是快递企业由粗放式网点扩张向内涵式网点扩张转变的标志,对于快递企业来说是一种非常重要的网点扩张方法。传统的粗放式网点扩张方法着眼于市场的"形式覆盖",而内涵式网点扩张则着力于在现有网点覆盖区域内,扩大市场的"有效覆盖",提高效益。目前,在我国的实践中,快递企业在评价网点建设情况时,一般使用"网络覆盖率"指标,即:

$$\text{网络覆盖率} = \text{已覆盖的行政区数量} / \text{所有行政区数量} \tag{4-1}$$

根据城市级别,又分为一级城市网络覆盖率、二级城市网络覆盖率和三级城市网络覆盖率。可以看出,该指标是在粗放式网点扩张方法下对网点"形式覆盖"率的评价,具有很大的不合理性。如果某快递企业在长沙只设立一个网点,那么其在长沙的网络覆盖率即为100%。事实上,尽管覆盖率达到了,但是大部分区域处于无效覆盖范围。因此,通过对原有服务网点超过能力覆盖的区域进行拆分,实现粗放式扩张向内涵式扩张转变,是解决网点无效覆盖的好方法。

从企业所处生命周期来看,网点拆分主要适用于由成长期向成熟期过渡的快递企业。快递企业经历了粗放式扩张的阶段,建立了全国性或区域性的空间网络,但是因服务半径过大或相邻网点间存在盲区,使得服务质量得不到提升,从而制约了快递企业的发展。通过网点拆分,可以对既有市场进行深度开发,有助于企业实现由粗放式扩张向内涵式扩张转变。新建网点需要先期投入固定成本和支付后续的变动费用,面临着一定的市场风险。因此,为规避因建立网点投资而带来的财务风险,许多企业都采取了与外合作的方式,主要有代理、加盟等方式,这样既保证了市场的占有率,又有效控制了市场风险,是中小型快递企业比较常用的做法,但不利于管理的规范化和企业的长足发展。

4.4.2 网点撤并

1. 网点撤并的定义

网点撤并是指网点的撤销与合并。网点撤并主要基于经济角度来考虑,根据供需平衡原则,当快递企业网点数量的供给能力大于市场需求能力时,则需进行网点撤并。

2. 网点撤并的原则

当快递企业的供给能力即网点数量大于市场需求能力时,各企业间不可避免地出现恶意竞争,甚至使网点处于亏损状况。服务网点撤并的四条原则:① 地理位置偏僻,长期处于城市发展规划被遗忘角落,办公环境得不到有效改善,发展前景黯淡的服务网点;② 定位不明确,发展方向模糊的服务网点;③ 低产低效,难以形成规模效益的服务网点;④ 重复建设,内耗严重的服务网点。

3. 网点撤并的适用范围

网点撤销主要适用于布局错误、市场资源严重不足的网点,以及在竞争中被彻底淘汰的网点。这样的网点对企业来说是一种负担,尽早采取措施进行撤销将有利于企业的长远发展。网点合并主要适用于布局不合理,但还有改进空间的网点,以及在与竞争对手的竞争中处于劣势的网点。通过与优势网点进行合并,以集中客户,集中资源,优化管理,降低成本,提高效益和竞争力。

知识链接:菜鸟网络的"中国智能骨干网"梦想

2013年5月28日,阿里巴巴集团、银泰集团联合复星集团、富春集团、顺丰集团、三通一达(申通、圆通、中通、韵达),以及相关金融机构共同宣布"中国智能骨干网"项目正式启动,合作各方共同组建"菜鸟网络科技有限公司"。菜鸟网络计划首期投资人民币1000亿元,在5~8年的时间,努力打造遍布全国的开放式、社会化物流基础设施,建立一张能支撑日均300亿(年度约10万亿)网络零售额的智能骨干网络,让全中国任何一个地区都能做到24小时内送货必达。

在短短的一年时间里,菜鸟网络已经建立了覆盖全球五大洲的海外仓储网络。针对中国香港、中国台湾、新加坡等区域的网购买家习惯,菜鸟网络推出了8000个境外自提点,将物流服务和网络延伸至"最后一公里"。

此外,菜鸟网络的中央物流信息系统,实现了物流过程的数字化。通过这个信息系统,全球的买家、卖家、服务商、转运商、海关商检、仓储企业等信息,可以实现无缝协同对接,从而实现全程可视化追踪:一旦包裹订单号产生,就相当于被安上了一个GPS定位,从打包、称重、干线运输、通关、转运,到配送、入自提点、签收包裹等环节,都可以实时监测。

在平台数据共享的基础上,2014年"双11"期间菜鸟网络还协同主流快递企业每天召开通气会,同步物流运营情况、风险点和应对措施。菜鸟网络可针对具体情况及时调节商家发货节奏,协调平衡各地运能运力。

2014年11月13日上午,菜鸟网络监测到各快递公司的主要网点压力急剧加大,尤其是某快递公司的深圳网点出现了拥堵状况,可能会引发下游的压力。针对所有存在拥堵隐患的网点,菜鸟网络立即联系天猫客服,让其和上游商家进行协调,争取暂缓发货,并通知该快速公司及时处理其网点的累计货物。第二天信息显示,商家发货量立即回落,整体物流形势回归平稳。

通过物流预警雷达,菜鸟网络还观察到:这一年的商家发货速度非常快。根据菜鸟网络统计信息,2014年11月12日早上6点30分商家完成了1.16亿的发货处理,即在天猫"双11"全天订单增加近67%的基础上,仍保持了41%的发货率,高于去年的34%。此后,菜鸟网络每天监测到的商家发货率都高于去年同期水平。2014年11月21日,菜鸟网络发布的最新"双11"物流情况显示,在菜鸟网络大数据协同下,2014年"双11"物流订单比2013年翻了将近一倍,但是全国的物流体系运作却非常顺畅,没有出现爆仓等情况。

案例——FedEx 的运营网络规划

Federal Express(美国联邦快递)隶属于运输业泰斗 FedEx Corporation,是集团快递运输业务的中坚力量,公司总部位于美国田纳西孟菲斯(Memphis),其业务范围所覆盖的区域生产总值占全球的 90% 以上。现在,FedEx 的整合式全球网络拥有超过 14 万名员工、4 万多个送货点、677 架货机以及 4.4 万辆专用货车。FedEx 无可比拟的航空路线权以及坚固的基础设备,使其成为全球最具规模的快递运输公司。

联邦快递设有全球航空及陆运网络,在每一个工作日,FedEx 为全球超过 220 个国家及地区提供快捷、可靠的快递服务,每天处理的货物量多达 330 万件包裹,运送时间通常只要 1~3 个工作日,就能迅速运送时限紧迫的货件,而且确保准时送达,并且还能于隔日送抵美国国内上千个递送地点。联邦快递在全球拥有超过 4 万个客户服务站,即时地为客户提供服务,以策略性争取时效,获取市场上的竞争优势。

FedEx 能做到这些,与它采用的运营模式有着密切的联系,即不管运载量大小,运输里程长短,货物一律运送到孟菲斯总部。

FedEx 通过对运输量、经济效益、时间约束以及运输距离长短等因素的考虑,来优化经营网络,实现了一种带有中途转机(stopover)和地方航线(feeder)的 Hub-and-Spoke 型结构运营模式。在这种网络中,大多数航线都会在中途作多数停留,而且大量地使用地方支线,运输量小的城市通过小型飞机将货物汇总到交通便利、运输量大的城市,再由大型飞机将货物运送到孟菲斯总部。例如,在某些航线中使用中途转机的方式使得在运输量增大的同时,减少飞行航班的次数,这样,既节省了飞机的成本,又节省了燃料以及人工费用。另外,在一些航线中使用地方支线,同时在短途航线中采用小型飞机,而在大运输量的长途航线中采用大型飞机,使得运输量小的城市被经济地联结起来。

表 4-2 给出了早期运营网络与新的运营网络的对比情况。

表 4-2 早期运营网络与新的运营网络的对比

特 征		早期模式	新模式	后者对于前者的节约使用率
飞机的使用量	Dassault	19	12	63.16%
	B727-200	13	9	69.23%
	DC10-10	1	1	100%
	总计	33	22	66.67%
每日抵达孟斐斯的航班数		33	12	36.36%
每班次日载重量(吨/(天·班次))		16	29	182.64%
抵达孟斐斯航班的平均有效载荷率		43.7%	59.9%	137.07%
飞行里程	Dassault	22 494	4 573	20.33%
	B727-200	14 858	12 767	85.93%
	DC10-10	1 604	1 604	100%
	总计	38 956	18 944	48.63%
运营成本($/天)	航线运输	69 668	55 294	79.37%
	固定成本	137 672	89 963	65.35%
	总计	207 340	145 257	70.06%

从表4-2的对比中可看出,采用带有中途转机(stopover)和地方航线(feeder)的Hub-and-Spoke型结构运营模式,使得所需的飞机架数减少了近1/3,而且还减少了每日抵达孟菲斯的航班数,使得航线拥堵的比率降低,同时提高了航班的平均有效载荷率,由原来的43.7%提高到了59.9%,使得航班使用率大幅度提高。另外,飞机的飞行里程(DC10-10型除外)的大幅度减少可以延长飞机的使用寿命。从运营成本来看,无论是航线运输成本还是固定成本都有所降低,因而总成本降低30%左右。总之,采用带有中途转机(stopover)和地方航线(feeder)的Hub-and-Spoke型结构运营模式,为FedEx节约了先期固定资产投入和后期运作成本,使得FedEx在快递物流业中具有强大的竞争力。

资料来源:李浩,刘桂云.物流系统规划与设计.杭州:浙江大学出版社,2009:47-50.

第5章 邮政快递智能系统节点规划与设计

5.1 邮政快递智能系统节点概述

5.1.1 邮政快递智能系统节点的含义

邮政快递智能系统节点是指邮政快递智能系统网络中连接运输线路或配送线路的结节处。节点是以一定的设施形态存在的,在邮政快递智能系统中发挥着不同的作用。

物流过程按其运动状态来看,有相对运动的状态和相对停顿的状态。快件在节点时处于相对停顿的状态,在线路上处于相对运动的状态。其中,检查、包装、仓储、按路向分拨发运等活动都在节点上完成。

5.1.2 邮政快递智能系统节点的主要类型

邮政快递智能系统节点的类型主要分为邮政网点和快递网点。

1. 邮政网点

邮政网点是邮政企业为用户提供服务的场所,是邮政最基层、最基本的服务单元,是邮政企业联系广大用户的桥梁和纽带,是邮政企业创造和传递价值的根本保证。

邮政网点具有提供普遍服务业务和竞争性业务的双重职能。

(1) 邮政网点的公益性职能

邮政网点的公益性职能主要体现在普遍服务和普惠金融方面。

(2) 邮政网点的商业性职能

中国邮政的商业性职能主要是利用中国邮政营业网点,为企业和公众提供的竞争性服务,它是邮政正常经营并维持邮政生存的部分。该项职能经营获得的收入和利润用以负担邮政网点的运作费用和再投资的成本。邮政网点的盈利职能包括特快专递业务(EMS)、大宗业务、金融服务、直接转账业务等。从收入来看,该部分占全部邮政网点收入的70%～98%。在高收入国家,由于边远地区的业务量也较高,因此该部分所占比例更高,约达全部业务的85%,甚至超过98%;而在发展中国家,这个数字要低得多,仅达70%～75%。在中国,占全部业务的65%左右。邮政业务构成图如图5-1所示。

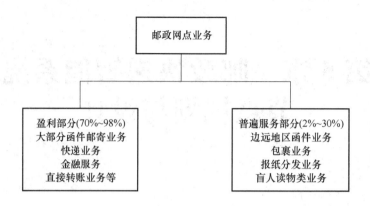

图 5-1　邮政业务构成图

2. 快递网点

快递网点包括呼叫中心、面向客户服务的网点、负责快递集散的网点等。

(1) 呼叫中心

呼叫中心亦称为"客户服务中心",是快递企业普遍使用的、提高工作效率的应用系统。它主要通过电话、网络系统负责受理客户委托,帮助客户查询快件信息,回答客户有关询问,受理客户投诉等业务工作。

(2) 面向客户服务的网点

面向客户服务的网点通常称为业务网点。任一业务网点均有其特定的服务范围,即在指定的服务范围内,所有客户的收件、派件都将由此网点完成。除此之外,还需按时段将网点所收取的快件送至中转场参加中转,同时将本服务范围内的派件从中转场带回。每个网点根据所在服务范围的面积、客户数量、业务量来配备数量不等的收派员。业务网点的设置,一般依据当地人口密度、居民生活水准、整体经济社会发展水平、交通运输资源状况以及公司发展战略等因素来综合考虑,要本着因地制宜的原则,科学、合理地设置。从我国快递企业目前设置情况看,城市网点多于农村,东部地区多于西部地区,经济发达地区多于经济欠发达地区。收派集散点是快递网络的末梢,担负着直接为客户服务的功能。

随着快递服务企业的快速发展,快递企业业务网点的硬件设施科技含量日益提高,服务质量和效率得到进一步提升,服务功能也朝着日益多样化、综合化和个性化的方向发展。

(3) 负责快件集散的网点

负责快件集散的网点通常被称为中转场、集散中心或分拨中心,是快递网络的节点,主要负责快件的分拣、封发、中转任务。一个中转场下辖若干个网点,中转场负责区域内所有网点的快件集散,也就是将区域内所有网点所收取的快件集中在一起,并按目的地分类汇总,然后通过飞机或汽车转发至其他相应的中转场;同时,其他各地发往本区域的快件,由当地相应的中转场发送至此,再由本中转场按各网点分类汇总,继而转发往各个网点。集散网点的设置企业根据自身业务范围及快件流量来设置不同层级的处理中心,并确定其功能。在我国,一般全国性企业设置三个层次的快件处理中心,区域性企业设置两个层次,同城企业设置一个层次。以全国性企业为例,第一层次是大区或省际中心,完成本地区快件的处理任务外,主要承担各大区或省际的快件集散任务,是大型处理和发运中心,一般建于地处全国交通枢纽的城市,如北京、上海、广州等大城市。第二层次是区域或省内中心,完成本地快件的处理任务外,还要承担大区(省)内快件的集散任务。一般建于省会城市。第三层次是同城或市内中心,主要承担本市快件的集散任务。大区或省际中心对其他大区或省级中心及其所辖范围内的区域或省内中心、同城或市内中心建立直封关系。区域或省内中心对其大区或省际中心、本大区内的其他区域或省内中心,及其所辖的同城或市内中心建立直封关系。

集散中心的设置方式和位置,对快件的分拣、封发和交运等业务处理和组织形式,以及快件的传递速度和质量起着决定性的作用。

随着快递技术含量的上升和快件业务量的增加,快件集散中心的处理方式也在由手工操作向半机械化、自动化以及智能化处理方式过渡。

网点承担着客户服务、操作运营和市场开发三大职能,它既是客户服务的密切接触点,又是市场营销的前沿。为了能全面掌握市场,网点势必分布较为广泛;另外,为了在尽可能短的时间内(或在承诺时间内)为客户服务,网点势必分布得较为密集。但出于成本与利润的考虑,网点建设不能随意盲目。因此,网点布局对于邮政快递企业举足轻重。

5.1.3 邮政快递智能系统节点的功能

邮政快递智能系统节点的功能主要包括:连接功能、信息功能、管理功能、配套功能和延伸功能。

1. 连接功能

邮政快递智能系统节点的连接功能包括通过转换运输方式连接不同的运输手段;通过加工、分拣、配货等连接干线物流和末端物流;通过储存保管连接不同时间的供应物流与需求物流;通过集装箱、托盘等集装处理使运输一体化。

2. 信息功能

邮政快递智能系统中的每一个节点同时又是一个信息点。由于节点是连接线路的枢纽,各方面的信息都在节点流进流出。因此,节点成为信息收集、处理、传递的集中地。若干个节点的信息流与邮政快递智能系统的信息中心连接起来,形成了指挥、管理、调度邮政快递智能系统的信息网络。

3. 管理功能

邮政快递智能系统的管理机构一般都集中于节点之中,大大小小的节点都是一定范围的指挥、管理和调度中心。管理功能也是邮政快递智能系统的关键,邮政快递智能系统运行的有序化和效率性在很大程度上取决于邮政快递智能系统节点管理功能的水平。

4. 配套功能

(1) 车辆停靠及辅助服务

可提供车辆停靠的场地和车辆检修、加油、配件供应等服务。

(2) 金融生活配套服务

可提供餐饮、住宿、购物、提款、保险等服务功能。

(3) 工商、税务、海关的服务

5. 延伸功能

除了具备上述基本功能外,邮政快递智能系统节点还附加以下功能。

(1) 货物调剂中心

邮政快递智能系统节点一般能够有效处理库存物资与开展新产品展示会。

(2) 系统技术设计

吸引高科技进入节点，从事邮政快递智能系统软件的开发设计和邮政快递智能系统设备的开发设计。

（3）咨询培训服务

利用丰富的管理经验，为企业或客户提供咨询，提供高附加值服务。

5.1.4 邮政快递智能系统节点规划与设计的内容

邮政快递智能系统节点规划与设计主要包括物权、节点数量和规模、节点选址和节点布局等，如图5-2所示。

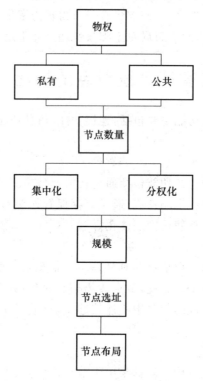

图5-2 邮政快递智能系统节点规划与设计的内容

首先，考虑是租用公共节点还是自己建设私有节点。然后，考虑根据费用或其他选择标准确定建立几个节点，以及建立的最佳地址。一般来说，节点选址对土地使用和建筑费用、地方税收和保险、劳动力成本及可得性或到其他节点的运输费用都有很大影响。节点布局的主要目标是使总费用最小，同时还需考虑其他因素，如特定节点间能否相互连接和禁止建立节点的特定区域。当然，这些决策的基本标准就是在满足客户服务水平的基础上使总成本降至最小。

5.2 邮政快递智能系统节点物权决策

选择采用公共设施还是自营私有设施是节点决策最重要的内容之一，即邮政快递企业应该购买、建造或租用自己的节点，还是应该按照需要租用公共节点。显然，这两种方式各有利弊。如图5-3所示，显示了公用节点和私有节点的总成本。

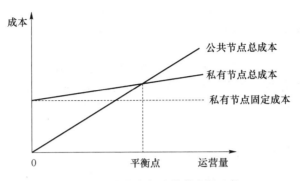

图 5-3 私有节点与公共节点的比较

图 5-3 中,公共节点全是变动成本,当节点的运营量增加时,邮政快递企业必须租用更多的空间,租用的空间费用是以每平方米或每单位重量进行收费的。而邮政快递企业的自营节点含有固定成本。由于公共节点只有运营成本,因此变动成本的费率会比私有节点大。这样会有某一点是使用公共节点和私有节点的临界点。即当仓库的运营量达到一定规模后,私有节点的总成本会比公共节点低。

5.2.1 公共节点

公共节点是指国家或企业向社会提供的节点,专门用于向客户提供相对标准的服务。如保管、搬运和运输等。公共节点可以提供检验、分拨、标价和标批号等基本服务。除此之外,还能提供包装、订单拣选、拆包装、订单履行、EDI 和信息传输等增值服务。

5.2.2 私有节点

私有节点是指由邮政快递企业自己拥有并管理的节点。私有节点的初期投资较大,但在以后的日常运行中成本却较低。

当邮政快递企业的私有节点不能满足大量快件分拨和搬运的要求时,解决的途径之一就是再自建节点,以满足企业发展的要求。也就是说,私有节点适合于组织实力强、市场潜力大的邮政快递企业。

5.2.3 公共节点和私有节点的选择

邮政快递企业在进行节点物权决策时,应考虑的因素及选择的结果如表 5-1 所示。

表 5-1 影响邮政快递企业物权决策的因素

企业特征	私有节点	公共节点
运营量	高	低
需求变化	稳定	波动
市场密度	高	低
特殊的物流控制	是	否
顾客服务需求	高	低
安全需求	高	低

因此,在进行物权决策时,主要应考虑以下几点因素。

(1) 可变成本和固定成本

节点的可变成本与快件运营量成正比,但节点的固定成本不随运营量的变化而变化。当运营量较小时,最好选择公共节点;随着运营量的增加,采用私有节点则更为有利,可将固定成本进行分摊。

(2) 运营量

考虑足够的运营量分摊固定成本,从而使企业采用私有节点的平均成本低于公共节点。

(3) 稳定的需求

能使私有节点有较为经济的运营快件量。

(4) 市场密度

在人口密度小的地区,宜在多个地点采用公共节点。

(5) 控制

私有节点有利于管理控制(安全、服务控制),可充分利用空间,可设立多个办公室。

5.3 邮政快递智能系统节点数量和规模决策

节点决策的另一项内容就是决定节点的数量及其规模。节点数量和规模的决策是相互关联的,随着节点数目的增加,节点的平均规模将会下降。一般的趋势是在邮政快递智能系统中拥有数量较少但规模较大的节点。节点的地点与数量的设置要求以对顾客服务与成本的平衡为原则。即要有利于增加邮政快递企业的利润;有利于减少向顾客发货、运输的费用;有利于为顾客提供满意的服务。

5.3.1 节点数量的确定

在进行节点数量的决策时,主要是在成本和收益间进行权衡。成本包括销售机会损失成本、库存成本、仓储成本及运输成本。这些成本之间的关系如图5-4所示。

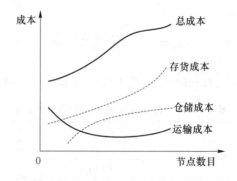

图 5-4 各类成本与节点数目之间的关系

图 5-4 中没有将销售损失成本表示出来,是因为不同企业的销售损失成本中的损失因子不尽相同,很难估计和计算。

图 5-4 中的存货成本会随着节点设施数目的增加而增加。因为每个节点设施都会有相应的安全库存,这样总的安全库存或库存水平就会提高,因此存货成本也会随之上升。仓储成本也会随着节点设施数目的增加而增加。因为更多的节点就意味着拥有、租赁或者租用更多的空间。当拥有一定的节点数目后,成本增加的趋势将会减缓,特别是在企业租用节点时,因为规模折扣的存在,这种现象更加明显。而企业的运输成本刚开始随着节点的增加而降低,但最终会因为使用太多的节点设施,运输成本曲线将会升高。企业必须关注产品的整体运输成本,而不仅仅是从货物到节点的搬运成本。总之,节点数量少,就意味着要在制造商或供应商那里进行拆装运输。运输通常以整车或车辆荷载为基础计算费率,这两种运输方式都会减少每单位的成本。当客户订单到来时,产品采用零担运输运出节点,但费率较高。当节点数量增加到一定程度时,企业可能无法再产生运输的规模效益,因此费率会升高。

如果不考虑销售损失成本,则总成本是节点数目越少越好。但是有些企业的销售损失成本很高,这就需要通过提高节点设施数目,来提高客户服务水平进而减少销售损失成本。

5.3.2 影响节点规模的因素

节点规模通常用地面空间的平方米来进行定义,有时也用整个设施的立体空间来定义。现在的趋势是用立体空间定义,因为平面空间忽略了空间的垂直存储能力。

节点的规模是为了满足存储、分拨和办公等的需要。在进行节点规模决策时,需要考虑客户服务水平、所服务市场的规模、运营快件的数量、快件的大小、所用的搬运系统、规模经济、库存布置、通道要求、节点中的办公区域、需求水平和方式等。

随着邮政快递企业服务水平的提高,企业需要更多的节点空间来运营快件。而且随着企业服务市场的增多,也需要更多的节点空间。当企业拥有多种快件和快件类别时,特别是这些快件互不相同时,企业需要更大的节点空间。通常情况下,当快件需求量大、库存周转率低、提前期长、使用人工装卸搬运系统、含有办公区域、需求不稳定和不可预测时,邮政快递企业需要更大的节点空间。

此外,搬运设备不同,节点空间的需求也不一样。因为不同的搬运设备的空间利用率是不同的。因此,邮政快递企业的节点规模决策常常与搬运设备决策同时进行。

表 5-2 列举了节点规模的影响因素。

表 5-2 企业节点规模的影响因素

增加节点规模的因素	减少节点规模的因素
市场或者企业扩张	快件运营量减少
存储数目增加	存储数目减少
需求变动较多	需求变动较少
基于快速反应的直接交换	客户处理存储交货
服务批量规模较大	服务批量规模较小
信息系统不完善	信息系统完善
更快反应时间要求	反应时间要求不高
运转流程长	运转流程短

5.4 邮政快递智能系统节点选址

5.4.1 邮政快递智能系统节点选址概述

1. 邮政快递智能系统节点选址的含义

邮政快递智能系统节点选址是指在具有若干个供应点及需求点的经济区域内,选择合适的地址设置邮政快递智能系统节点的规划过程。

一般来说,较优的邮政快递智能系统节点选址方案是使快件通过邮政快递智能系统节点的汇集、中转、分发,直至配送到需求点全过程的效益最好。

知识链接:邮政快递智能系统节点的选位和定址

邮政快递智能系统节点的选址包括两个层次:地理区域的选择(选位)和具体地址的确定(定址)。

邮政快递智能系统节点的选址首先要选择合适的地理区域,对各地理区域进行审慎评估,选择一个适当范围作为考虑的区域,如华东区、华南区、华中区、华北区等。在选择地理区域时,决策层要全面掌握邮政快递企业目前的经营状况,把握未来区域策略走向、企业业务拓展空间,同时结合邮政快递企业运营的快件特性、服务范围和企业经营策略,审慎评估决策所带来的投资、效益和风险,选择一个合适的地理区域范围作为进一步选址的对象。

邮政快递智能系统节点的地理区域确定之后,还需要确定具体的建设地点。

2. 邮政快递智能系统节点选址的重要性

对于邮政快递企业来说,节点选址是建立和管理企业的第一步,也是事业扩大的第一步。节点选址的重要性显而易见,主要在于节点设施选址对设施建成后的节点设施布置及投产后的生产经营费用、快件和服务质量及成本都有极大而长远的影响。一旦选择不当,它所带来的不良后果不是通过建成后的加强和完善管理等其他措施可以弥补的。因此,在进行节点设施选址时,必须充分考虑多方面因素的影响,慎重决策。除新建邮政快递企业的节点设施选址外,随着经济的发展,城市规模的扩大以及地区之间的发展差异,很多邮政快递企业面临着迁址等问题。可见,节点设施选址是很多邮政快递企业都面临的、现代企业生产运作管理中的一个重要问题。

3. 邮政快递智能系统节点选址的意义

节点选址在整个邮政快递智能系统中占有非常重要的地位,其属于战略层的研究问题。节点选址决策就是确定所要分配的节点设施的数量、位置以及分配方案。

尽管节点选址问题主要是一个宏观战略问题,但它又广泛地存在于邮政快递智能系统的各个层面。如一个仓库中货物存储位置的分配,这一点对于自动化立体仓库中的货物存取效率十分重要。

4. 邮政快递智能系统节点选址的原则

(1)邮政网点选址原则

邮政网点选址应该遵循以下三个基本的原则:方便性原则、最大覆盖原则和竞争性原则。

① 方便性原则

对于邮政企业来说,网点的位置是用户接受邮政服务所付出的时间和努力的直接相关因素。邮政法中用局所平均服务半径和服务人口两个因素反映了用户用邮的方便程度。总体来说,好的选址能够为用户带来以下四方面的服务便利:第一,距离的方便性。这是用户作出决策时所考虑的首要因素。选择距离近的网点接受服务,能够为用户最大限度地减少其在时间、精力和费用等方面的支出。第二,交易的方便性。指用户在完成交易的过程中对便利的感知。合理的网点位置、数量和业务操作流程能够减少用户排队等待的时间,提高用户的满意度。第三,时间的方便性。即营业网点的营业时间是否为用户带来了便利,满足了用户的需求。一般来说,邮政网点的营业时间应该因选址的不同而相应变化。如,地处闹市的营业网点,应该适当延长营业时间,为上班族提供时间便利;地处社区的营业网点,可以适当缩短营业时间;地处校园的营业网点,可以选择在寒暑假不营业,或者定时营业。第四,服务的方便性。指邮政网点应该提供多种类、多层次的服务,为不同的用户提供"一站式"服务,尽最大努力满足用户的用邮需求。

② 最大覆盖原则

邮政是国家重要的社会公用事业,包括网点在内的邮政服务设施是国家重要的基础设施。满足每一个用户的用邮需求是邮政企业应尽的义务。世界上很多国家对邮政网点的设置密度提出了严格要求。我国《邮政法》主要是根据地区类别、主要人口聚集区服务半径、服务人口三个因素来设置网点。邮政网点作为网络型服务设施,应该通过科学选址提高其单个网点的辐射性,在选址和数量设置方面用最小的成本服务最多的用户,即实现最大的覆盖。

我国邮政局所设置标准如图 5-3 所示。

表 5-3 我国邮政局所设置标准

地区类别	主要人口聚居区服务半径/km	服务人口/人
大城市市区	1~1.5	30 000~50 000
中等城市市区	1.5	15 000~30 000
小城市市区	2 以上	20 000 左右
农村	5~10	10 000~20 000

在人口稀少的边远地区,根据当地用邮需求设置

③ 竞争性原则

该原则主要包括两方面的内容。一是目标市场的竞争性原则。这体现了邮政企业的经营目标和策略。不同区域具有不同的人口规模、人口结构、收入情况、交通状况等。邮政企业必须按照用户特点进行市场细分,有针对性地设置营业网点,有针对性地选择所提供服务的类型,最大限度地吸引用户。二是竞争对手的竞争性原则。就邮政网点所提供的金融业务来说,与其他商业银行所提供的业务具有很大程度的同质性。因此,邮政企业的网点选址时,必须考虑同一区域内竞争对手的数量以及市场未来的潜力,进而做出是否选址进入的决策。

(2) 快递网点选址原则

① 适应性原则

快递网点的选址应与国家或地区的经济发展方针、政策相适应,与快递企业货运量分布相适应。

② 协调性原则

快递网点的选址应将快递企业在整个国家或地区的货运网络作为一个大系统来考虑,使

快递网点在地域分布、货运作业生产力、技术水平等方面与整个系统协调发展。

③ 经济性原则

快递网点选址的费用主要包括建设费用、货运费用、经营费用三部分。快递网点的选址定在市区、近郊区或远郊区,其未来的建设规模和建设费用,以及货运费用和经营费用都是不同的,选址时应以总费用最低作为经济性原则。

④ 战略性原则

快递网点的选址应具有战略眼光。一是考虑全局,二是要考虑长远。局部要服从全局,眼前利益要服从长远利益,既要考虑目前的实际需要,又要考虑日后发展的可能。

5.4.2 邮政快递智能系统节点选址的主要影响因素

1. 邮政网点选址的主要影响因素

邮政网点选址的主要影响因素如下。

(1) 城市规划因素

了解地形、气候、风土等自然条件,调查行政、经济、历史、文化等社会条件,从而判断城市的类型是工业城市还是商业城市,是中心城市还是卫星城市,是历史城市还是新建城市。同时,还要密切关注城市发展进程,如大型住宅区的开发,大型商业中心的新建,街道开发计划,街道拓宽计划,高速、高架公路建设计划等,这些都会对未来邮政网点的商业环境产生巨大的影响。譬如在某些即将被开发的区域,也许此时该地区比较落后,地价、房价等都比较便宜,但一两年后,这个地方将成为商业繁华地带,带动地价迅速飙升。因此,商业选址还需要与城市规划步调一致。只有了解城市规划,才能预期该网点的选址是否符合规划要求以及以后网点周围情况的变化,这样才能对该网点以后商圈范围内的客户数量及其他情况提前做出合理的估计,从而对该网点的长远发展做出精确的预测。

(2) 人口需求分析

一般来讲,商业中心就是消费中心。从经济效益上讲,商业中心必须满足整个城市消费市场的要求,争取尽可能多的用户;从成本效益上讲,要争取最大的聚集效益,要能够最大限度地利用城市已有的各种基础设施,因为城市人口分布的空间形态是商业中心形成发展的重要制约因素。从某种意义上讲,社区大,并不一定代表客流量大,并不能代表对邮政业务的需求大。如果客流量无法保证,选在大的社区开办网点并不是明智的行为。所以,在选址决策之前,需要对拟开发地点周围人口的经济潜力和收入支出状况进行分析。重点分析用地附近是否有值得依托的大量居住人口,以及人口的结构、人口的收入、光顾力状况、消费习惯和消费心理等。另外,在人口分析时还要特别注意用动态预测的手段来分析,即要关注未来人口自然增长和迁移趋势,以及人口收入的变化等。

(3) 便利性分析

便利性分析的主要指标是交通易达性。交通易达性即交通便捷程度,主要取决于快递服务需求者从起点到服务网点所花费的时间,需要特别指出的是,空间距离和时间距离是有区别的。网点选址中的易达性分析不仅仅是空间距离,更多情况下是交通工具或者行人行走需要的时间距离。为此有必要对交通工具到达该网点所需要的时间进行测试。为了有效确定行程时间,可以根据所花费的时间绘制等时间距离图。

实际上,交通状况的好坏直接影响到客流量。一般来说,商业在追求最大商品销售范围的原则下,选址应使交通费用达到最小。商业中心交通易达性的实质就是有服务需求的用户到达商业中心的出行时间总和达到最小。

目前,中国大部分城市居住郊区化还不普遍,相比于发达国家,家庭轿车普及率还不高,因此服务网点大都选择在市中心,因为这些地点交通便利,可以吸引到更多的客流量。除此之外,随着中国家庭轿车拥有量的提高,选址除交通便利外,邮政网点附近便于停车,对于用户来说也是一个巨大的吸引力。

(4) 竞争性分析

竞争是指与经营相似产品的其他商家可能带来利益威胁的抗衡能力。在不考虑竞争类型的前提下,影响竞争力的主要因素是提供同类产品或服务的竞争者的营业面积、营业条件、竞争者的空间距离、竞争者的品牌影响力等。

选址问题中的竞争性可以分为静态竞争、带预见性的竞争和动态竞争。静态竞争,即假设新建网点进入某市场后的一段时间内,市场原有的同类网点不会对其策略做出反应。该类竞争一般发生在竞争者数量已知并且确定,顾客只光顾最有吸引力的网点的情况。带预见性的竞争,指新建网点在进入某市场之前,已经考虑到竞争对手将紧随其后进入某市场设置设施。此类问题一般用于对策模型描述,该模型来源于 Stackelberg,他首次提出双寡头垄断市场的主从博弈。该博弈中参与人的行动有先有后,先行动者能预见到后者的最优反应,且后行动者能在自己行动之前观测到先行动者的行动。动态竞争,即当竞争环境发生改变,如新进入网点抢占了旧网点的部分或者全部市场份额,旧网点将会改变市场策略,此时竞争环境又会发生变化。新网点也会采取对策,双方博弈如此循环地进行下去,从而最终表现为动态竞争选址理论的一个根本性问题,通常用 Nash 均衡描述。

2. 快递网点选址的主要影响因素

(1) 经济因素

快递网点设立的根本目的是降低货运成本,如果没有足够的货流量快递网点的规模效益便不能发挥。所以,第一,快递网点的建设一定要以足够的货流量为条件,建设在货运量充足的地区。第二,快递网点的选址,需要充分考虑城市的扩展与发展,以保证其持续性的枢纽作用。第三,快递网点选址需要靠近重要的运输线路,以方便集散作业的进行。一般情况下,快递网点应尽量选择在交通方便的高速公路、国道及快速道路附近的地方。如果以铁路和轮船作为运输工具,则要考虑靠近火车站、港口等。第四,在决定快递网点位置时需考虑员工的来源和工资水平等人力资源因素。如果快递网点的选址位置附近人口不多且交通又不方便,则基层作业人员不容易招募;如果附近地区的薪资水平太高,也会影响到基层作业人员的招募。

(2) 自然因素

快递网点所负责集散作业的地理区域的规模应与其大小相适应。地形对快递网点基建投资的影响也很大,地形坡度应在1%~4%,在外形上可选择长方形,不宜选择狭长或不规则形状;库区应设置在地形高的地段以便保持物资干燥;临近河海地区,应注意当地水位,谨防地下水上溢。此外,快递网点应远离闹市或居民区,周边不应有产生腐蚀性气体、粉尘和辐射热的工厂,还应与易发生火灾的单位保持一定的安全距离,如油库、加油站、化工厂等。自然环境中的降雨量、台风、地震和河川等自然灾害对快递网点的影响也非常大。选址时要注意避开风口,因为在风口建设会加速露天堆放物品的老化。

(3) 政策因素

政策因素包括地理区域对于快递企业的优惠措施(如土地提供、减税)、城市规划(如土地开发、道路建设计划)、地区产业政策等。这些政策有助于降低运营成本。另外,还要考虑土地大小与地价,在考虑现有地价和未来增值的状况下,配合未来可能扩充的需求程度,决定最合适的用地面积大小。

5.4.3 邮政快递智能系统节点选址的主要内容和步骤

邮政快递智能系统节点选址包括若干个层次的筛选,是一个逐步缩小范围的决策过程。邮政快递智能系统节点选址的具体程序如图5-5所示。

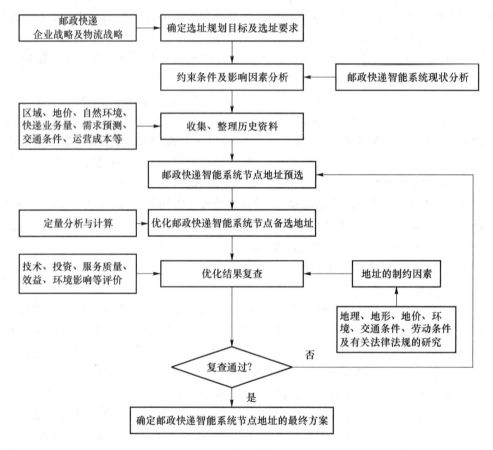

图 5-5 邮政快递智能系统节点选址程序

1. 选址规划目标及选址要求

邮政快递智能系统节点选址规划时,首先要分析邮政快递企业发展战略及物流战略规划,明确企业业务发展方向及邮政快递智能系统在企业发展中的地位。在此基础上,进一步明确邮政快递智能系统节点在邮政快递智能系统的地位,明确现有节点设施的布局,分析新建邮政快递智能系统节点的必要性和意义,明确新建邮政快递智能系统节点规划目标,将选址规划目标明确化。此外,需详细界定邮政快递企业对邮政快递智能系统节点选址的要求。

2. 约束条件及影响因素分析

根据邮政快递智能系统的现状进行分析,制订邮政快递智能系统节点选址计划,确定所需要了解的基本条件,以便有效地缩小选址的范围。

(1) 需求条件

主要分析邮政快递智能系统节点的服务对象——顾客现在的分布情况,对其未来的分布情况进行预测,分析快件运营量增长率以及运输与配送的区域范围。

(2) 运输条件

应靠近干线公路、铁路货运站、内河港口、空港基地等重要交通枢纽,同时也应靠近服务市场及考虑多种运输方式的有效衔接。考虑通行方便因素,要限定邮政快递智能系统节点的选址范围。

(3) 配送服务的条件

根据客户要求的收件时间、发货频率等计算从邮政快递智能系统节点到客户的距离和服务范围。

(4) 用地条件

根据邮政快递企业实际情况,考虑是利用现有土地还是重新征用土地?重新征用土地的成本有多大?地价允许范围内的用地分布情况如何?

(5) 区域规划

根据区域规划的要求,了解选定区域的用地性质,考虑区域内物流产业用地规划及产业集聚发展的需求。

(6) 流通加工职能条件

考虑商流职能是否要与物流职能分开。邮政快递智能系统节点是否也附有流通加工的职能。

(7) 其他

不同类别的邮政快递智能系统节点对选址要求的有所不同。

此外,还需从内部、外部两个方面列出选址影响因素。由于影响因素众多,因此可以依据实际情况,寻找关键成功因素(Key Success Factors)。

3. 收集、整理历史资料

邮政快递智能系统节点的选址方法一般是通过成本计算,也就是将运输费用、配送费用以及节点设施费用模型化,根据约束条件及目标函数建立数学模型,从中寻求费用最小的方案。但是,采用这种选择方法,寻求最优的选址方案时,必须对快件运营量和费用进行正确的分析和判断。

(1) 业务量资料

邮政快递智能系统节点选址时,应掌握的快件运营量数据主要包括:

① 邮政快递智能系统节点向顾客派送快件的数量。

② 邮政快递智能系统节点分拨的快件数量。

③ 发件客户到邮政快递智能系统节点的快件运输量。

④ 配送路线上的快件量。

由于这些数量在不同时期内会有波动,因此,要对所采用的数据进行研究。另外,除了对现状的各项数据进行分析外,还必须确定邮政快递智能系统节点投入使用后的预测数据。

(2) 费用资料

邮政快递智能系统节点选址时,应掌握的费用数据包括:

① 发件客户到邮政快递智能系统节点的运输费用。

② 邮政快递智能系统节点向顾客派件的运输费用。

③ 与设施、土地有关的费用及人工费、业务费等。

由于前两项费用会随着运营量和运送距离的变化而变动,所以必须对每车·每公里的费用进行分析。第三项包括固定费用和可变费用,最好根据固定费用和可变费用之和进行成本分析。

（3）其他

在邮政快递智能系统节点的选址过程中,还需要用缩尺地图表示顾客的位置、现有设施的位置,并整理各候选地址的配送路线及距离等资料;对必备车辆数、作业人员数、装卸方式、装卸费用等要与成本分析结合起来确定。

4. 邮政快递智能系统节点地址预选

在进行邮政快递智能系统节点位置选择时,首先要根据上述各影响因素进行定性分析和评估,大致确定几个备选地址。在确定备选地址时首先要确定区域范围,如在世界范围内选址,先要确定某个国家,在某一国家范围内选择,先要确定某个省份;然后第二步要做的就是进一步将位置确定在某个城市或商业地区。

备选地址的选择是否恰当,将直接影响到后续最优方案的确定。备选地址过多,候选方案的优化工作量将过大,成本高;备选方案过少,可能导致最后的方案远离最优方案,选址效果差。所以合适的备选地址的确定是邮政快递智能系统节点选址及邮政快递智能系统网点布局中非常关键的一步。

5. 优化邮政快递智能系统节点备选地址

在备选地址确定后,下一步要做的是更详细考察若干具体地点。针对不同情况,确定选址评价方法,得出优化后的地址。如对单一邮政快递智能系统节点进行选址,可以采用重心法等;如果对多个邮政快递智能系统节点进行选址,可采用鲍摩-瓦尔夫模型等。近年来,选址理论发展迅速,计算机技术也得到了广泛应用,这些发展都为定量化选址方法的研究提供了有利的支持。

6. 结果评价

由于在定量分析中主要考察对选址产生影响的经济因素,所以当直接应用定量模型得出的结果进行邮政快递智能系统节点选址时,常常会发现:在经济上最为可取的地点,在实际上却行不通。这是因为除了经济因素外,还有很多非经济因素影响邮政快递智能系统节点的选址,如气候、地形等因素。因此,要结合市场适应性、购置土地条件、服务质量、交通、劳动力等因素,对计算所得结果进行评价,看优化结果是否具有现实可行性。

7. 优化结果复查

分析其他影响因素对计算结果的相对影响程度,分别赋予它们一定的权重,采用权重因素分析法对计算结果进行复查。如果复查通过,则原计算结果即为最终结果;如果复查发现原计算结果不适用,则返回邮政快递智能系统节点地址预选阶段,重新分析,直至得到最终结果为止。

8. 确定邮政快递智能系统节点选址的最终方案

如果优化结果通过复查,即可将优化结果作为最终选址结果。但是所得解不一定为最优解,可能只是符合邮政快递企业实际状况的满意解。

5.4.4 邮政快递智能系统节点选址的方法与模型

邮政快递智能系统节点的地理区域确定好以后,还需要确定具体的建设地点。确定具体建设地点的选址方法主要分为定性分析方法和定量分析方法。

1. 定性分析方法

定性分析方法主要是根据选址影响因素和选址原则,依靠邮政快递专家或管理人员丰富的经验、知识和综合分析能力,确定邮政快递智能系统节点的具体位置。定性分析方法的优点是注重历史经验,简单易行;缺点是容易犯经验主义和主观主义的错误,并且当可选地点较多时,不易做出理想的决策。在实际应用当中主要采用德尔菲法和头脑风暴法进行定性分析。

(1) 德尔菲法

20世纪40年代由美国兰德公司发展了德尔菲法。

① 德尔菲法具有以下几个基本特征:吸收专家参与选址,充分利用专家的经验和学识;采用匿名或背靠背的方式,能使每一位专家独立自由地做出自己的判断;选址过程经过几轮的反馈,使专家的意见逐渐趋同。

② 德尔菲法的实施步骤如图5-6所示。

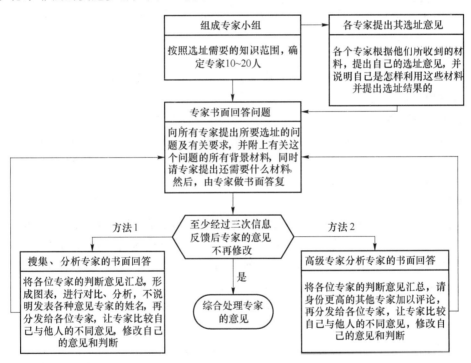

图5-6 德尔菲法的实施步骤

③ 德尔菲法的优缺点。德尔菲法能发挥专家会议法的优点,即能充分发挥各位专家的作用,集思广益,准确性高,能把各位专家意见的分歧点表达出来,取各家之长,避各家之短。同时,德尔菲法又能避免专家会议法的缺点:权威人士的意见影响他人的意见;有些专家碍于情面,不愿意发表与其他专家不同的意见;出于自尊心而不愿意修改自己原来不全面的意见。德尔菲法的主要缺点是过程比较复杂,花费时间较长。

(2) 头脑风暴法

头脑风暴法又称智力激励法、自由思考法。在群体决策中,由于成员心理相互作用影响,易趋于权威或大多数人意见,形成"群体思维",进而削弱了群体的批判精神和创造力,损害了决策质量。为了保证群体决策的创造性,提高决策质量,管理学上发展了一系列改善群体决策的方法,头脑风暴法是较为典型的一个。

采用头脑风暴法组织群体决策时,要集中有关专家召开专题会议,主持人以明确的方式向所有参与者阐明问题,说明会议的规则,尽力创造融洽轻松的会议气氛,由专家自由提出尽可能多的邮政快递智能系统节点的选址方案。头脑风暴法的操作程序如下。

① 准备阶段

策划与设计的负责人应事先对所议问题进行一定的研究,明晰问题的实质,找到问题的关键,设定解决问题所要达到的目标。同时选定参加会议人员,一般以 5~10 人为宜,不宜太多。然后将会议时间、地点、所要解决的问题、可供参考的资料和设想、需要达到的目标等事宜一并提前通知参会人员,让大家做好充分的准备。

② 热身阶段

这个阶段的目的是创造一种自由、宽松的氛围,使大家放松地进入无拘束的状态。主持人宣布开会后,先说明会议的规则,然后随便谈点有趣的话题或问题,让大家的思维处于轻松和活跃的状态。如果所提问题与会议主题有着某种联系,人们便会轻松自如地导入会议议题,效果更好。

③ 明确问题

主持人介绍有待解决的问题,介绍时需简洁、明确,不可过分周全。过多的信息会限制人的思维,干扰思维创新的想象力。

④ 重新表述问题

经过一段讨论后,大家对问题已经有了较深的理解。这时,为了使大家对问题的表述能够具有新角度、新思维,主持人或记录员要记录大家的发言,并对记录进行整理。通过记录的整理归纳,找出富有创意的见解,以及具有启发性的表述,供下一步畅谈时参考。

⑤ 畅谈阶段

畅谈是头脑风暴法的创意阶段。为了使大家能够畅所欲言,需要制定的规则如下:第一,不要私下交谈,以免分散注意力;第二,不妨碍他人发言,不评论他人发言,只谈自己的想法;第三,发表见解时要简单明了,一次发言只谈一种见解。主持人向大家宣布这些规则,引导大家自由发言、自由想象、自由发挥,使彼此相互启发、相互补充,真正做到知无不言、言无不尽、畅所欲言。然后,对会议发言记录进行整理。

⑥ 筛选阶段

会议结束后的一两天内,主持人向与会者了解大家会后的新想法和新思维,以及补充会议记录。然后将大家的想法整理成若干方案,再根据可识别性、创新性、可实施性等标准进行筛选。经过多次反复比较和优中择优,最后确定 1~3 个最佳方案。这些最佳方案往往是多种创意的优势组合,是大家集体智慧综合作用的结果。

实践经验表明,头脑风暴法可以排除折中方案,对所讨论的问题通过客观、连续的分析,找到一组切实可行的方案。但头脑风暴法实施的成本(时间、费用)较高,还要求参与者有较好的素质。

2. 定量分析方法

(1) 权重因素分析法

邮政快递智能系统节点的选址涉及多方面因素,很多因素难以量化,且各因素影响的重要程度不同。为了综合考虑各影响因素及其重要度,可对各因素及重要度赋值,计算各方案总分,选择分值最高者为最优方案。具体包括以下步骤。

① 列出影响邮政快递智能系统节点选址的因素,即列出比较的项目。
② 赋予每个因素以权重,以反映它在邮政快递智能系统节点选址中的相对重要程度。
③ 确定每个因素记分的取值范围,如从 100 到 1 表示从很好到很差。
④ 请有关专家对每个候选邮政快递智能系统节点地址的各个影响因素进行评分。
⑤ 计算每个候选邮政快递智能系统节点地址的总得分

$$总得分 = \sum(每个因素评分 \times 权重)$$

⑥ 选择总分数最高者为最优方案。

【例 5-1】 某邮政快递企业欲新建一邮政快递智能系统节点,共有 3 个候选地址 A、B 和 C。其中,汇总得出影响邮政快递智能系统节点选址的因素主要有 10 个,其相关信息如表 5-4 所示,求邮政快递智能系统节点的最优地址。

解 根据权重和不同候选地址在各因素上的评分,计算各候选地址的总得分,见表 5-4。选择总得分最高的候选地址为邮政快递智能系统节点的最优地址,即候选地址 C 为最优地址。

表 5-4 邮政快递智能系统节点选址方案得分计算表

影响因素	权重	候选地址 A		候选地址 B		候选地址 C	
		评分	得分	评分	得分	评分	得分
客户分布条件	0.20	70	14	80	16	75	15
劳动力成本	0.10	80	8	90	9	90	9
科技条件	0.10	85	8.5	60	6	70	7
基础设施条件	0.10	70	7	75	7.5	80	8
交通运输状况	0.15	60	9	70	10.5	75	11.25
地形条件	0.05	90	4.5	80	4	70	3.5
水文条件	0.05	80	4	75	3.75	60	3
税收政策	0.10	75	7.5	85	8.5	80	8
竞争对手条件	0.10	80	8	70	7	75	7.5
其他条件	0.05	75	3.75	65	3.25	85	4.25
合计	1.00	—	74.25	—	75.5	—	76.5

【小提示】
① 各项影响因素权重最好设定为 0~1,且各影响因素权重之和为 1;
② 影响邮政快递智能系统节点选址结果的因素包括影响因素个数和内容的确定、权重的赋值以及专家对每个候选地址的各个影响因素的打分。不同企业的差异很大,因此这 3 个方面的内容要慎重权衡。

(2) 重心法

重心法是邮政快递智能系统节点选址决策的常用方法,它经常用于转运中心或分拨中心的选择。当总体成本中运输费用所占比例很大,且由一个邮政快递智能系统节点向多个客户点揽件或派件时,可以用重心法选择运输费用最小的地点作为最优的邮政快递智能系统节点地址。

知识链接:联邦快递公司重心法的应用

美国联邦快递公司把重心法的逻辑方法应用于该公司向全美国服务的邮件快递网络的布

局,并把美国的孟菲斯市选定为公司航空快递网络的轴心,取得了显著的效果。

① 重心法的假设条件

第一,决策各点的需求量不是地理位置上实际发生的需求量,而是一个汇总量,这个量聚集了分散在一定区域内众多客户的需求量。

第二,总体成本以运输费用的形式表现,而且物品的运输费用仅仅和邮政快递智能系统节点与需求点之间的距离成正比例关系,而不考虑城市的交通状况。

第三,不考虑邮政快递智能系统节点所处地理位置不同所引起的成本差异,如土地费用、建设费用、劳动力成本和库存成本等。

第四,不考虑邮政快递企业经营可能造成的未来收益和成本的变化,保证决策环境的相对静止。

② 重心法模型

设有 n 个客户(可以是配货站或二级分拨中心),它们各自的坐标是 $R_i(x_i, y_i)$,需新建的邮政快递智能系统节点坐标为 $W(x_w, y_w)$,现在欲确定该新建邮政快递智能系统节点的位置,使邮政快递智能系统节点到各客户的总运输费用最小,如图 5-7 所示。

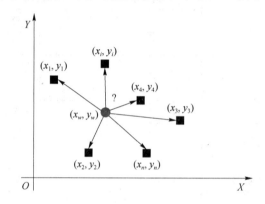

图 5-7 新建邮政快递智能系统节点与各客户的坐标

已知条件如下。

f_i 为邮政快递智能系统节点 W 到客户 i 的运输费率(单位产品运输单位距离的费用);V_i 为新建邮政快递智能系统节点向客户 i 的运输量;d_i 为新建邮政快递智能系统节点到客户 i 的距离;C_i 为新建邮政快递智能系统节点到客户 i 的运输费用。

由此可得新建邮政快递智能系统节点到各个客户的总运输费用如下。

$$\text{TC} = \sum_{i=1}^{n} C_i \tag{5-1}$$

其中,C_i 可以表示成如式(5-2)所示的形式:

$$C_i = f_i \cdot V_i \cdot d_i \tag{5-2}$$

d_i 也可以写成如式(5-3)所示的形式:

$$d_i = [(x_w - x_i)^2 + (y_w - y_i)^2]^{\frac{1}{2}} \tag{5-3}$$

把式(5-2)代入式(5-1)中,得到:

$$\text{TC} = \sum_{i=1}^{n} f_i \cdot V_i \cdot d_i \tag{5-4}$$

现在,需确定坐标 (x_w, y_w) 为何值时,可使 TC 最小。

根据函数求极值原理,式(5-4)分别对 x_w 和 y_w 求偏导,令偏导数为 0,得式(5-5):

$$\begin{cases} \dfrac{\partial \text{TC}}{\partial x_w} = \sum_{i=1}^{n} \dfrac{f_i \cdot V_i \cdot (x_w - x_i)}{d_i} = 0 \\ \dfrac{\partial \text{TC}}{\partial y_w} = \sum_{i=1}^{n} \dfrac{f_i \cdot V_i \cdot (y_w - y_i)}{d_i} = 0 \end{cases} \tag{5-5}$$

由式(5-5)可以求得函数 TC 的极值点 (x_w^*, y_w^*),如式(5-6)所示:

$$\begin{cases} x_w^* = \dfrac{\sum_{i=1}^{n} f_i \cdot V_i \cdot x_i / d_i}{\sum_{i=1}^{n} f_i \cdot V_i / d_i} \\ y_w^* = \dfrac{\sum_{i=1}^{n} f_i \cdot V_i \cdot y_i / d_i}{\sum_{i=1}^{n} f_i \cdot V_i / d_i} \end{cases} \tag{5-6}$$

因式(5-6)中含有 d_i,而 d_i 又还含有要求解的未知数 x_w 和 y_w,所以由式(5-6)难以求得 x_w^* 和 y_w^*。因此,需要采用迭代法来进行计算,其表达式为:

$$\begin{cases} x_w^{*\,(k)} = \dfrac{\sum_{i=1}^{n} f_i \cdot V_i \cdot x_i / d_{i\,(k-1)}}{\sum_{i=1}^{n} f_i \cdot V_i / d_{i\,(k-1)}} \\ y_w^{*\,(k)} = \dfrac{\sum_{i=1}^{n} f_i \cdot V_i \cdot y_i / d_{i\,(k-1)}}{\sum_{i=1}^{n} f_i \cdot V_i / d_{i\,(k-1)}} \end{cases} \tag{5-7}$$

其中,

$$d_{i\,(k-1)} = \left[(x_w^{*\,(k-1)} - x_i)^2 + (y_w^{*\,(k-1)} - y_i)^2 \right]^{\frac{1}{2}} \tag{5-8}$$

③ 迭代法的计算步骤

第一,给出新建邮政快递智能系统节点的初始位置 $(x_w^{*\,(0)}, y_w^{*\,(0)})$。给定初始位置是迭代法求解最佳邮政快递智能系统节点位置的关键,一般做法是将客户坐标的重心点作为初始邮政快递智能系统节点的位置,因此,这种方法称为重心法。假设客户坐标的重心点的坐标为 $(\overline{x}, \overline{y})$,则有:

$$\begin{cases} x_w^{*\,(0)} = \overline{x} = \dfrac{\sum_{i=1}^{n} f_i \cdot V_i \cdot x_i}{\sum_{i=1}^{n} f_i \cdot V_i} \\ y_w^{*\,(0)} = \overline{y} = \dfrac{\sum_{i=1}^{n} f_i \cdot V_i \cdot y_i}{\sum_{i=1}^{n} f_i \cdot V_i} \end{cases} \tag{5-9}$$

第二,令 $k=0$。

第三,利用式(5-8)求出 $d_{i(0)}$。

第四,利用式(5-4)求出相应的总运输费用 TC(0)。

第五,令 $k=k+1$。

第六,利用式(5-7)求出第 k 次迭代结果 $(x_w^{*(k)}, y_w^{*(k)})$。

第七,利用式(5-8)求出 $d_{i(k)}$,利用式(5-4)求出相应的总运输费用 TC(k)。

第八,若 TC(k)<TC($k-1$),说明总运输费用仍有改善的空间,返回步骤五,继续迭代;否则,说明 $(x_w^{*(k-1)}, y_w^{*(k-1)})$ 为最佳邮政快递智能系统节点位置,则停止迭代。

知识链接:重心法的思考

① 初始位置可以任意选取,还可以根据各客户的位置和客户对快件需求量的大小分布情况选取初始位置。初始位置的选取方法可以不同。

② 通过大量计算表明,对于用式(5-9)求出的初始坐标与迭代求解出的最优坐标相差不大,即两个坐标点对应的总运输成本相差较小。因此,某些场合为了简化计算,可以用式(5-9)的计算结果作为近似最优坐标。

③ 在某些极端数据的情况下,求出的最优点坐标与其中一个已知点的坐标重合。这就和邮政快递智能系统节点选址的实际情况发生了冲突,需要借助于其他选址方法对邮政快递智能系统节点的选址结果进行优化。

知识链接:节点间距离的计算方法

邮政快递智能系统节点选址问题模型中,最基本的一个参数是各个节点之间的距离。有三种典型的方法来计算节点之间的距离,一种是直线距离,也称为欧几里得距离,该距离主要用于平面选址问题,点与点之间没有障碍物,可以直达;另一种是折线距离,也称为城市距离或直角距离,该距离多用于在道路较为规则的城市进行邮政快递智能系统节点的选址;还有另一种更为一般的 l_p 距离,该距离是直线距离与折线距离的推广,多用于纯粹的理论研究。目前的实践中,邮政快递智能系统节点的选址主要使用直线距离与折线距离。

① 直线距离

区域内两点 (x_i, y_i) 和 (x_j, y_j) 间的直线距离 d_{ij} 的计算公式为:

$$d_{ij} = w_{ij}\sqrt{(x_i - x_j)^2 + (y_i - y_j)^2} \tag{5-10}$$

其中,$w_{ij}(\geqslant 1)$ 称为迂回系数,一般可取定一个常数。当 w_{ij} 取为 1 时,d_{ij} 为平面上的几何直线距离。w_{ij} 取值的大小要视区域内的交通情况,在交通发达地区,w_{ij} 取的值较小;反之,w_{ij} 取的值较大。

② 折线距离

区域内两点 (x_i, y_i) 和 (x_j, y_j) 间的折线距离 d_{ij} 的计算公式为:

$$d_{ij} = w_{ij}(|x_i - x_j| + |y_i - y_j|) \tag{5-11}$$

其中,$w_{ij}(\geqslant 1)$ 含义同上。

③ l_p 距离

区域内两点 (x_i, y_i) 和 (x_j, y_j) 间的 l_p 距离 d_{ij} 的计算公式为:

$$d_{ij} = w_{ij}(|x_i - x_j|^p + |y_i - y_j|^p)^{\frac{1}{p}} \qquad (5\text{-}12)$$

其中，$w_{ij}(\geqslant 1)$ 含义同上。当 $p=1$ 时，即为折线距离，当 $p=2$ 时，即为直线距离。

④ 对重心法的评价

求解邮政快递智能系统节点最佳地址的模型，有离散模型和连续模型两种。重心法模型是连续模型，相对于离散模型来说，在这种模型中，邮政快递智能系统节点位置的选择是不加特定限制的，有自由选择的长处。可是从另一角度来看，重心法模型的自由度过大也是一个缺点。因为由迭代法计算求得的最佳位置实际上往往很难找到，有的位置很可能在河流湖泊上或街道中间等。此外，迭代计算比较复杂，这也是连续模型的缺点之一。

知识链接：设施选址问题的分类

按照设施备选范围进行分类，包括：离散设施选址和连续设施选址。

按照选址作用的时间进行分类，包括：静态设施选址和动态设施选址。

按照选择设施的数目进行分类，包括：单设施选址和多设施选址。

按照设施的服务能力进行分类，包括：有限能力设施选址和无限能力设施选址。

按照选择设施的级别进行分类，包括：多级选址模型和单级选址模型。

按照模型输入参数的特性进行分类，包括：确定性选址模型和随机性选址模型。

按照模型涉及产品的种类进行分类，包括：单产品选址模型和多产品选址模型。

按照模型目标的多少进行分类，包括：单目标选址和多目标选址。

按照设施对公众吸引力的大小进行分类，包括：吸引设施选址和排斥设施选址。

⑤ 重心法选址系统

按照前面讲到的算法，利用 Visual Basic 6.0 程序开发语言，可以设计出教学用的单设施重心法选址系统。该系统的功能结构如图 5-8 所示。

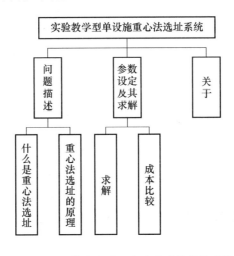

图 5-8 实验教学型单设施重心法选址系统总体功能结构图

图 5-9 中给出了该系统迭代计算过程的程序代码。该系统核心模块的界面如图 5-10 所示(该系统将参数设定与问题求解合并到一个界面)。

```
'单设施址重心法算法
For j = 1 To 10000   '最大迭代10000次
'***********************************************
'每次迭代开始时，初始化以下五个值
        SumCO = 0
        SumCN = 0
        Sum1 = 0
        Sum2 = 0
        Sum3 = 0
'***********************************************
For i = 1 To List1.ListCount   '有几组数据就循环几次
        di = Sqr((Xc - Val(List1.List(i - 1))) ^ 2 + (Yc - Val(List2.List(i - 1))) ^ 2)   '距离公式
        SumCO = SumCO + (List3.List(i - 1)) * Val(List4.List(i - 1)) * di   '某次迭代的更新前的成本
        Sum1 = Sum1 + (Val(List1.List(i - 1)) * Val(List3.List(i - 1)) * Val(List4.List(i - 1))) / di   '中间变量，用于标识某次迭代求横坐标的公式中的分子
        Sum2 = Sum2 + (Val(List2.List(i - 1)) * Val(List3.List(i - 1)) * Val(List4.List(i - 1))) / di   '中间变量，用于标识某次迭代求纵坐标的公式中的分子
        Sum3 = Sum3 + (Val(List3.List(i - 1)) * Val(List4.List(i - 1))) / di   '中间变量，用于标识某次迭代求横、纵坐标的公式中的分母
Next i
Xc = Sum1 / Sum3   '某次迭代求横坐标
Yc = Sum2 / Sum3   '某次迭代求纵坐标
For i = 1 To List1.ListCount
        di = Sqr((Xc - Val(List1.List(i - 1))) ^ 2 + (Yc - Val(List2.List(i - 1))) ^ 2)
        SumCN = SumCN + Val(List3.List(i - 1)) * Val(List4.List(i - 1)) * di   '某次迭代的更新前的成本
Next i
If (SumCO - SumCN) <= JD Then   '循环终止条件
        Text8.Text = Xc   '求得的横坐标
        Text9.Text = Yc   '求得的纵坐标
        Text10.Text = SumCN   '求得的最小成本
        Text11.Text = j   '求得的迭代次数
        Exit For
End If
Next j
'***********************************************
Sub
```

图 5-9 [求解]按钮中迭代计算过程的程序代码

【例 5-2】 某企业两个工厂 P_1、P_2 分别生产 A、B 两种产品，供应 3 个市场 M_1、M_2、M_3。已知条件如表 5-5 所示。现需设置一个分拨中心，A、B 两种产品通过该分拨中心间接向 3 个市场供货。请使用重心法求出分拨中心的最优地址。

表 5-5　已知点坐标、年运输量及运费率表

节　点	坐标位置		运输量	运输费率
	x_i	y_i		
P_1	3	8	2 000	0.5
P_2	8	2	3 000	0.5
M_1	2	5	2 500	0.75
M_2	6	4	1 000	0.75
M_3	8	8	1 500	0.75

解 根据式(5-9)计算初始坐标，结果如下：

$$x_w^{*(0)} = \frac{3\times 2\,000\times 0.5 + 8\times 3\,000\times 0.5 + 2\times 2\,500\times 0.75 + 6\times 1\,000\times 0.75 + 8\times 1\,500\times 0.75}{2\,000\times 0.5 + 3\,000\times 0.5 + 2\,500\times 0.75 + 1\,000\times 0.75 + 1\,500\times 0.75}$$
$$= 5.16$$

$$y_w^{*(0)} = \frac{8\times 2\,000\times 0.5 + 2\times 3\,000\times 0.5 + 5\times 2\,500\times 0.75 + 4\times 1\,000\times 0.75 + 8\times 1\,500\times 0.75}{2\,000\times 0.5 + 3\,000\times 0.5 + 2\,500\times 0.75 + 1\,000\times 0.75 + 1\,500\times 0.75}$$
$$= 5.18$$

利用重心法选址系统求解最优坐标，其结果如图 5-10 所示。求出分拨中心的最优解为 (4.91,5.06)，最低运输费用为 21 425。

在实际应用中，即使利用计算机准确地求解到具体的坐标，有时也很可能在河流湖泊或街道中间，还是需要结合实际进行调整。

(3) 交叉中值法

在城市内建立邮政快递智能系统节点，不可能不受限制地任意选址，可能的情况是只能沿

着相互交叉的街道选择某一处地点。交叉中值法就是将城市内道路网络作为选址范围的一种单设施选址方法。应用条件是已知各服务对象在城市内的地理位置,需求的物流量,并且单位服务费用已知。选址的依据是设施到各个服务对象的折线距离总和最小。交叉中值法将加权的城市距离和最小作为目标函数,即总费用=设施到需求点的折线距离×需求量。求解目标函数最后得到的最好位置可能是一个点或一条线段或一个区域。

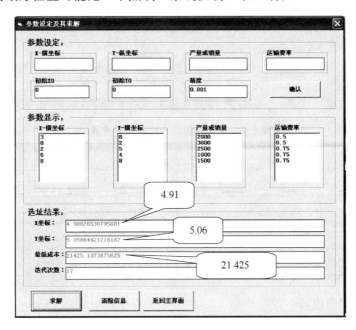

图 5-10 重心法选址系统的求解结果

目标函数为：

$$L = \sum_{i=1}^{n} V_i (|x_0 - x_i| + |y_0 - y_i|) \quad (5-13)$$

其中,V_i 为第 i 个需求点的需求量;(x_i, y_i) 为第 i 个需求点的坐标;(x_0, y_0) 为邮政快递智能系统节点的坐标;n 为需求点的总数。

显然,目标函数可以分解为两个互不相干的部分之和：

$$L = \sum_{i=1}^{n} V_i |x_0 - x_i| + \sum_{i=1}^{n} V_i |y_0 - y_i| = L_x + L_y \quad (5-14)$$

其中,

$$L_x = \sum_{i=1}^{n} V_i |x_0 - x_i| \quad (5-15)$$

$$L_y = \sum_{i=1}^{n} V_i |y_0 - y_i| \quad (5-16)$$

因此,求 $\min L$ 的最优解等价于求 L_x 和 L_y 的最小值点。

对于 L_x,因为：

$$L_x = \sum_{i=1}^{n} V_i |x_0 - x_i| = \sum_{i \in \{i | x_i \leq x_0\}} V_i (x_0 - x_i) + \sum_{i \in \{i | x_i > x_0\}} V_i (x_i - x_0) \quad (5-17)$$

由于 x_0 在区域内可连续取值,求式(5-17)的极小值点,可对 L_x 求微分并令其为零,得：

$$\frac{\mathrm{d}L_x}{\mathrm{d}x_0} = \sum_{i \in \{i|x_i \leqslant x_0\}} V_i - \sum_{i \in \{i|x_i > x_0\}} V_i = 0 \tag{5-18}$$

即：

$$\sum_{i \in \{i|x_i \leqslant x_0\}} V_i = \sum_{i \in \{i|x_i > x_0\}} V_i \tag{5-19}$$

式(5-19)证明了当 x_0 是最优解时，其两方的权重都为 50%，即 L_x 的最优值点 x_0 是在 x 方向对所有的权重 V_i 的中值点。同样可得 L_y 的最优值点 y_0 是在 y 方向对所有的权重 V_i 的中值点，即 y_0 需满足：

$$\sum_{i \in \{i|y_i \leqslant y_0\}} V_i = \sum_{i \in \{i|y_i > y_0\}} V_i \tag{5-20}$$

【例 5-3】 假设有 8 个需求点，位置和需求量如表 5-6 所示，求新增分拨中心的位置。

表 5-6 各个需求点的位置和需求量

需求点	位 置	需求量	需求点	位 置	需求量
1	(10，20)	50	5	(45，25)	60
2	(20，80)	40	6	(60，70)	75
3	(30，30)	35	7	(70，55)	100
4	(35，60)	40	8	(80，40)	50

解 首先，确定中值，即

$$\overline{V} = \frac{1}{2}\sum_{i=1}^{n} V_i = (50 + 40 + 35 + 40 + 60 + 75 + 100 + 50)/2 = 225$$

寻找 x 方向的中值点。分别将需求点 x 值从小到大(表 5-7)、从大到小(表 5-8)排列，并求出满足各需求点的累积需求量。可以看出，累积需求量在需求点 5,6 之间对于 x 方向是一样的，刚好达到中值点 $\overline{V}$。因此，$x_0 = 45 \sim 60$。

表 5-7 x 方向的中值计算(从小到大)

需求点	x 方向位置	$\sum V_i$
1	10	50
2	20	90
3	30	125
4	35	165
5	45	225
6	60	300
7	70	400
8	80	450

表 5-8　x 方向的中值计算(从大到小)

需求点	x 方向位置	$\sum V_i$
8	80	50
7	70	150
6	60	225
5	45	285
4	35	325
3	30	360
2	20	400
1	10	450

寻找 y 方向的中值点。分别将需求点 y 值从小到大(表 5-9)、从大到小(表 5-10)排列,并求出满足各需求点的累积需求量。可以看出,累积需求量在需求点 7 时对于 y 方向是一个有效的点,在两个方向与中值点 $\overline{V}$ 的差距和最小。因此,$y_0=55$。

表 5-9　y 方向的中值计算(从小到大)

需求点	y 方向位置	$\sum V_i$
1	20	50
5	25	110
3	30	145
8	40	195
7	55	295
4	60	335
6	70	410
2	80	450

表 5-10　y 方向的中值计算(从大到小)

需求点	y 方向位置	$\sum V_i$
2	80	40
6	70	115
4	60	155
7	55	255
8	40	305
3	30	340
5	25	400
1	20	450

综合考虑 x 和 y 方向,可能的选址是位于 $A(45,55)$, $B(60,55)$ 一条线段上,如图 5-11 所示。表 5-11 对 A、B 两个位置进行了比较,它们所产生的加权距离是完全相等的。比较线段中任意两点,其加权距离均相等。可以看出:利用交叉中值法可能得到的选址方案不是一个点,而是一条线段或一个区域,从而增加了决策的灵活性。

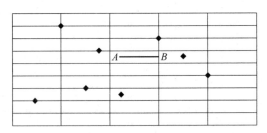

图 5-11 可能的选址方案

表 5-11 A、B 两个位置的加权距离

	A 位置				B 位置		
需求点	距 A 点折线距离	需求量	总和	需求点	距 B 点折线距离	需求量	总和
1	70	50	3 500	1	85	50	4 250
2	50	40	2 000	2	65	40	2 600
3	40	35	1 400	3	55	35	1 925
4	15	40	600	4	30	40	1 200
5	30	60	1 800	5	45	60	2 700
6	30	75	2 250	6	15	75	1 125
7	25	100	2 500	7	10	100	1 000
8	50	50	2 500	8	35	50	1 750
A 位置的加权距离			16 550	B 位置的加权距离			16 550

(4) 盈亏平衡分析法

盈亏平衡分析法又称量本利法或生产成本比较法,是邮政快递智能系统节点选址决策的常用方法。这种方法的核心在于将盈亏平衡分析法的基本思想应用到邮政快递智能系统节点的选址决策中。假设可供选择的各个方案均能满足邮政快递智能系统节点地址选择的基本要求,但投资额及投产后原材料、燃料、动力等变动成本不同。通过绘制各个方案的总成本曲线,找出每个备选地址产出的最优区间及盈利区间,确定在满足需求量要求条件下总成本最小的方案为最佳选址方案。

生产经营中总成本(TC)分为固定成本(FC)和变动成本(VC)。固定成本不随产量的变化而变化,如企业固定资产(机器和厂房);变动成本随产量的变化而变化,如原材料成本、劳动力成本等。固定成本、变动成本、总成本和总收入(TR)与产量的关系如图 5-12 所示。

在一定范围内,产量增加时,由于单位产品分摊的固定成本减少,所以总成本将等于或小于总收入。当总收入等于总成本时,成本曲线与收入曲线的交点即为盈亏平衡点。当企业生产产量低于盈亏平衡点时,将亏损;企业生产产量高于盈亏平衡点产量时,则会盈利。据此分析,盈亏平衡点的产量(Q^*)应满足下式:

$$总收入 - 总成本 = 利润 = 0 \tag{5-21}$$

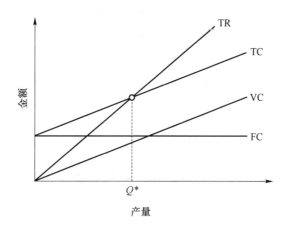

图 5-12 成本、总收入与产量的关系

将式(5-21)所示的关系用字母表示为：

$$pQ^* - FC - vQ^* = 0 \tag{5-22}$$

其中，FC 为固定成本；v 为单位变动成本；p 为单位产品售价。

经过对式(5-22)变换，可以推导出盈亏平衡点的产量为：

$$Q^* = \frac{FC}{p-v} \tag{5-23}$$

【例 5-4】 某企业拟新建一条生产线，初步确定甲、乙两个方案，成本资料如表 5-12 所示。试求：① 各备选方案产出的最优区间；② 预期生产规模为 4 500 台，确定较优的方案。

表 5-12 生产成本数据

方　案	年固定成本总额/万元	年生产能力/件	单位产品变动成本/(元·件$^{-1}$)	产品单价/(元·件$^{-1}$)
甲方案	16	5 000	100	140
乙方案	18	5 000	80	140

解

① 计算甲、乙两方案的总成本，并绘制总成本曲线。总成本的计算公式为

$$TC = FC + VC = FC + vQ \tag{5-24}$$

则：

$$甲方案的总成本 = 160\ 000 + 100Q$$

$$乙方案的总成本 = 180\ 000 + 80Q$$

计算甲、乙方案交点产量，即有：

$$160\ 000 + 100Q = 180\ 000 + 80Q$$

解出 $Q = 1\ 000$ 件。

可令 $Q=0$ 和 $Q=1\ 000$，绘制两方案的总成本曲线，如图 5-13 所示。

由图 5-13 可以看出，当产量在(0，1 000]件时，甲方案优于乙方案，在(1 000，5 000]件时，乙方案优于甲方案。

② 利用式(5-23)计算甲、乙两方案的盈亏平衡产量,其结果如下:

$$Q_{甲}^* = \frac{FC_{甲}}{p_{甲} - v_{甲}} = \frac{160\,000}{140 - 100} = 4\,000 \text{ 件}$$

$$Q_{乙}^* = \frac{FC_{乙}}{p_{乙} - v_{乙}} = \frac{180\,000}{140 - 80} = 3\,000 \text{ 件}$$

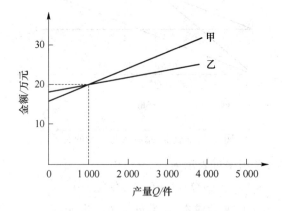

图 5-13 甲、乙两方案的成本图

由上述计算结果可知,当产量小于 3 000 件时,甲、乙两方案都亏损,不可行。产量大于 3 000 件时乙方案较优。因此,当产量为 4 500 台时,选乙方案为最佳选址方案。

(5) 线性规划法

线性规划法也是邮政快递智能系统节点选址的常用方法。这种方法的核心思想是追求总生产成本和运输成本最低。

① 一般的线性规划的数学模型

目标函数的表达式为:

$$\min f(x) = \sum_{i=1}^{n} c_i X_i + \sum_{i=1}^{n} \sum_{j=1}^{m} D_{ij} X_{ij} \tag{5-25}$$

约束条件的表达式为:

$$\begin{cases} \sum_{i=1}^{n} X_{ij} = R_j \\ \sum_{j=1}^{m} X_{ij} = X_i \\ \sum_{j=1}^{m} R_j = \sum_{i=1}^{n} X_i \\ X_{ij} \geqslant 0, \text{且取整数}; i = 1, 2, \cdots, n, j = 1, 2, \cdots, m \end{cases} \tag{5-26}$$

其中,X_i 为第 i 工厂的产量;c_i 为第 i 工厂的单位成本;n 为工厂总数量;m 为目标市场总数量;X_{ij} 为第 i 工厂运往目标市场 j 的产品数量;R_j 为目标市场 j 的需求量;D_{ij} 为第 i 工厂向目标市场 j 运输单位产品的运费及其他流通费用。

② 候选方案生产成本相同时的数学模型

目标函数的表达式为:

$$\min f(x) = \sum_{i=1}^{n}\sum_{j=1}^{m} D_{ij} X_{ij} \tag{5-27}$$

约束条件的表达式为：

$$\begin{cases} \sum_{i=1}^{n} X_{ij} = R_j \\ \sum_{j=1}^{m} X_{ij} = X_i \\ X_{ij} \geqslant 0, 且取整数; i = 1, 2, \cdots, n, j = 1, 2, \cdots, m \end{cases} \tag{5-28}$$

关于模型的求解方法，有兴趣的读者可以参看运筹学方面的书籍和文献。下面主要利用 Excel 软件中的"规划求解"工具对实际问题进行求解。

【例 5-5】 已知某企业的两个分拨中心 W_1 和 W_2 供应 4 个销售地 S_1、S_2、S_3 和 S_4。由于需求量不断增加，需再增设一个分拨中心，且该分拨中心需要供应的量为 12 000 台。可供选择的地点是 W_3 和 W_4，试在其中选择一个作为最佳地址。根据已有资料，分析得出各分拨中心到各销售地的单位产品的运输费用、供应点供应量和需求点的需求量等数据，如表 5-13 所示。

表 5-13 供给、需求量及单位商品运输费用表

供应地	需求点				供应量/台
	S_1	S_2	S_3	S_4	
W_1	7.50	7.90	7.40	8.10	6 000
W_2	7.40	7.80	7.25	7.65	4 000
W_3	8.20	7.20	7.55	8.20	12 000 或 0
W_4	7.80	7.35	7.48	8.20	12 000 或 0
需求量/台	4 000	3 000	7 000	8 000	22 000

解 若新建的分拨中心在 W_3，则根据已知条件，需假设运输量 x_{ij}，其代表从第 i 供应地向第 j 需求点运输的产品台数，则变量数据如表 5-14 所示。

表 5-14 变量表

供应地	需求点			
	S_1	S_2	S_3	S_4
W_1	x_{11}	x_{12}	x_{13}	x_{14}
W_2	x_{21}	x_{22}	x_{23}	x_{24}
W_3	x_{31}	x_{32}	x_{33}	x_{34}

由式(5-27)和式(5-28)可分别建立该问题的目标函数和约束条件，其结果如下。

目标函数：
$$\min f(x)_{W_3} = 7.50x_{11} + 7.90x_{12} + 7.40x_{13} + 8.10x_{14} + \\ 7.40x_{21} + 7.80x_{22} + 7.25x_{23} + 7.65x_{24} + \\ 8.20x_{31} + 7.20x_{32} + 7.55x_{33} + 8.20x_{34}$$

约束条件：
$$\begin{cases} x_{11}+x_{12}+x_{13}+x_{14}=6\,000 \\ x_{21}+x_{22}+x_{23}+x_{24}=4\,000 \\ x_{31}+x_{32}+x_{33}+x_{34}=12\,000 \end{cases} \text{供应约束}$$

$$\begin{cases} x_{11}+x_{21}+x_{31}=4\,000 \\ x_{12}+x_{22}+x_{32}=3\,000 \\ x_{13}+x_{23}+x_{33}=7\,000 \\ x_{14}+x_{24}+x_{34}=8\,000 \end{cases} \text{需求约束}$$

$x_{ij} \geqslant 0$，且为整数；$i=1,2,3, j=1,2,3,4$

利用Excel"规划求解"工具进行求解，可以得出各供应地向需求地运输的产品数量，如表5-15所示。

表5-15 变量求解结果

供应地	需求点				供应量/台
	S_1	S_2	S_3	S_4	
W_1	4 000	0	2 000	0	6 000
W_2	0	0	0	4 000	4000
W_3	0	3 000	5 000	4 000	12000
需求量/台	4 000	3 000	7 000	8 000	22 000

将表5-15求出的结果代入所建立的目标函数，可求出最小运输成本。

$$\begin{aligned} \min f(x)_{W_3} &= 7.50 \times 4\,000 + 7.90 \times 0 + 7.40 \times 2\,000 + 8.10 \times 0 + \\ & \quad 7.40 \times 0 + 7.80 \times 0 + 7.25 \times 0 + 7.65 \times 4\,000 + \\ & \quad 8.20 \times 0 + 7.20 \times 3\,000 + 7.55 \times 5\,000 + 8.20 \times 4\,000 \\ &= 167\,550 \end{aligned}$$

其中，"规划求解"的界面及问题求解结果如图5-14所示。

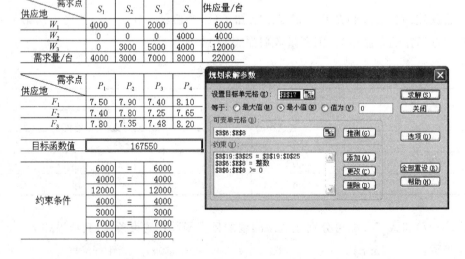

图5-14 "规划求解"工具的界面及取W_3建分拨中心时的求解结果

同理，可建立如新建的分拨中心在W_4时的问题的模型，并利用Excel"规划求解"工具进行求解,其求解的结果代入式(5-27),其结果如下。

$$\begin{aligned}\min f(x)_{W_3} = & 7.50\times 4\,000+7.90\times 0+7.40\times 0+8.10\times 2\,000+\\ & 7.40\times 0+7.80\times 0+7.25\times 0+7.65\times 4\,000+\\ & 7.80\times 0+7.35\times 3\,000+7.48\times 7\,000+8.20\times 2\,000\\ = & 167\,610\end{aligned}$$

两方案比较,W_3 的费用 167 550 小于 W_4 的费用 167 610,故选择在 W_3 设置分拨中心。

(6) 基于聚类方法与重心法相结合的选址方法

为解决"一个区域内多个邮政快递智能系统节点的选址"问题,可采用基于聚类方法和重心法相结合的选址方法,完成多个邮政快递智能系统节点选址。

若 m 代表客户区域的数量,n 代表新的邮政快递智能系统节点数量。聚类模型分为了两步。

① 将 m 个顾客区域按它们之间距离接近程度分成 n 组。

② 将每一组中新节点的最佳位置通过利用重心法确定。

当新节点数量没有预先确定下来时,可用合适的聚类方法确定分组的数量,这个数量就等于所需的新节点的数量。

【例 5-6】 某邮政快递企业拟建两个分拨中心以满足市场需求,顾客位置分为 4 个区域,其区域位置和需求量如表 5-16 所示。

表 5-16 区域位置和需求量

顾客区域	位置坐标	需求量	运输费率
1	(3,8)	5 000	0.04
2	(8,2)	7 000	0.04
3	(2,5)	3 500	0.065
4	(6,4)	3 000	0.065

解 在该实例中,$m=4$,$n=2$。把现有节点通过最短距离聚类方法聚类成两组,用距离作为相似系数。此处,用折线距离来形成如表 5-17 所示的距离相似矩阵。

表 5-17 距离相似矩阵

顾客区域	1	2	3	4
1	0	11	4	7
2	11	0	6	4
3	4	6	0	5
4	7	4	5	0

应用最短距离聚类方法可以产生如下两组。

第一组:顾客区域 1 和 3;

第二组:顾客区域 2 和 4。

这样,本实例就有两个单一节点选址问题。第一个是在顾客区域 1 和 3 中选址,第二个是在顾客区域 2 和 4 中选址。服务于第一组的新分拨中心的最佳位置在区域 3,因为这样可最大限度地节省运输费用。同样,服务于第二组的新分拨中心的最佳位置在区域 2。因此,两个分拨中心分别选在顾客区域 2 和 4。

(7) 穷举法

例 5-6 中,一个可能的分配是将顾客区域 1 给新节点 1,顾客区域 2,3,4 给新节点 2。在这种分配下,新节点 1 的位置和顾客区域 1 的位置相同。新节点 2 的位置可用重心法确定。另一种可能是把顾客区域 2 分给新节点 1,顾客区域 1,3,4 分给新节点 2,在这种情况下,新节点 1 的位置和顾客区域 2 的位置相同,新节点 2 的位置则可用重心法确定,不同的分配方案如表 5-18 所示。

表 5-18 新节点分配方案

分配方案	新节点 1	新节点 2
1	区域 1	区域 2,3,4
2	区域 2	区域 1,3,4
3	区域 3	区域 1,2,4
4	区域 4	区域 1,2,3
5	区域 1,2	区域 3,4
6	区域 1,3	区域 2,4
7	区域 1,4	区域 2,3

表 5-19 列出了各分配方案的最优位置及其运输费用。

表 5-19 各分配方案的最优位置及其运输费用

分配方案	分拨中心 1 位置	分拨中心 2 位置	总运输费用
1	(3,8)	(6,4)	1 729.97
2	(8,2)	(2.79,5.48)	1 405.32
3	(2,5)	(6,4)	1 791.96
4	(6,4)	(3.14,5.23)	2 453.21
5	(8,2)	(2,5)	2 366.06
6	(2,5)	(8,2)	1 184.01
7	(3,8)	(8,2)	2 501.16

最优位置是总运输费用最小的位置,最优选址结果为分配方案 6,两个分拨中心的位置分别为(2,5)和(8,2),总运输费用为 1184.01。

(8) 奎汉-哈姆勃兹模型(Kuehn-Hamburger 模型)

奎汉-哈姆勃兹模型(Kuehn-Hamburger 模型)是多个邮政快递智能系统节点选址的典型方法。在模型中考虑了多个结构化因素的影响:供应点到邮政快递智能系统节点的运输费用、邮政快递智能系统节点到用户的运输费用、邮政快递智能系统节点固定费用及运营管理的可变费用、节点的个数、容量限制,其目标是费用之和最小。模型更加贴近实际。但也有其不足之处,模型没有考虑邮政快递智能系统节点像建设费用这样的固定资产所产生的固定费用,也没有考虑邮政快递智能系统节点总体的容量限制。另外,当供应点、邮政快递智能系统节点备选点、客户数量等较多的情况下,其计算量非常庞大,不易求解。此外,它仅从费用角度来进行选址,忽略了社会效益、环境影响等因素。奎汉-哈姆勃兹模型按式(5-29)~式(5-32)确定它的目标函数和约束条件：

$$\min f(x) = \sum_{hijk}(A_{hij} + B_{hjk})X_{hijk} + \sum_{j}F_j Z_j + \sum_{hj}S_{hj}\left(\sum_{ik}X_{hijk}\right) + \sum_{hk}D_{hk}(T_{hk}) \quad (5-29)$$

$$\sum_{ij}X_{hijk} = Q_{hk} \quad (5-30)$$

$$\sum_{jk}X_{hijk} \leqslant Y_{hi} \quad (5-31)$$

$$I_j\sum_{hjk}X_{hijk} \leqslant W_j \quad (5-32)$$

其中，h 为产品$(1,\cdots,p)$；i 为供应点$(1,\cdots,q)$；j 为邮政快递智能系统节点$(1,\cdots,r)$；k 为客户$(1,\cdots,s)$；A_{hij} 为从供货点 i 到邮政快递智能系统节点 j，运输产品 h 时的单位运输费用；B_{hjk} 为从邮政快递智能系统节点 j 到客户 k，运输产品 h 时的单位运输费用；X_{hijk} 为从供货点 i 经过邮政快递智能系统节点 j 到客户 k，运输产品 h 的数量；F_j 为邮政快递智能系统节点 j 的平均固定管理费用；Z_j 为当 $\sum_{ij}X_{hijk} > 0$ 时取 1，否则取 0；$S_{hj}\left(\sum_{ik}X_{hijk}\right)$ 为在邮政快递智能系统节点 j 中，为保管产品 h 而产生的部分可变费用（管理费、保管费、税金以及投资利息等）；$D_{hk}(T_{hk})$ 为向客户 k 运输产品 h 时，因为延误时间 T 而支付的损失费用；Q_{hk} 为客户 k 需要产品 h 的数量；W_j 为邮政快递智能系统节点 j 的能力；Y_{hi} 为提供产品 h 的供货点 i 的能力；$I_j\sum_{hjk}X_{hijk}$ 为各供货点由邮政快递智能系统节点 j 向所有客户运送产品的最大库存定额；$f(x)$ 为总费用。

(9) 鲍摩-瓦尔夫模型(Baumol-Wolfe 模型)

对于从几个工厂经过几个邮政快递智能系统节点向用户输送货物的问题，邮政快递智能系统节点的选址分析一般只考虑运费为最小时的情况。

这里需要考虑的问题是：各个工厂向哪些邮政快递智能系统节点运输多少货物？各个邮政快递智能系统节点向哪些用户发送多少货物？

总费用函数为：

$$f(X_{ijk}) = \sum_{ijk}(c_{ki} + h_{ij})X_{ijk} + \sum_{i}v_i(W)^{\theta} + \sum_{i}F_i r(W_i) \quad (5-33)$$

并且，$0 < \theta < 1$ 时，

$$r(W_i) = \begin{cases} 0, W_i = 0 \\ 1, W_i > 0 \end{cases}$$

其中，c_{ki} 为从工厂 k 到邮政快递智能系统节点 i 发送单位运量的运输费用；h_{ij} 为从邮政快递智能系统节点 i 向客户 j 发送单位运量的运输费用；c_{ijk} 为从工厂 k 通过邮政快递智能系统节点 i 向客户 j 发送单位运量的运输费用，即 $c_{ijk} = c_{ki} + h_{ij}$；$X_{ijk}$ 为从工厂 k 通过邮政快递智能系统节点 i 向客户 j 运送的运量；W_i 为通过邮政快递智能系统节点 i 的运量，即 $W_i = \sum_{jk}X_{ijk}$；v_i 为邮政快递智能系统节点 i 的单位运量的可变费用；F_i 为邮政快递智能系统节点 i 的固定费用（与其规模无关的固定费用）。

总费用函数 $f(X_{ijk})$ 的第一项是运输费用，第二项是邮政快递智能系统节点的可变费用，第三项是邮政快递智能系统节点的固定费用。

该模型的计算方法是首先给出费用的初始值，求初始解；然后进行迭代计算，使其逐步接近费用最小值。

该模型的优点主要有：计算比较简单；能评价物流过程的总费用；能求解邮政快递智能系

统节点的通过量,即决定邮政快递智能系统节点规模的目标;根据邮政快递智能系统节点可变费用的特点,可以采用大量进货的方式。

该模型的缺点主要有:由于采用的是逐次逼近法,所以不能保证必然会得到最优解。此外,由于选择备选地点的方法不同,有时求出的最优解中可能出现邮政快递智能系统节点数目过多的情况。也就是说,还可能有邮政快递智能系统节点数更少、总费用更小的解存在。因此,必须仔细研究所求得的解是否为最优解。此外,邮政快递智能系统节点的固定费用没在所得的解中反映出来。

除了以上介绍的奎汉-哈姆勃兹模型、鲍摩-瓦尔夫模型等数学规划模型,还有很多其他的数学规划模型无法在此一一介绍,如无限服务能力带选址费用的选址模型、有限服务能力带选址费用的选址模型、多阶段模型、多产品模型、动态模型等。这些模型中的大部分都被证明是 NP-hard 问题,即很难精确求解的问题。启发式算法常常能够比较有效地处理 NP-hard 问题。启发式算法是寻求解决问题的一种方法和策略,是建立在经验和判断的基础上的,体现人的主动作用和创造力。启发式算法经常与其他优化算法结合在一起使用,使两者的优点进一步得到发挥。在数学规划模型的求解中,常用到的启发式算法包括短视算法、增加算法、删减算法、邻域搜索算法、交换或替换算法、拉格朗日松弛算法、禁忌搜索算法、遗传算法、神经网络算法、模拟退火算法、蚁群算法等。

知识链接:国内外邮政网点设置状况

因各国国土面积、经济发展情况、人口规模、文化风俗等因素的影响,各国邮政营业网点的设置情况差异较大。国内外邮政网点设置状况如表 5-20 所示。

表 5-20 国内外邮政网点设置状况

国名	局所数量/个	平均服务面积/平方公里	平均服务人口/人	年人均用邮量/件
美国	38 000	245.6	7 105	705
加拿大	20 000	498.8	1 490	359
英国	18 760	13.01	3 126	332
法国	17 038	32.37	3 454	384
德国	14 500	24.61	5 657	249
澳大利亚	3 922	1 966.69	4 781	218
日本	24 678	15.31	5 000	206
俄罗斯	43 900	388.96	3 551	37
南非	2 449	498.59	17 202	62.5
中国	51 000	187.4	26 000	19

与美国相比,我国每个网点的平均服务人口是美国的 3.66 倍,但年人均用邮量不及美国的 3%。加拿大、美国、俄罗斯的国土面积与我国相近,它们平均每个邮政网点的服务面积高于我国 187.4 平方公里的水平。由此,总体来说,我国目前人均拥有量虽然远低于世界发达国家,但是现有邮政网点数量却处于中等偏上水平。

5.5 邮政快递智能系统节点布局设计

5.5.1 邮政快递智能系统节点布局设计概述

1. 邮政快递智能系统节点布局设计的含义

邮政快递智能系统节点选址确定以后,下一步就是对邮政快递智能系统节点的内部设施进行规则与设计。所谓设施是指邮政快递智能系统节点运行所必需的有形固定资产,主要包括仓储区、快件进港及出港分拣操作区、办公区等建筑物,道路和绿化等。

邮政快递智能系统节点布局设计就是综合考虑相关因素,进行分析、构思、规则、论证、设计,对邮政快递智能系统节点设施系统做出全面安排,使资源得到合理配置,使系统能够有效运行,以达到预期的社会经济效益。其研究重点是为生产或服务系统合理配置资源,其总目标是使整个邮政快递智能系统节点的人力、物力、财力和人流、物流、信息流得到合理、经济、有效的配置和安排。

邮政快递智能系统节点布局设计的具体目标有:
(1) 有效地利用空间、设备、人员和能源;
(2) 最大限度地减少搬运作业;
(3) 合理划分作业区域,简化作业流程,提高运作效率;
(4) 选择合适的建筑模式,采用适当的高度、跨度、柱距,充分利用建筑物的空间;
(5) 缩短作业周期,加速快件流转;
(6) 力求投资最低,降低风险;
(7) 为员工提供安全、方便、舒适和优雅的工作场所与环境。

2. 邮政快递智能系统节点布局设计的原则

在邮政快递智能系统节点布局设计中应遵循如下原则。

(1) 整体最优原则

根据系统论的观点,运用系统分析的方法,将定性分析、定量分析和个人经验相结合,注重邮政快递智能系统节点区域布局的整体最优。

(2) 流动原则

以流动的观点作为邮政快递智能系统节点区域布局设计的出发点,并贯穿区域布局设计的始终,因为邮政快递智能系统节点的有效运行依赖于资金流、物流和信息流的合理化。

(3) 空间利用原则

无论是仓储区、快件进港及出港分拣操作区还是其他作业区,都要注意充分、有效地利用空间。

(4) 简化作业流程原则

减少或消除不必要的作业流程是提高邮政快递企业生产率和减少消耗最有效的方法之一,只有在时间上缩短作业周期,空间上少占用面积,物料上减少停留、搬运和库存,才能保证投入的资金最少、生产成本最低。

(5) 柔性原则

由于邮政快递智能系统节点是以市场为导向的,随机性、时效性等特点很明显,这就要求设施系统具有适当的弹性、柔性,能够适应快速多变的市场要求,并能根据市场的变化,对设施系统适度及时地进行调整。

(6) 反馈完善原则

邮政快递智能系统节点区域布局设计是一个从宏观到微观,又从微观到宏观的反复迭代、逐渐完善的过程。要先进行邮政快递智能系统节点总体布置,再进行设施内部详细布置;而详细布置方案又要反馈到总体方案中,进而对总体方案进行修改。

(7) 人本管理原则

邮政快递智能系统节点设施系统实际是人-机-环境的综合设计,要创造一个安全、便捷、舒适及优雅的工作环境。

5.5.2 邮政快递智能系统节点作业区域规划

由于邮政快递智能系统节点的类型有比较大的差别,故不同类型节点的作业区域差别、差异性较大。下面以分拨中心为例加以说明。

通常来说,分拨中心包括车辆停放区、仓储区、快件进港及出港分拣操作区、办公室区以及休息区等几个部分。

1. 车辆停放区

分拨中心的车辆通常都是5吨以上的大型箱式卡车,所以库区和通道需有足够的空间供大型货车掉头和行驶。有条件的邮政快递企业应将操作站台纳入建筑设计中,以免装卸车时需要抬举货物,增加劳动强度。站台的高度需要与5吨卡车车厢地板的高度一致。若有不同高度车型的车辆,站台上可以安装登车桥。站台上方应有遮雨棚,以免下雨时影响快件的操作及淋湿快件,遮雨棚伸出的长度应超出站台宽度3 m以上。

为保障员工和车辆进出的安全,车辆停放区应该在醒目位置张贴限速里程标识牌。车辆进入和车辆离开的行驶路线应事先规划,并在地面上做明显标识,以提醒驾驶员按照行驶路线行驶。

2. 仓储区

仓储区用来存放分拨中心的操作设备和因各种原因未能按时发出的滞留快件。与网点的仓储区一样,这里也应该是一个密闭的空间(单独房间或铁笼),并有门禁系统和进出登记制度,有条件的邮政快递企业应安装摄像头以全面监视该区域。分拨中心的操作设备,如托盘、液压搬运车、叉车、可伸缩的移动传送带等设备体积较大,仓储区也应规划操作设备的固定存放位置,并进行相关标识。

3. 快件进港及出港分拣操作区

分拨中心的分拣、集装等操作都在此区域进行。分拨中心分拣的快件量是网点的几十或上百倍,在操作区域的划分上需清晰地将进港分拣操作区和出港分拣操作区区分开来。在操作中,包裹类快件的分拣与文件类快件的分拣采用的是不同的操作设备。因此,在分区域时也应将这两者分开,使其在不同的区域作业,以免互相影响。

由于班车与航线较多,在各操作区域内应当明示快件流向(张贴或悬挂看板),以便员工查询。操作区域与办公区应该是隔离的,办公室人员必须经过批准方可进入操作区域。有条件的邮政快递企业应安装监控系统以全面监控该区域。

除滞留快件外,操作区域还会暂存经支线班车或零散航班运达分拨中心的快件,等待下一个批次的快件到达时一并处理。此类快件应放置在摄像头照射下的中间位置,并将快件摆放整齐,运单正面向上。

分拨中心大部分都是在夜间操作,对灯光照明度要求较高的区域,尤其是操作区,应有足够的照明,保证可以清楚地识别运单、标签,满足操作的各种需求。同时,应按照规定的时间保养维护备用发电机组。

4. 办公室区

分拨中心总经理(经理)、财务结算、信息技术(IT)等后勤保障人员在办公室区域工作,办公室区域应与操作区域分开。IT机房和财务办公室应符合安全要求,安装门禁、进出必须登记,财务办公室需配备保险箱、IT机房需配备空气温度调节设备等。分拨中心的快件处理量很大,为保证服务器和数据的安全,避免因突然停电而导致数据丢失,分拨中心必须备有不间断电源(UPS)设备。

办公室内严禁出现快件。如有特殊情况需要将快件带入办公室处理的,必须有领取人的信息登记,并得到授权经理的签字批准,还需要记录在每天的异常日志中。

5. 休息区

操作人员、驾驶人员可在此区域进行休息、进餐等活动。休息区只能有桌椅、冰箱、微波炉等设备,所有的操作设备都不能存放在休息区,快件更不能出现在此。分拨中心每天都有很多班车进出,班车司机经常会在分拨中心等待一定时间后再次出发。有条件的分拨中心可以为班车司机设置专门的休息区。为保障快件和操作设备的安全,班车司机不能与分拨中心的员工共用一个休息区,更不允许班车司机进入分拨中心的操作区域。

5.5.3 邮政快递智能系统节点布局设计的基本步骤

无论是新建的邮政快递智能系统节点的平面布局,还是扩建企业的设施布局调整,其基本步骤都是相同的,都要经过以下几个基本步骤。

(1) 收集有关的信息、数据和资料。这些信息、数据和资料主要包括:① 作业区域及相关设施的数量、规模、所需面积大小;② 可以利用的空间面积大小;③ 各个作业区域及相关设施之间的关系;④ 其他限制条件。

(2) 按照设施布置的基本原则,做出初步的平面布局方案,对方案进行分析和评价。

(3) 根据一些特殊的要求和限制条件,对初步方案进行调整,直至满意为止。

(4) 最终确定布局方案,画出详细的布局图。

5.5.4 邮政快递智能系统节点布局设计的方法

常用的邮政快递智能系统节点布局设计方法有三种:一是 Muther(1961年)提出的系统布置设计过程,这种过程和一些工程决策过程类似,主要步骤是首先产生候选布局方案,然后根据某些规则选出最好的方案。另两种方法是基于计算机的方法——CRAFT 和 ALDEP。CRAFT 是为现有设施的改建做布局,从初始布置开始,通过对各设施最初布局进行一系列变换来改进布局效果,当任何布局的改变都不能带来一点改进时,程序结束;ALDEP 则是为新建设施做新的布局,从初始状态开始,逐个设施进行选择和放置决策。选择决策主要确定放到厂内的下一设施是什么,放置决策则决定它将被安排到什么地方。

1. 系统布置设计

系统布置设计(Systematic Layout Planning,SLP)是一种采用严密的系统分析手段和有条理的系统设计步骤的系统布置设计方法。该方法具有很强的实践性,最早应用于工厂的平面布置规划,同样也可应用于邮政快递智能系统节点的内部区域布局规划与设计中。系统布置设计一般程序如图5-15所示。

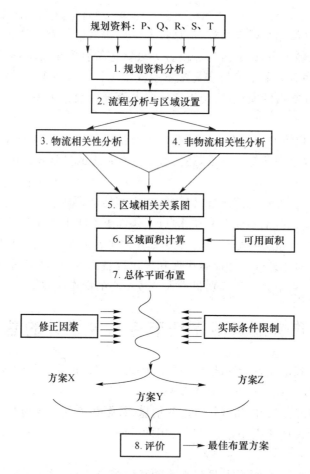

图5-15 系统布置设计一般程序

系统布置设计可以分为以下几个基本步骤:

(1) 物流相关性分析;

(2) 非物流相关性分析;

(3) 流动模式分析;

(4) 总平面布置设计;

(5) 区域布置的动线分析;

(6) 实际限制的修正。

下面对主要步骤进行以下详细说明。

1) 相关性分析

① 物流相关性分析

物流相关性分析即对节点内的物流路线和物流量进行分析,用物流强度和物流相关表来表示各作业区域之间的物流关系强弱,从而确定各区域的物流相关程度。

在对物流量和物流强度进行分析时,可以采用从至表计算汇总各项物流作业活动从某区域至另一区域的物流量或物流强度,作为分析各区域间物流量或物流强度大小的依据。若不同物流作业在各区域之间的物料搬运单位不同,则必须先转换为相同单位后,再合并计算其物流量或物流强度的总和。

从至表以资料分析所得出的定量数据为基础,目的是分析各作业区域之间的物流流动规模的大小,使设计者在进行区域布置时,避免搬运流量大的作业区域相距太远,以减少人力、物力的浪费,并为设计各作业区域的空间规模提供依据。定量从至表如表 5-21 所示。

表 5-21 定量从至表

物流作业区域		搬运到达区域										合计
		1	2	3	4	5	6	7	8	9	10	
搬运起始区域	1											
	2											
	3											
	4											
	5											
	6											
	7											
	8											
	9											
	10											
	合计											

从至表包括物流距离从至表、物流运量从至表、物流强度从至表及物流成本从至表等。

物流强度从至表的具体制定过程如下。

第一,依据主要作业流程,将所有物流作业区域分别以搬运起始区域、搬运到达区按同一顺序列表(为方便起见,可对各物流作业区域进行编号),画出物流距离从至表。

第二,为了正确地表现各流量之间的关系,需要统一各物流作业区域的搬运单位,以方便计算流量的总和。

第三,根据作业流程,将物料搬运流量测量值制作成物流运量从至表。

第四,利用流量和距离的乘积,得到物流强度从至表。

根据物流强度,确定物流相关程度等级。物流相关程度等级的划分可采用 A、E、I、O、U 等级,一般 A 占总作业区域对的 10%,E 占 20%,I 占 30%,O 占 40%,U 级代表那些无物流强度的作业区域对。

② 非物流相关性分析

节点内除了与物流有关的作业区域外,还有许多与物流作业无关的管理或行政性的辅助作业区域。这些区域尽管本身没有物流活动,但却与其他区域有密切的业务关系,故还需要对所有区域进行业务活动相关性分析,确定各区域之间的密切程度。

各作业区域间的活动关系可以概括为:

第一,程序性的关系。因物料流、信息流而建立的关系。

第二,组织上的关系。部门组织上形成的关系。

第三,功能上的关系。区域间因功能需要形成的关系。

第四,环境上的关系。因操作环境、安全考虑上需保持的关系。

根据相关要素,可以对任意两个区域的相关性进行评价。评定相关程度的参考因素包括人员往返接触的程度、文件往返频度、组织与管理关系、使用共享设备与否、使用相同空间区域与否、物料搬运次数、配合业务流程的顺序、是否进行类似性质的活动、作业安全上的考虑、工作环境改善、提升工作效率及人员作业区域的分布等因素。

各作业活动之间的相互关系可以采用定性关联图来分析。在定性关联图中,任何两个区域之间都有将两个区域联系在一起的一对三角形,其中上三角记录两个区域关联程度等级的评估值,下三角记录关联程度等级的理由编号。活动关系关联程度等级包括 A、E、I、O、U 和 X 六个等级,由绝对重要到禁止靠近等,其比例一般按表 5-22 掌握。关联程度等级评价的主要理由如表 5-23 所示。

表 5-22 作业区域关联程度

符合	A	E	I	O	U	X
意义	绝度重要	特别重要	重要	一般	不重要	禁止靠近
量化值	4	3	2	1	0	-1
比例	2%~5%	3%~10%	5%~15%	10%~25%	45%~80%	根据需要

表 5-23 关联程度等级理由

编号	理由	编号	理由
1	工作流程	6	监督和管理
2	作业性质相似	7	作业安全考虑
3	使用相同设施、设备或同一场所	8	噪声、震动、烟尘、易燃、易爆
4	使用相同文件	9	改善工作环境
5	联系频繁程度	10	使用相同人员

③ 综合相关性分析

综合考虑物流和非物流关系时,要确定两种关系的相对重要性。这一重要性比值用 $m:n$ 来表示,一般不应超过 $1:3 \sim 3:1$。当比值大于 $3:1$ 时,说明物流关系占主导地位,区域布置只考虑物流关系即可;当比值小于 $1:3$ 时,说明物流的影响很小,区域布置只考虑非物流关系即可。实际情况下,根据两者的相对重要性,比值可为 $3:1,2:1,1:1,1:2,1:3$。

有了重要性比值、物流相关性等级和非物流相关性等级,就可把各作业区域的密切程度等级按表 5-22 予以量化。用以下公式计算两作业区域 i 和 j 之间的相关密切程度 CR_{ij}:

$$CR_{ij} = mMR_{ij} + nNR_{ij} \qquad (5-34)$$

其中,MR_{ij} 为物流相互关系等级;NR_{ij} 为非物流相互关系等级。

然后就可以按 CR_{ij} 值再来划分综合相互关系等级,各档比例还可按表 5-22 控制。这里要注意 X 等级的处理:任何一级物流强度与 X 级的非物流关系综合时,不应该超过 O 级;对于一些绝对不能靠近的作业单位,相互关系可定为 XX 级。最后,再根据经验和实际约束情况,来适当调整综合相关图。

一般综合相关程度高的区域在布置时应尽量紧邻或接近,如出货区与称重区;而相关程度低的区域则不宜接近,如仓储区与司机休息室。在规划过程中应由规划设计者根据使用单位或企业经营者的意见,进行综合分析和判断。

2）总平面布置设计

① 面积计算

各作业区域面积的确定与各区域的功能、作业方式、所配备的设施和设备及物流强度等有关,应分别对各作业区域面积进行计算。例如,仓储区面积的大小与仓储区具体采用的储存方式、储存设备和作业设备密切相关,常用的储存方式有物品直接堆码、托盘平置堆码、托盘多层堆码、托盘货架储存、自动化立体仓库储存等不同方式,应根据所确定的总的仓储能力计算所需的面积或空间。

将各作业单位面积需求汇总,根据场地的要求,确定建筑的基本形式;在此基础上按各作业区域的面积需求进行分配。

② 位置布置方法

节点内区域平面布置有两种方法,即流程性布置法和活动相关性布置法。

流程性布置法是根据物流移动路线作为布置的主要依据,适用于物流作业区域的布置。首先确定节点内由进货到出货的主要物流路线形式,并完成物流相关性分析。在此基础上,按作业流程顺序和关联程度配置各作业区域位置,即由进货作业开始进行布置,再按物流前后相关顺序按序安排各物流作业区域的相关位置。其中,将面积较大且长宽比例不易变动的区域先置入建筑平面内,如自动化立体仓库、分类输送机等作业区域。

活动相关性布置法是根据各区域的综合相关表或综合相关图进行区域布置,一般用于整个库区或辅助作业区域和建筑外围区域的布置。首先选择与各部门活动相关性最高的部门区域先行置入规划范围内,再按活动相关表的关联关系和作业区域重要程度,依次置入布置范围内。通常,节点行政管理办公区均采用集中式布置,并与仓储区域分隔,但也应进行合理的配置。由于目前节点内仓储区可采用立体化仓库的形式,其高度需求与办公区不同,故办公区布置应进一步考虑空间的有效利用,如采用多楼层办公室、单独利用某一楼层、利用进出货区上层的空间等方式。

根据物流相关表和活动相关表,探讨各种可能的区域布置组合,以利于最终的决策。节点的区域布置可以用绘图方法直接绘成平面布置图;也可以将各作业区域按面积制成相应的卡片,在节点总面积图上进行摆放,以找出合理方案;还可以采用计算机辅助平面区域布置技术进行平面布置。平面布置可以做出几种方案,最后通过综合评价模型,对多种方案进行比较和评价,选择一个最佳的方案。

经过关联性分析和内部货物流的路线分析后,再根据不同作业区域之间的定性测量值(即接近程度)或定量测量值(即货物流动密度)来配置各作业区域的相对位置时,可以将整个布置的过程简化为算法程序。

下面介绍关联线图法。

在绘制关联线图之前,首先汇总各个作业区的基本资料,如作业流程与面积需求等,然后制作各个作业区的作业关联图,如图5-16所示。

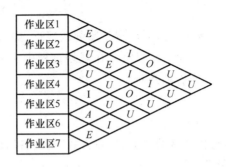

图 5-16 作业关联图

根据如图 5-16 所示的基本资料,按照作业区域间的各级接近程度将其转换为关联线图底稿表(表 5-24),表中数字表示与特定作业区域有某级关联的作业区域编号。

表 5-24 关联线图底稿表

关联	作业区域 1	作业区域 2	作业区域 3	作业区域 4	作业区域 5	作业区域 6	作业区域 7
A					6	5	
E	2	1,4		2		7	6
I	4	5,6		1,5	2,4,7	2	5
O	3,5		1,6		1	3	
U	6,7	3,7	2,4,5,7	3,6,7	3	1,4	1,2,3,4
X							

关联线图法的基本步骤如下:

① 选定第一个进入布置的作业区域。从具有最多的"A"关联的作业区域开始。若有多个作业区域同时符合条件,则按下列顺序加以选定:最多"E"的关联,最多"I"的关联,最少"X"的关联;如果最后还是无法选定,就在这些条件完全相同的作业区域中,任意选定一个作业区域作为第一个进入布置的作业区域。本例选定的作业区域为 6。

② 选定第二个进入布置的作业区域。第二个被选定的作业区域是与第一个进入布置的作业区域相关联的未被选定的作业区域中具有最多"A"关联的作业区域。如果有多个作业区域具有相同条件,则与第一步一样,按照最多"E"的关联,最多"I"的关联,最少"X"的关联进行选择。如果最后还是无法选定,就在与第一个进入布置的作业区域相关联的这些条件完全相同的作业区域中,任意选定一个作业区域作为第二个进入布置的作业区域。本例选定的第二个进入布置的作业区域为 5。

③ 选定第三个进入布置的作业区域。第三个被选定的作业区域,应与已被选定的前两个作业区域同时具有最高的接近程度。与前两个作业区域关系组合的优先顺序依次为 AA、AE、AI、A*、EA、EE、EI、E*、II、I*,其中符号"*"代表"O"或"U"的关联。如果遇到多个作业区域具有相同的优先顺序,仍采用第一步的顺序法则来处理。本例选定的第三个进入布置的作业区域为 7。

④ 选定第四个进入布置的作业区域。第四个作业区域选定的过程与第三步相同,被选定的作业区域应与前三个作业区域具有最高的接近组合关系。组合的优先顺序为:AAA、AAE、AAI、AA*、AEA、AEE、AEI、AE*、AII、AI*、A**、EEE、EEI、EE*、EII、EI*、E**、III、

II^*、I^{**}。本例选定的第四个进入布置的作业区域为 2。

⑤ 依次类推,选择其余的 $n-4$ 个作业区域,其过程如图 5-17 所示。

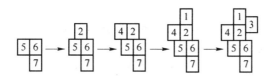

图 5-17　关联线图的基本步骤

在绘制关联线图时,可使用图 5-17 所示的方块样板来表示每个作业区域。在相对位置确定以后,即可依照各作业区域的实际规模,完成最终的实际布置。但由于在样板的放置过程中有很多主观因素,因此,最后可能会产生多种布置方案。此外,如果各作业区域面积不同,也会产生多种最终布置方案。

2. 计算机辅助设施设计技术

计算机辅助设施设计技术是确定设施布局的一种改进方法,是一个以各部门间物料搬运费用逐步减少为优化原则的程序。主要的输入数据是初始布局、以"从至表"形式表示的流量数据、费用数据及固定设施的数量及位置。初始布局提供了设施数目及各自的面积。计算机辅助设施设计技术要求所有的部门都是方形或矩形的。如果有内部空的地方,应以虚部门代替。同样,固定部分如休息室、楼梯、走廊也以虚部门代替。在计算机辅助设施设计技术中的距离是以各部门中心间的直线距离计算的,算法分如下几个步骤:

第一步,给定初始布局,计算距离矩阵(使用各部门的重心)。根据流量、距离和费用,计算总搬运费用。

第二步,考虑某两个部门(有相同面积或共同的边界)两两交换,如果不能通过互换产生一个更好的布局即停止;否则,继续第三步。

第三步,选择得到最大费用节省的交换,转第二步。

计算机辅助设施设计技术允许指定一个初始值进行位置交换。例如,如果最大节约少于 x 元,程序将不进行位置交换。因为这种方法不能考虑所有位置交换的可能性,因而不能保证最后得到最优值。

3. 自动布局设计程序

第一步,任意选择一个部门。

第二步,再选一个和已选部门密切程度为 A 的部门,若没有,则依次降低关系的密切程度,若相互无关系,则任选。

第三步,重复第二步,直到所有部门全被选过。

第四步,计算这种布局的总分(所有相关部门的关系密切程度分数的和)。

第五步,重复第一步至第四步,产生一个预先特定的候选布局,不再考虑总分低于这个值的布局。

自动布局设计程序方法在评价候选布局方案时,为了计算总分,需要将关系密切程度赋予一定的分值。例如:$A=64,E=16,I=4,O=1,U=0,X=-1\ 024$。在自动布局设计程序中,放置决策可以遵循一定的形式,也可以按用户要求安排。

案例——圆通仓配一体化服务

1. 服务内容

(1) 仓储服务

① 提供电商标准化仓储服务,同时也可根据客户的需求进行定制;

② 支持电商常规单和活动单发货;

③ 全国 101 个仓库可让客户就近入仓,也可支持多仓发货。

(2) 配送服务

① 服务覆盖国内 2 300 余个城市,航空运输覆盖 200 多个城市;

② 支持电子面单;

③ 支持逆向物流;

④ 支持货到付款。

(3) 系统服务

① 自主研发的仓配一体化系统,为客户提供仓配全生命周期监控;

② 实现和各类电商平台的对接,可系统自动抓单并回传发运数据;

③ 提供各类仓配分析报表。

2. 服务特点

(1) 仓储

① 实现仓储标准化管理;

② 在库商品优化分析;

③ 可实现仓库的临时扩充需求;

④ 可短时间内实现全国部署;

⑤ 专业仓储作业人员。

(2) 系统完全对接

① 双方系统可实现无缝对接;

② 减少人工操作,实现信息自动流转,避免操作失误;

③ 一体化客户查询体验;

④ 完善的信息安全体系,保证客户信息安全。

(3) 配送

① 提升配送效率及时效;

② 双方可通过易通系统实现实时的问题件追踪;

③ 通过圆通内部要求,实现高品质配送服务。

服务特点如图 5-18 所示。

3. 增值服务

(1) 仓配咨询

提供仓配网络布局咨询、库内规划与人员培训,旨在帮助客户进行仓库发展战略、运营管理、配送布局等的全面提升。

(2) 定制服务

根据客户的产品性质和服务特点、管理思想的不同,为客户提供定制化物流服务。

(3) 上门取货、退货

根据客户的需要,提供上门办理提货到仓及退货到仓服务。

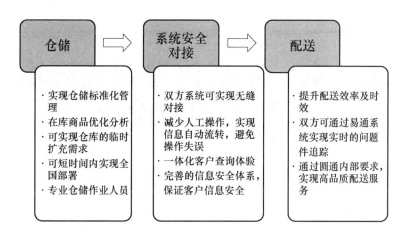

图 5-18 仓配一体化服务特点

(4) 系统服务

根据电商客户对仓配系统的需求,提供个性化定制的仓配管理软件。

4. 服务优势

(1) 在中国大陆的一线城市均能提供仓配一体化服务;

(2) 圆通已在全国 50 个主要城市拥有 101 座现代化仓库,总面积超过 50 万平方米;

(3) 满足客户分仓需求;

(4) 支持异地入仓操作。

资料来源:http://www.yto.net.cn/gw/product/WarehousingServices.html.

第6章 邮政快递智能运输系统规划与设计

运输是邮政快递系统的重要环节。合理的邮政快递运输系统规划与设计对于提高邮政快递系统效率和效益具有重要意义。

6.1 邮政快递智能运输系统概述

6.1.1 邮政快递智能运输系统的含义

中华人民共和国国家标准《物流术语》(GB/T18354—2006)对运输的定义是"运输(Transportation)是指用专用运输设备将物品从一个地点向另一个地点运送,其中包括集货、分货、搬运、中转、装入、卸下、分散等一系列操作。"

邮政快递智能运输系统由智能运输基础设施、智能运输设备、智能运输工作人员等组成。其中,智能运输基础设施包括智能化的货场、分拨中心、服务网点、道路、桥梁、信号、隧道、公路、河道、机场和码头等。智能运输设备包括智能化的集装箱、汽车、牵引机车、拖车、飞机和船舶等。智能运输工作人员包括携带智能化设备的装卸人员、维修人员、操作人员以及其他管理人员等。

6.1.2 邮政快递智能运输系统的构成要素

邮政快递智能运输系统的构成要素包括运输节点、运输方式、运输工具、物主与运输参与者。

1. 运输节点

所谓运输节点是指以联结不同运输方式为主要职能,处于运输线路上的,承担货物的集散、运输业务的办理,运输工具的保养和维修的基地与场所。例如,不同运输方式之间的转运站、终节点,公路运输线路上的停车场(库)和货运站,铁路运输线上的编组站和中间站等,都属于运输节点的范畴。

2. 运输方式

运输方式是运输的基础设施,是构成运输系统最重要的要素。在现代的运输系统中,主要的运输方式有公路、铁路、航空、水路和管道等。

3. 运输工具

运输工具是指用于在运输线路上装载货物并使其发生位移的各种设备装置,它们是运输能够进行的基础设备。

4. 物主与运输参与者

（1）物主

物主是货物的所有者,包括托运人(或称委托人)和收货人,有时托运人与收货人是同一主体。

（2）承运人

承运人是运输活动的承担者(可能是运输公司、储运公司、物流公司、邮政快递企业及个体运输业者)。承运人是受托运人或收货人的委托,按委托人的意愿来完成运输任务,同时获得运输收入。

（3）货运代理人

货运代理人与承运人不同。首先,把从各种顾客手中揽取的小批量货物装运整合成小批量装载,利用专业承运人运输到目的地,然后再把大批量装载的货物拆成原来较小的装运量,送往收货人。货运代理人的主要优势在于因大批量装运可以实现较低的费率,尽可能从中获取利润。

（4）运输经纪人

运输经纪人实际上是运输代办。他是以收取服务费为目的,替托运人和承运人协调运输安排。协调的内容包括装运装载、费用谈判、结账和跟踪管理等。

（5）政府

政府经常采取规章管制、政策促进、拥有承运人等形式干预承运人的活动。例如,政府通过限制承运人所能服务的市场或确定他们所能收取的价格来规范他们的行为。

（6）公众

公众是最后的运输参与者。一方面,公众按合理的价格购买商品的需求最终决定运输需求;另一方面,公众关注运输的可达性、费用和效果及环境和安全上的标准,并对政府的决策产生影响。

显然,各方的参与使运输关系变得很复杂,这种复杂性要求运输管理考虑多方面的因素,顾及各个方面的利益。物主与运输参与者之间的关系如图 6-1 所示。

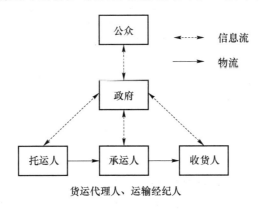

图 6-1 物主与运输参与者之间的关系

6.1.3 邮政快递智能运输系统的功能

邮政快递智能运输系统主要实现货物的转移，从而创造空间和时间价值，其功能包括货物空间移动、短期储存、节点衔接等。

(1) 货物的空间移动

运输实现货物的空间位移，创造"空间价值"。物流是物品在时空上的移动，运输主要承担改变物品空间位置的作用，是物品改变空间位置的主要技术手段，是物品实现价值增值的主要原因。运输是物流的主要功能要素之一，决定了物流的速度。

(2) 货物的短期储存

将运输车辆作为临时的储存设施，对产品进行短期库存是运输的职能之一。如果转移中的产品需要储存，而短时间内又要重新转移，卸货和装货的成本也许会超过储存在运输工具中的费用，此时可以将运输工具作为临时的储存工具。另外，产品在运输途中也是短期储存的过程。

(3) 节点衔接

在邮政快递智能系统中，不同节点通过运输系统衔接起来，成为一个有效的邮政快递智能系统。在邮政快递智能系统中，运输与信息网络并行实现了邮政快递系统的衔接，前者侧重实物衔接，而后者侧重于信息衔接。

6.1.4 邮政快递智能运输系统的结构

邮政快递智能运输系统的结构主要有以下几种形式。

(1) 并联结构

各个运输子系统间为并联关系，如图 6-2 所示。

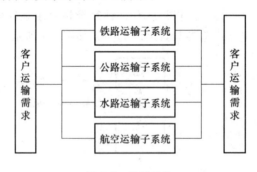

图 6-2 并联结构

(2) 串联结构

各个运输子系统间为串联关系，如图 6-3 所示。

图 6-3 串联结构

(3) 串并联结合的网络型结构

各个运输子系统间为串联、并联相结合的关系,如图 6-4 所示。

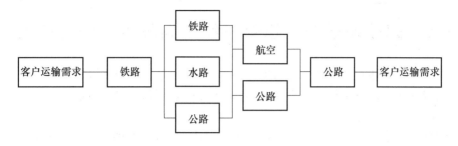

图 6-4 串并联结合的网络型结构

6.2 邮政快递智能运输系统规划与设计

6.2.1 邮政快递智能运输系统规划与设计的原则

在进行邮政快递智能运输系统规划与设计时,一般须遵循以下原则。

1. 经济发展原则

邮政快递智能运输系统发展布局必须服从于邮政快递企业经济发展的总体战略、总目标,服从于服务区域分布的大格局。邮政快递智能运输系统建设必须与所在区域的社会经济发展各个阶段目标相一致,为当地社会经济发展服务。

2. 协调发展原则

在进行邮政快递智能运输系统规划与设计时,必须综合考虑所在区域的铁路、公路、水路以及航空等运输方式的特点,形成优势互补、协调发展的综合运输网络。

3. 局部服从整体原则

某一层次的邮政快递智能运输系统规划与设计必须服从于上一层次邮政快递智能运输系统总体布局的要求,如省级公司的邮政快递智能运输系统规划与设计必须以全国总公司的规划与设计为前提,市级子公司的规划与设计必须以全国总公司和省级公司的规划与设计为前提。

4. 近期与远期相结合原则

一个合理的邮政快递智能运输系统规划与设计应包括远期发展战略规划、中期建设规划、近期项目建设规划三个层次,并满足"近期宜细、中期有准备、远期有设想"的要求。

5. 需要与可能相结合原则

邮政快递智能运输系统规划与设计既要考虑社会经济发展对运输的要求,建设尽可能与社会经济发展相协调的邮政快递智能运输系统,以促进社会经济的发展,又要充分考虑邮政快递企业的人力、物力、财力等建设条件的可能性,实事求是地进行邮政快递智能运输系统规划与设计以及实施。

6. 理论与实践相结合原则

邮政快递智能运输系统规划与设计是一个复杂的系统工程,必须利用系统工程的理论方法,理论与实践相结合,对其进行分析、预测、规划及评价,才能获得总体效益最佳的邮政快递智能运输系统规划与设计方案。

6.2.2 邮政快递智能运输系统规划与设计的关键因素

为了确保邮政快递智能运输系统功能的实现,促进整个邮政快递智能系统的协调运行,在进行邮政快递智能运输系统规划与设计时,要综合考虑如下几个关键因素。

1. 成本

邮政快递智能运输系统规划与设计需要考虑成本问题,这里的成本不是邮政快递智能运输系统本身的成本,而是整个邮政快递智能系统的总成本。

2. 运输速度

确保及时送达是邮政快递智能运输系统规划与设计的核心目标。该目标的实现需要适当的运输速度来支撑。一般情况下,在进行邮政快递智能运输系统规划与设计时,运输速度当然越快越好。但这需要一个前提来保证,即在成本可接受的情况下。因为在绝大多数情况下,运输速度和运输成本呈现同向变化的关系,高的运输速度同时也会产生高的成本。因此,在进行邮政快递智能运输系统规划与设计时,并不是速度越快越好,而是选择恰当的运输方式,实现运输速度与运输成本之间的平衡。

3. 运输一致性

运输一致性是指在若干次装运中履行某一特定运输任务所需的时间,与计划的时间或前几次运输所需的时间是否一致。运输一致性是运输可靠性的反映。因此,在进行邮政快递智能运输系统规划与设计时,要认真考虑运输的一致性问题。

4. 与节点的匹配程度

邮政快递智能运输系统的核心功能是发挥在各节点之间的桥梁作用。显然,桥梁作用的发挥首先就要求邮政快递智能运输系统与其他节点之间的良好对接。例如,公路集装箱运输车辆的规格必须与散货堆场的集装箱规格一致,否则就无法完成两者之间的对接,导致邮政快递智能运输系统无法发挥作用。当然,邮政快递智能运输系统与其他节点的匹配还涉及很多其他类似的问题,需要在邮政快递智能运输系统规划与设计时综合考虑。

6.2.3 邮政快递智能运输系统规划与设计的内容

关于邮政快递智能运输系统规划与设计,其主体内容一般包括以下几个方面。

1. 运输业务模式的选择

邮政快递企业根据运输费用、服务质量、风险等因素分析,确定采用自营运输模式或者外包运输模式。

2. 运输方式的选择

根据各运输方式的优势和特点,选择公路、铁路、水路、航空等四种运输方式中的一种或几种联合运输方式。

3. 运输批量和运输时间的确定

运输批量和运输时间对运输质量和运输费用会产生重大影响。大批量运输成本低,但大批量运输又与运输方式相关。另外,运输期限必须保证交货时间,不同运输方式所需的时间和成本均不同。

4. 运输线路的规划与设计

不同的运输线路各有优缺点,邮政快递企业在选择运输线路时,必须结合自己的经营特点和要求、产品性能、市场需求和缓急程度等,并综合考虑各种运输方式的特点之后合理选择。运输线路的规划与设计一般可分为点点之间运输问题、多点之间运输问题及回路运输问题等。

5. 运输流量的分析

即对线路上的车辆流量大小进行分析和规划。

6. 车辆的配载与调度问题

在对运输车辆的配载与调度进行分析时,需要考虑各种货物装卸的先后次序、货物品种的相容性,如何能够尽可能利用运输车辆的最大运力等问题。

7. 运输过程控制

邮政快递智能运输系统目标的实现依赖于有效的过程控制,由于运输过程的空间变动性,对于运输过程控制的难度要远远高于固定节点的控制。因此,在进行邮政快递智能运输系统规划与设计时,如何实现对智能运输系统的有效控制,特别是过程控制,既是邮政快递智能运输系统规划与设计的重点,也是难点。

而本章后续内容主要讨论邮政快递智能运输系统的运输方式选择和运输线路规划与设计的问题。

6.3 邮政快递智能运输系统运输方式选择

6.3.1 各种运输方式及其特点

1. 公路运输

公路运输是指使用汽车在公路上载运货物的一种运输方式。公路运输可以直接运进和运出货物,是车站、港口、机场、码头进行货物集散的主要运输方式。公路运输的优点是速度较快、范围广,在运输时间和线路安排上有较大灵活性,可直达仓库、码头、车站等地直接装卸。但公路运输的载货量较小,不适宜装卸大件和重件物品,也不适宜长途运输;成本费用比水路运输和铁路运输要高,超过一定的运输距离,运输费用会明显增加;且在车辆运输的过程中震动较大,尤其是在路况较差的情况下,很容易造成货损、货差事故。

2. 铁路运输

铁路运输是以机车牵引车辆,沿着铺有轨道的运行线路,借助通信和信号的联络,用来运送货物,实现货物在不同空间转移的活动。铁路运输的优点是运量大,运输成本低,速度快,安全可靠,受气候和自然条件的影响较小,在货物运输中具有较高的连续性和准确性。但铁路运输也有其局限性,主要是线路和设站固定,如需要再转运,不但会增加运输费用和时间,而且还会增加损耗。

3. 水路运输

水路运输是指使用船舶或其他航运工具,在江河、湖泊、运河、海洋上载运货物的一种方式。水路运输一般都具有运量大、运费低、耗能少的优点。对于运输体积大、价值低、不易腐烂的产品,是一种极为经济合理的运输方式。但水路运输常受水域、港口、船期等条件的限制,并且受季节、气候等自然条件的影响较大,运输连续性较差、速度慢、时间长。水路运输主要包括海上运输和内河运输两种方式。

4. 航空运输

航空运输是指使用飞机或航空器进行货物运送的一种运输方式。航空运输的重要性已越来越明显,对那些体积小、价值高的贵重物品,如科技仪表、珠宝、鲜活商品等,以及要求迅速交货或要做长距离运输的商品,是一种较为理想的运输方式。航空运输速度快、安全准确,虽然费用比铁路、公路等运输方式高,但许多企业的实践证明,它可降低所需存货的水平、仓储费用和包装成本。

5. 集装箱运输

集装箱运输是以集装箱为运输设备而进行的一种现代化的先进运输方式。既适用于各种运输方式的单独运输,又适用于不同运输方式的联合运输。集装箱运输是现代运输业的一项重要技术改革,具有装卸效率高、加速车船周转、货损货差小、包装费用省、简化货运手续、降低货运成本、劳动强度低等优点,是目前发展迅速,并在商品运输中占有重要地位的一种运输方式。集装箱运输的重要作用还在于它是发展多式联运的基础。这种在集装箱基础上发展起来的综合、连贯的新型运输方式,目前在国际货物运输中发展很快,所占的比重也越来越大。

6. 管道运输

管道运输是指使用管道输送气体、液体、浆料与粉状物体的一种运输方式。按输送物品的不同,可分为气体管道、液体管道、固体浆料管道。管道运输是一种不需要动力引擎,运输通道和运输工具合而为一,借高压气泵的压力把货物经管道向目的地输送的运输方式。管道运输具有迅速安全、货损货差小、运输货物无须包装、节省费用、成本低、管理简单、不受地面气候条件影响、可连续作业的优点。但固定资产投资大,机动灵活性差(永远单向运输)。一般来讲,管道大都是由管道所有者用来运输自有产品,不提供给其他发货人使用。目前,管道运输在邮政快递行业还未有应用。

知识链接:未来快递无人机运送

早在 2012 年,顺丰创始人王卫就提出了无人机运送快递的设想,此后顺丰一直在进行无人机运输测试,之前顺丰大型无人机测试飞行的视频也被曝光,目前来看,距离这一想法的落实已经不远了。

据公开资料显示,快递无人机一般配有 GPS 自控导航系统、iGPS 接收器、各种传感器以及无线信号收发装置。可以进行 GPS 自控导航、定点悬浮、人工控制等多种飞行模式。

互联网巨头公司联合快递公司都在涉足这一领域,未来无人机快递的前景还是非常广阔的。不过根据目前实际情况来看,目前无人机运输恐怕只能在偏远地区运行,而且无人机的安全性、稳定性也有待观察。由于无人机载重有限,飞行距离也不会太长,容易受到电磁、天气和人为干扰,目前来看大规模的无人机快递运送仍需摸索,不过未来应用前景还是值得期待的。

6.3.2 选择运输方式考虑的主要因素

各种运输方式拥有一系列服务属性,客户可以根据需求选择不同的运输方式。在运输方式选择模型中,有一些重要因素需要考虑,具体内容如下。

1. 货品特性

不同产品对运输的要求不同。一般来说,粮食、煤炭等大宗散货适宜选择水路运输,日用品、小批量近程运输货物适宜选择公路运输,海产品、鲜花等鲜活货品、时效性要求高的快件及宝石等贵重物品适宜选择航空运输,石油天然气等液体货物适宜选用管道运输。

2. 运输速度和运距

运输速度的快慢、运输路程的远近决定了货物运输时间的长短。在途运输货物会形成资金占用,因此,运输时间的长短对能否及时满足销售需要、减少资金占用有重要影响。运输速度和路程是选择运输方式时应考虑的一个重要因素。一般来说,批量大、价值低、运距短的商品适宜选择水路或铁路运输;批量小、价值高、运距长的商品适宜选择航空运输;批量小、距离近的适宜公路运输。

3. 运输容量

运输容量,即运输能力,以能够应付某一时期的最大业务量为标准。运输能力的大小对企业分销影响很大,特别是一些季节性商品,旺季时会使运输达到高峰状态。若运输能力小,不能合理、高效率地安排运输,就会造成货物积压,商品不能及时运往销地,使企业错失销售机会。运量与运输密度也有关,运输密度对于商品能否及时运送,使其在客户需要的时间内到达客户手中,争取客户、及时满足客户需要和扩大销售至关重要。

4. 运输成本

运输成本包括运输过程需要支出的财力、物力和人力费用。邮政快递企业在进行运输决策时,要受到经济实力以及运输费用的制约。如果企业经济实力弱,就不能使用运输费用高的运输工具,诸如航空运输。

5. 运输质量

运输质量包括可到达性、运输时间的可靠性、运输安全性、货差货损以及客户服务水平等方面,用户根据运输质量要求选择相应的运输方式。

6. 环境保护

运输业动力装置排出的废气是空气主要污染源,特别是在人口稠密的城市,汽车废气已经严重影响到了空气质量。比较各种运输方式对环境的影响,就单位运输产品的废气排放量,航空最多,其次是公路,较低的是铁路,水运对空气的污染极小,而管道运输几乎不会对空气产生污染。公路和铁路线路建设会占用大量土地,从而对生态平衡产生影响,使得人类的生存环境恶化。水路运输基本上是在自然河道和广阔的海域中进行,不会占用土地,但是油船运输的溢油事故会给海洋带来严重污染。在运输方式选择上,应综合各个因素,尽量选择污染少的运输方式。

6.3.3 运输方式选择的方法与模型

1. 单一运输方式选择的方法与模型

邮政快递企业根据快件特性、运输速度、运输容量、运输成本、运输质量和环境保护等因素,综合考虑选择单一种类的运输方式。常用的运输方式选择模型包括因素分析法、权重因素分析法和层次分析法等。

(1) 因素分析法

因素分析法首先确定在选择运输方式时应该考虑的一些重要因素和标准,然后对所有因素按照1~10进行评分,最后对各种运输方式合并所有评价因素,选取综合评分最高的运输方式作为最优选择。

因素分析法评分公式如下：

$$v(j) = \sum_{i=1}^{n} s(i,j) \tag{6-1}$$

其中,$v(j)$为运输方式j的综合得分;$s(i,j)$为第i个因素上运输方式j的得分;n为评价因素的总数。

【例 6-1】 某邮政快递企业对货品 A 的运输有公路、铁路、航空三种运输方式可以选择,根据货品特性、数量、运距和到达要求等对各运输方式的评分如表 6-1 所示,求取应该选择的运输方式。

表 6-1 运输方式的评分表

评价因素 运输方式	运输服务	运输成本	可达性	安全性	特殊要求的满意度
公路运输	7	8	6	8	8
铁路运输	8	7	7	7	7
航空运输	6	6	8	8	6

解 用因素分析法评分计算如下。

$$v(1)=7+8+6+8+8=37$$
$$v(2)=8+7+7+7+7=36$$
$$v(3)=6+6+8+8+6=34$$

因此,按照评分结果选择公路运输方式。

（2）权重因素分析法

权重因素分析法是因素分析法的扩展。根据各个评价标准的重要程度,给予其不同的权重值,以便得到更准确的评价结果。权重因素分析法评分公式如下:

$$v(j) = \sum_{i=1}^{n} w(i) \cdot s(i,j) \tag{6-2}$$

其中,$v(j)$为运输方式j的综合得分;$s(i,j)$为第i个因素上运输方式j的得分;$w(i)$为第i个因素的权重值;n为评价因素的总数。

具体算例可参考第 5 章中的"邮政快递智能系统节点选址的方法与模型"的"例 [5-1]"。

2. 多式联运运输方式选择的方法与模型

在选择多式联运运输方式时,除了快件类型、运输费用、运量等因素外,还需要考虑中转时间、中转费用、服务水平等因素。

在多式联运建模中,可以根据总时间、总费用等目标函数建模。下面以总费用最小为目标函数,对运输节点间只能选择一种运输方式为例,说明多式联运运输方式的选择问题。

各种变量说明如下。

$C_{i,i+1}^{j}$：从节点i到节点$i+1$选择第j种运输方式的费用。

t_i^{jl}：在节点i从第j种运输方式换装成第l种运输方式的换装费用。

$X_{i,i+1}^{j}$：0-1 变量,当$X_{i,i+1}^{j}=1$表示从节点i到节点$i+1$选择了第j种运输方式;当$X_{i,i+1}^{j}=0$表示从节点i到节点$i+1$未选择第j种运输方式。

r_i^{jl}：0-1 变量,当$r_i^{jl}=1$表示在节点i从第j种运输方式转换为第l种运输方式;当$r_i^{jl}=0$表示在节点i未从第j种运输方式转换为第l种运输方式。

目标函数：
$$\min Z = \sum_i \sum_j X_{i,i+1}^j \cdot C_{i,i+1}^j + \sum_i \sum_j \sum_l r_i^{jl} \cdot t_i^{jl} \qquad (6-3)$$

约束条件：
$$\sum_j X_{i,i+1}^j = 1 \qquad (6-4)$$

$$\sum_j \sum_l r_i^{jl} = 1 \qquad (6-5)$$

$$X_{i-1,i}^j + X_{i,i+1}^l \geqslant 2 r_i^{jl} \qquad (6-6)$$

$$X_{i,i+1}^j, r_i^{jl} \in \{0,1\} \qquad (6-7)$$

其中，式(6-3)为目标函数，以各种运输方式的运输总成本与换装总成本之和的最小化为目标，这是一个整数规划模型。式(6-4)表示从节点 i 到节点 $i+1$ 之间只能选择一种运输方式。式(6-5)表示节点 i 只发生一次换装。式(6-6)是确保运输的连续性。式(6-7)表示决策变量取值 0—1 变量。

模型求解可以选用动态规划思想，每个节点相当于动态规划的一个阶段，利用动态规划的逆序方法依次求取节点间的最佳运输方式。其中节点对之间的运输费用可表示如下：

$$P_{i-1}(j,l) = t_{i-1}^{jl} + Qc_{i-1,i}^l$$

其中，$P_{i-1}(j,l)$ 为运输总费用；t_{i-1}^{jl} 为中转费用；Q 为运量；$c_{i-1,i}^l$ 为选用第 l 种运输方式的单位运价。

【例 6-2】 假设一个运输线路上有 4 个城市，每个城市对之间有 3 种运输方式可以选择，城市对之间的运输费用和运输中转费用如表 6-2 和表 6-3 所示。假设运量 Q 为 25 个单位，试用动态规划方法求解最佳的运输方式组合。

表 6-2 各城市对之间的运输单价

运输方式	城市对		
	1—2	2—3	3—4
公路	3	4	2
铁路	2	5	3
航空	4	3	3

表 6-3 批量中转费用

运输方式转换	从公路到			从铁路到			从航空到		
	公路	铁路	航空	公路	铁路	航空	公路	铁路	航空
中转费用	0	2	1	2	0	2	1	2	0

解

(1) 对于第三个城市

① 若第三个城市以公路运输方式到达，则第三个城市与第四个城市之间选取各种运输方式的费用如下：

$$P_3(公, 公) = t_3^{公,公} + QC_{3,4}^{公} = 0 + 25 \times 2 = 50$$

$$P_3(公, 铁) = t_3^{公,铁} + QC_{3,4}^{铁} = 2 + 25 \times 3 = 77$$

$$P_3(公, 航) = t_3^{公,航} + QC_{3,4}^{航} = 1 + 25 \times 3 = 76$$

由计算可得:若第三个城市以公路的运输方式到达,则第三个城市与第四个城市之间选取公路运输最佳。

② 若第三个城市以铁路运输方式到达,则第三个城市与第四个城市之间选取各种运输方式的费用如下:

$$P_3(铁,公)=t_3^{铁,公}+QC_{3,4}^{公}=2+25\times 2=52$$
$$P_3(铁,铁)=t_3^{铁,铁}+QC_{3,4}^{铁}=0+25\times 3=75$$
$$P_3(铁,航)=t_3^{铁,航}+QC_{3,4}^{航}=2+25\times 3=77$$

由计算可得:若第三个城市以铁运输方式到达,则第三个城市与第四个城市之间选取公路运输最佳。

③ 若第三个城市以航空运输方式到达,则第三个城市与第四个城市之间选取各种运输方式的费用如下:

$$P_3(航,公)=t_3^{航,公}+QC_{3,4}^{公}=1+25\times 2=51$$
$$P_3(航,铁)=t_3^{航,铁}+QC_{3,4}^{铁}=2+25\times 3=77$$
$$P_3(航,航)=t_3^{航,航}+QC_{3,4}^{航}=0+25\times 3=75$$

由计算可得:若第三个城市以铁运输方式到达,则第三个城市与第四个城市之间选取公路运输最佳。

综上所述,在第三个城市与第四个城市之间选取公路运输方式。

(2) 对于第二个城市

① 若第二个城市以公路运输方式到达,则第二个城市与第三个城市之间选取各种运输方式的费用如下:

$$P_2(公,公)=t_2^{公,公}+QC_{2,3}^{公}+P_3(公,公)=0+25\times 4+50=150$$
$$P_2(公,铁)=t_2^{公,铁}+QC_{2,3}^{铁}+P_3(铁,公)=2+25\times 5+52=179$$
$$P_2(公,航)=t_2^{公,航}+QC_{2,3}^{航}+P_3(航,公)=1+25\times 3+51=127$$

计算可得最小运输费用为 $P_2(公,航)=127$。

② 若第二个城市以铁路运输方式到达,则第二个城市与第三个城市之间选取各种运输方式的费用如下:

$$P_2(铁,公)=t_2^{铁,公}+QC_{2,3}^{公}+P_3(公,公)=2+25\times 4+50=152$$
$$P_2(铁,铁)=t_2^{铁,铁}+QC_{2,3}^{铁}+P_3(铁,公)=0+25\times 5+52=177$$
$$P_2(铁,航)=t_2^{铁,航}+QC_{2,3}^{航}+P_3(航,公)=2+25\times 3+51=128$$

计算可得最小运输费用为 $P_2(铁,航)=128$。

③ 若第二个城市以航空运输方式到达,则第二个城市与第三个城市之间选取各种运输方式的费用如下:

$$P_2(航,公)=t_2^{航,公}+QC_{2,3}^{公}+P_3(公,公)=1+25\times 4+50=151$$
$$P_2(航,铁)=t_2^{航,铁}+QC_{2,3}^{铁}+P_3(铁,公)=2+25\times 5+52=179$$
$$P_2(航,航)=t_2^{航,航}+QC_{2,3}^{航}+P_3(航,公)=0+25\times 3+51=126$$

计算可得最小运输费用为 $P_2(航,航)=126$。

综上所述,在第二个城市与第三个城市之间选取航空运输方式。

(3) 对于第一个城市

第一个城市选取不同运输方式,其与第二个城市间的运输费用如下:

$$P_1(公)=QC_{1,2}^{公}+P_2(公,航)=25\times 3+127=202$$

$$P_1(\text{铁}) = QC_{1,2}^{\text{铁}} + P_2(\text{铁},\text{航}) = 25 \times 2 + 128 = 178$$
$$P_1(\text{航}) = QC_{1,2}^{\text{航}} + P_2(\text{航},\text{航}) = 25 \times 4 + 126 = 226$$

计算可得最小运输费用为 $P_1(\text{铁}) = 178$，则在第一个城市与第二个城市之间选取铁路运输方式。

各城市之间的最佳组合运输方式如表 6-4 所示，运输总费用为 178。

表 6-4 最佳组合的运输方式选择

城市对	1—2	2—3	3—4
运输方式	铁路	航空	公路

6.4 邮政快递智能运输系统运输线路规划与设计

6.4.1 邮政快递智能运输系统运输线路规划与设计的含义

邮政快递智能运输系统运输线路规划与设计是指对一系列的发货点和收货点，组织适当的行车路线使车辆有序地通过它们，在满足一定的约束条件下（货物需求量与发送量、车辆载重量和容积限制，行驶里程限制），力争实现一定的目标（行驶里程最短、使用车辆尽可能少）。由于运输作业情况复杂多变，不仅存在运输点多、货物种类多、道路网复杂、路况多变等情况，而且运输服务区域内需求网点分布也不均匀，使得路线规划与设计问题是一个无确定解多项式难题，需要启发算法去求得近似最优解。

6.4.2 影响运输线路选择的主要因素

邮政快递企业在规划与设计运输路线时，应该着重考虑以下因素。

1. 运输距离

在运输时，运输时间、运输货损、运费、车辆周转等运输的若干技术经济指标，都与运距有一定的比例关系，运距长短是运输线路是否合理的一个最基本因素。缩短运距无论是从宏观还是从微观角度看都会带来好处。

2. 运输环节

每增加一次运输，不但会增加起运的运费和总运费，而且必须要增加运输的附属活动，如装卸、包装等，各项技术经济指标也会因此下降。因此，减少运输环节，尤其是同类运输工具环节的减少，对合理化运输有促进作用。

3. 运输工具

各种运输工具都有使用的优势领域，对运输工具进行优化选择，按运输工具特点进行装卸运输作业，最大限度地发挥所有运输工具的作用。一般的，批量大、价值低、运距短的商品适宜选择水路或铁路运输；而批量小、价值高、运距长的商品适宜选择航空运输；批量小、运距近的适宜选择公路运输。

4. 运输时间

运输时间的长短对能否及时满足销售需要、减少资金占用有重要影响。运输时间短,有利于运输工具的加速周转,充分发挥运力的作用,有利于货主资金的周转,有利于运输路线通过能力的提高,对运输合理化有很大贡献。另外,运输时间也决定着能否满足货方的运输期限。在商品流通中,研究运输方式的现状,进行有计划的运输,期望有一个准确的交货日期是最基本的要求。

5. 运输费用

企业开展货物运输工作,必然要支出一定的财力、物力和人力,各种运输方式的运用都要支付一定的费用。运费高低在很大程度上决定整个邮政快递智能系统的竞争力。同时,企业进行运输决策时,也要受其经济实力以及运输费用的制约。但是,降低运输费用,无论对货主还是对邮政快递运营企业,都是运输合理化的一个重要目标。

6. 营运货物特点

营运货物的固有形态及储存特点是运输线路及运输方式选择的重要影响因素。一般来讲,大宗货物适宜选择水路和铁路运输,如煤炭、粮食等;保鲜性物品、小宗贵重物品适宜选择航空运输,如鲜花、宝石、精密仪器等;气态和液态货物则更适宜选用管道运输,如石油、天然气等。

7. 市场需求的缓急程度

市场需求的缓急程度也决定着邮政快递企业应当选择何种运输方式。时效性要求高的快件,就必须选择速度快的运输方式,如航空运输或汽车直达运输,以免延误时机;反之则选择成本较低、速度较慢的运输方式。

对运输线路的规划与设计作进一步定量分析,应考虑不同运输方式所提供的服务特征。这些服务特征中最重要的是成本、速度和可靠性。因此,服务成本、平均送达时间(速度)和运达时间的变动性(可靠性)应作为运输方式选择的依据。

6.4.3 运输线路优化方法与模型

运输线路优化主要是选择起点到终点的最短路,最短路的度量单位可能是时间最短、距离最短或费用最小等。运输线路优化是运输方式选择之后的又一重要运输决策,可分为点点间运输问题、多点间运输问题及回路运输问题。本小节将有针对性地进行讨论。

1. 点点间运输

对于分离的、单个起点和终点的点点间运输线路选择问题,最简单和最直观的方法是最短路径法。最短路径问题是线路优化模型理论中最为基础的问题之一,也是解决其他一些线路优化问题的有效工具。

最短路径问题,即求两个顶点间长度最短的路径。其中,路径长度不是指路径上边数的总和,而是指路径上各边的权值总和。路径长度的具体含义取决于边上权值所代表的意义,如费用、时间、距离等都可以。对最短路径问题的描述为:

假设有一个 n 个节点和 m 条弧的连通图 $G(V_n, E_m)$,图中的每条弧 (i,j) 都有一个长度 l_{ij}(费用 l_{ij}),则最短路径问题为在连通图 $G(V_n, E_m)$ 中找到一条从节点 1 到节点 n 距离最短(费用最低)的路径。

在考虑使用最短路径求解时,为了能够得到合理正确的解,问题模型一般需要满足一定的假设条件：
(1) 两点之间的弧线距离为整数；
(2) 在连通图中，从任何一个节点 v_i 到其他所有的节点都有直连的路径，如果存在不直接相连的节点对，则可以在它们之间加上一个极大的距离，如无穷大；
(3) 连通图的所有距离为非负；
(4) 连通图是有方向性的。

求此类最短路径问题主要有 Dijkstra 算法、逐次逼近算法、Floyd 算法等。这里主要介绍 Dijkstra 算法。

Dijkstra 算法的基本思路是：一个连通网络 $G(V_n, E_m)$ 中，求解从 v_1 到 v_n 的最短路径时，首先求出从 v_1 出发的一条最短路径，再参照它求出一条次短路径，依次类推，直到从顶点 v_1 到顶点 v_n 的最短路径求出为止。

Dijkstra 算法是采用标号法求解，标号是用来标记各个节点的属性的一套符号。一般说来，根据用来标记确定节点的标号属性和标记过程的不同，有两种不同的 Dijkstra 算法：一种是标号设定算法，另一种是标号修正算法。

这两种算法都是迭代算法，它们都是在每一步迭代中用试探性标号标记所有的试探点，通过一系列的试探寻找该步中的最短距离。标号设定算法和标号修正算法的不同点在于：标号设定算法是在每一次迭代中将得到的满意的试探标号设置为永久标号；而标号修正算法则是每一次迭代中将满意的试探性标号改为临时标号，直到最后一次迭代完成之后，才将所有的临时标号都转变为永久标号。这两种算法的适用范围也不完全相同，标号设定算法只适用于求解非负网络中的最短路径问题；而标号修正算法则可以解决一部分含有负路径的一般网络问题。但是，它同样不能解决路径总和为负值的问题。以下求解以标号设定算法为例。

标号设定算法中，可用两种标号：T 标号和 P 标号，T 标号为试探性标号，P 标号为永久性标号。给 v_i 点一个 P 标号时，表示从 v_1 到 v_i 点的最短路权，v_i 点的标号不再改变；给 v_i 点一个 T 标号时，表示从 v_1 到 v_i 点的估计最短路权的上界，是一种临时标号，凡是没有得到 P 标号的点都有 T 标号。该算法是每一步都把某一点的 T 标号改为 P 标号，当终点得到 P 标号时，则全部计算结束。对于 n 个顶点的图，最多 $n-1$ 步就可以得到从始点到终点的最短路。具体步骤如下：

(1) 给 v_1 以 P 标号，$P(v_1)=0$，其余各点均给 T 标号，$T(v_i)=+\infty$。
(2) 若 v_i 点为刚得到 P 标号的点，考虑这样的点 $v_j : (v_i, v_j)$ 属于 E_m，且 v_j 为 T 标号。对 v_j 的 T 标号进行如下的修改：$T(v_j) = \min[T(v_j), P(v_i) + l_{ij}]$。
(3) 比较所有具有 T 标号的点，把最小者改为 P 标号，当存在两个以上的最小者时，可同时改为 P 标号。若全部点均为 P 标号则停止，否则用 v_j 替代 v_i 转回(2)。

【例 6-3】 如图 6-5 所示为单行线交通网络，用 Dijkstra 算法求 v_1 到 v_6 点的最短路。

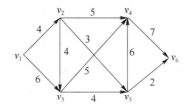

图 6-5 单行线交通网络

解 (1) 首先给 v_1 以 P 标号，$P(v_1)=0$，给其余各点均为 T 标号，$T(v_j)=+\infty$，$i=2,3,4,5,6$。

(2) 由于 $(v_1,v_2),(v_1,v_3)$ 边属于 E_m，v_2,v_3 为 T 标号，所以修改这两个点的标号：

$$T(v_2)=\min[T(v_2),P(v_1)+l_{12}]=\min[+\infty,0+4]=4$$

$$T(v_3)=\min[T(v_3),P(v_1)+l_{13}]=\min[+\infty,0+6]=6$$

比较所有 T 标号，$T(v_2)$ 最小，所以令 $P(v_2)=4$，记录路径 (v_1,v_2)。

(3) v_2 为得到的 P 标号，下面考察 $(v_2,v_3),(v_2,v_4),(v_2,v_5)$ 的端点 v_3,v_4,v_5：

$$T(v_3)=\min[T(v_3),P(v_2)+l_{23}]=\min[6,4+4]=6$$

$$T(v_4)=\min[T(v_4),P(v_2)+l_{24}]=\min[+\infty,4+5]=9$$

$$T(v_5)=\min[T(v_5),P(v_2)+l_{25}]=\min[+\infty,4+3]=7$$

比较所有 T 标号，$T(v_3)$ 最小，所以令 $P(v_3)=6$，记录路径 (v_1,v_3)。

(4) v_3 为得到的 P 标号，下面考察 $(v_3,v_4),(v_3,v_5)$ 的端点 v_4,v_5：

$$T(v_4)=\min[T(v_4),P(v_3)+l_{34}]=\min[9,6+5]=9$$

$$T(v_5)=\min[T(v_5),P(v_3)+l_{35}]=\min[7,6+4]=7$$

比较所有 T 标号，$T(v_5)$ 最小，所以令 $P(v_5)=7$，记录路径 (v_2,v_5)。

(5) v_5 为得到的 P 标号，下面考察 $(v_5,v_6),(v_5,v_4)$ 的端点 v_4,v_6：

$$T(v_4)=\min[T(v_4),P(v_5)+l_{54}]=\min[9,7+6]=9$$

$$T(v_6)=\min[T(v_6),P(v_5)+l_{56}]=\min[+\infty,7+2]=9$$

比较所有 T 标号，$T(v_4)=T(v_6)=9$ 最小，所以令 $P(v_4)=P(v_6)=9$，记录路径 (v_2,v_4) 和 (v_5,v_6)。

全部计算结果如图 6-6 所示，v_1 到 v_6 的最短路径 $v_1 \to v_2 \to v_5 \to v_6$，路长 $P(v_6)=9$，同时可以得到 v_1 到其余各点的最短路。

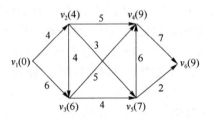

图 6-6 标号计算结果

一般交通网络均为双向通行网络，即为无向连通图，图中每一条边可看成两条方向相反的权值相同的弧，其求解方法同理。

2. 多点间运输

多点间运输问题是指起始点或目的点不唯一的运输调配问题。相对来说，多点间的运输调配问题更为复杂。

多点间运输问题中最为常见的问题是产销平衡运输问题，它们设计的总供应能力和总需求是一样的，但是由不同的路径进行配送时，会导致最终的总运输成本不一样。此类问题的目标就是寻找最低的总运输成本，在这类问题中，一般有 m 个已知的供应点，同时还有 n 个已知的需求点，它们之间由一系列代表距离或者成本的权重值连接起来。

产销平衡运输问题的数学模型可表示如下：

$$\min Z = \sum_{i=1}^{m}\sum_{j=1}^{n} c_{ij}x_{ij} \tag{6-8}$$

约束条件：

$$\sum_{j=1}^{n} x_{ij} = a_i, i=1,2,\cdots,m \tag{6-9}$$

$$\sum_{i=1}^{m} x_{ij} = b_j, j=1,2,\cdots,n \tag{6-10}$$

$$\sum_{i=1}^{m} a_i = \sum_{j=1}^{n} b_j \tag{6-11}$$

$$x_{ij} \geq 0, i=1,2,\cdots,m; j=1,2,\cdots,n \tag{6-12}$$

其中，c_{ij} 为第 i 个供应点向第 j 个需求点运输单位产品的费用；x_{ij} 为第 i 个供应点向第 j 个需求点运输的产品数量；m 为供应点的总数；n 为需求点的总数；a_i 为第 i 个供应点的产品供应量；b_j 为第 j 个需求点的产品需求量。

在模型中，目标函数式(6-8)表示运输总费用最小；式(6-9)是指由某一产地运往各个销地的产品数量之和等于该产地的产量；式(6-10)是指由各产地运往某一销地的产品数量之和等于该销地的销量；式(6-11)表示总产量和总销量平衡；式(6-12)为决策变量的非负条件。

产销平衡运输问题有如下特点：

(1) 约束条件系数矩阵的元素等于 0 或者 1；

(2) 约束条件系数矩阵的每一列有两个非零元素，这对应于每一个变量在前 m 个约束方程中出现一次，在后 n 个约束方程中也出现一次；

(3) 所有约束条件都是等式约束；

(4) 各产地产量之和等于各销地销量之和。

多点间的运输问题，目前主要有两大类的求解方法。其中有相对比较精确的求法——单纯形法，但是由于运输问题数学模型具有特殊的结构，应用单纯形法时有许多冗余的计算。另外一种方法称作表上作业法，即将运输问题用表格的形式来描述，而且通过在表格上面的操作来完成求解。

下面的例题用 Excel 软件中的"规划求解"工具进行求解。

【例 6-4】 某公司下设 3 个加工厂，每日的产量分别为 A_1——6 吨，A_2——7 吨，A_3——6 吨。公司把这些产品分销给 4 个销售地。各个销售地每日销量为：B_1——4 吨、B_2——5 吨，B_3——6 吨、B_4——4 吨。已知从各个工厂到各销售地的单位产品运价如 6-5 所示。问在满足各销售地需求量的前提下，该公司应该如何调运产品，使得总运费为最少？

表 6-5 单位产品运价、供应量和需求量表

供应点	需求点				供应量
	B_1	B_2	B_3	B_4	
A_1	3	10	4	3	6
A_2	2	9	1	6	7
A_3	7	4	10	5	6
需求量	4	5	6	4	19

解 由表 6-5 可知,该问题是产销平衡运输问题。

根据已知条件,需假设运输量为 x_{ij},其代表从供应点 i 向需求点 j 运输的产品吨数,则变量数据如表 6-6 所示。

表 6-6 变量表

供应点	需求点			B_4
	B_1	B_2	B_3	
A_1	x_{11}	x_{12}	x_{13}	x_{14}
A_2	x_{21}	x_{22}	x_{23}	x_{24}
A_3	x_{31}	x_{32}	x_{33}	x_{34}

由式(6-8)~(6-12)可分别建立该问题的目标函数和约束条件,其结果如下。

目标函数:
$$\min Z = 3x_{11} + 10x_{12} + 4x_{13} + 3x_{14} + \\ 2x_{21} + 9x_{22} + x_{23} + 6x_{24} + \\ 7x_{31} + 4x_{32} + 10x_{33} + 5x_{34}$$

约束条件:
$$x_{11} + x_{12} + x_{13} + x_{14} = 6$$
$$x_{21} + x_{22} + x_{23} + x_{24} = 7$$
$$x_{31} + x_{32} + x_{33} + x_{34} = 6$$
$$x_{11} + x_{21} + x_{31} = 4$$
$$x_{12} + x_{22} + x_{32} = 5$$
$$x_{13} + x_{23} + x_{33} = 6$$
$$x_{14} + x_{24} + x_{34} = 4$$
$$x_{ij} \geqslant 0, i = 1,2,3; j = 1,2,3,4$$

利用 Excel 软件中的"规划求解"工具进行求解,可以得到各供应点向需求点运输产品的吨数,如表 6-7 所示。

表 6-7 变量求解结果

供应点	需求点				供应量
	B_1	B_2	B_3	B_4	
A_1	3	0	0	3	6
A_2	1	0	6	0	7
A_3	0	5	0	1	6
需求量	4	5	6	4	19

将表 6-7 求出的结果代入所建立的目标函数中,可求出最小运输成本:
$$\min Z = 3 \times 3 + 10 \times 0 + 4 \times 0 + 3 \times 3 + \\ 2 \times 1 + 9 \times 0 + 6 + 6 \times 0 + \\ 7 \times 0 + 4 \times 5 + 10 \times 0 + 5 \times 1 \\ = 51 \text{ 吨}$$

其中,"规划求解"工具的界面及问题求解结果如图 6-7 所示。

需求点\	B_1	B_2	B_3	B_4	供应量
A_1	3	0	0	3	6
A_2	1	0	6	0	7
A_3	0	5	0	1	6
需求量	4	5	6	4	19

需求点\	B_1	B_2	B_3	B_4
A_1	3	10	4	3
A_2	2	9	1	6
A_3	7	4	10	5

目标函数	51

约束条件	6	=	6
	7	=	7
	6	=	6
	4	=	4
	5	=	5
	6	=	6
	4	=	4

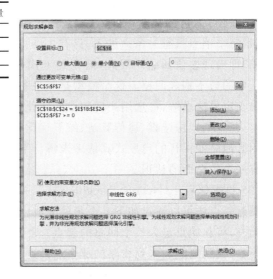

图 6-7 "规划求解"工具的界面及问题求解结果

3. 回路运输

1) 单回路运输——TSP 模型及求解

单回路运输问题是指在运输路线优化时,在一个节点集合中,选择一条合适的路径遍历所有的节点,并且要求路径闭合。单回路运输模型在运输决策中,主要用于单一车辆的路径安排,目标是在该车辆遍历所有用户的同时,达到所行驶的距离最短。这类问题的两个显著特点是:① 单一性,只有一个回路;② 遍历性,经过所有用户,不可遗漏。

(1) TSP 模型

旅行商问题(Traveling Salesman Problem,TSP)模型是单回路运输问题中最典型的一种模型,它是指:一个旅行商从某一城市出发,到 n 个城市去售货,要求访问每个城市各一次且仅一次然后回到原城市,问这个旅行商应该走怎样的路线才能使走过的总里程最短(或旅行费用最低)。到目前为止,对 TSP 问题还没有提出多项式算法,是一个典型的 NP-Hard 问题。对于较大规模的 TSP 问题(如 n 大于 40)常要通过启发式算法获得近似最优解。

TSP 问题的模型可以描述如下:在给出一个有 n 个顶点的连通图中(有向或无向),寻求一条包含所有 n 个顶点的具有最小总权(可以是距离、费用、时间等)的回路。

TSP 模型的数学描述为:

$$\min Z = \sum_{i=1}^{n}\sum_{j=1}^{n} c_{ij} x_{ij} \tag{6-13}$$

约束条件:

$$\sum_{j=1}^{n} x_{ij} = 1, i = 1,2,\cdots,n \tag{6-14}$$

$$\sum_{i=1}^{n} x_{ij} = 1, j = 1,2,\cdots,n \tag{6-15}$$

$$\{(i,j): i,j = 2,\cdots,n; x_{ij} = 1\} \text{ 不包含子回路} \tag{6-16}$$

$$x_{ij} \in \{0,1\}, i = 1,2,\cdots,n; j = 1,2,\cdots,n \tag{6-17}$$

其中，c_{ij} 为第 i 个节点到第 j 个节点所在边的权数；x_{ij} 为 0-1 决策变量，$x_{ij}=1$ 表示连接节点 i 到节点 j 的边，$x_{ij}=0$ 表示不连接节点 i 到节点 j 的边；n 为节点的总数。

式(6-13)为目标函数，表示总权数最小；式(6-14)表示每个顶点只有一条边出去；式(6-15)表示每个顶点只有一条边进入；只有式(6-14)与式(6-15)两个约束条件，可能会出现子回路现象，即出现多条回路。因此，需要加上式(6-16)这一约束，即除了起点边与终点边以外，其他选中的边不构成回路。这个模型是 0-1 整数规划问题。对于此模型的小规模问题的求解可用分支定界法求解，可选用一些现成的优化软件；对于大规模问题也可用现代优化技术，如模拟退火算法、禁忌搜索、遗传算法、蚁群优化算法等启发式算法。当然，对于不同规模的问题可选用其他简便可行的启发式算法来求解。下面介绍两种相对简单的启发式算法，以便对该方法有一个较全面的认识。

(2) 最近邻点法 (Nearest Neighbor)

最近邻点法可以通过如下 5 个步骤完成：

第一，将起始点定为整个回路的起点。

第二，找到离刚加入到线路的那个点最近的一个点，并将其加入到线路中。

第三，重复第二步骤，直到集合中所有节点都加入到了线路中。

第四，将最后加入的节点和起始点连接起来，形成回路。

第五，按流线线型要求调整回路的形状。如果调整后的结果小于第四步骤所得的解，将该解定为 TSP 问题的解。

【例 6-5】 现有一个连通图，共有 6 个节点，即 $n=6$。它们之间的距离如表 6-8 所示，单位为 km，它们的相对位置关系如图 6-8(a) 所示，利用最近临点法求通过各节点的最短的封闭回路，假设节点 V_1 为起始节点。

表 6-8 距离矩阵

	V_1	V_2	V_3	V_4	V_5	V_6
V_1	—	10	6	8	7	15
V_2		—	5	20	15	16
V_3			—	14	7	8
V_4				—	4	12
V_5					—	6
V_6						—

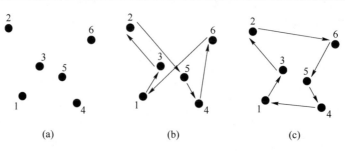

图 6-8 最近邻点法的求解过程

解 按照最近邻点法的求解步骤进行求解，具体过程如下：

① 因为节点 V_1 为起始节点，且与节点 V_1 最近的节点为 V_3，故将节点 V_3 插入到线路：

$$T_1 = \{V_1, V_3\}$$

② 与节点 V_3 最近的且未加入到线路中的节点为 V_2,故将节点 V_2 插入到线路:
$$T_2 = \{V_1, V_3, V_2\}$$

③ 与节点 V_2 最近的且未加入到线路中的节点为 V_5,故将节点 V_5 插入到线路:
$$T_3 = \{V_1, V_3, V_2, V_5\}$$

④ 与节点 V_5 最近的且未加入到线路中的节点为 V_4,故将节点 V_4 插入到线路:
$$T_4 = \{V_1, V_3, V_2, V_5, V_4\}$$

⑤ 将最后一个未加入到线路中的节点 V_6 插入到线路中,并将起始节点 V_1 加入到节点 V_6 之后,形成闭合回路:
$$T_5 = \{V_1, V_3, V_2, V_5, V_4, V_6, V_1\}$$

⑥ 计算闭合回路 T_5 的总行驶里程:
$$S_5 = S_{13} + S_{32} + S_{25} + S_{54} + S_{46} + S_{61} = 6+5+15+4+12+15 = 57 \text{ km}$$

⑦ 最后按流线型要求,对回路 T_5 进行调整得:
$$T = \{V_1, V_3, V_2, V_6, V_5, V_4, V_1\}$$

⑧ 计算闭合回路 T 的总行驶里程:
$$S = S_{13} + S_{32} + S_{26} + S_{65} + S_{54} + S_{41} = 6+5+16+6+4+8 = 45 \text{ km}$$

⑨ 因为 $S < S_5$,故得最终的闭合回路为:
$$T = \{V_1, V_3, V_2, V_6, V_5, V_4, V_1\}$$

(3) 最近插入法(Nearest Insertion)

最近插入法是 Rosenkrantz 和 Stearns 等人在 1977 年提出的另一种解决 TSP 问题的算法,它比最近邻点法复杂,但可得到相对满意的解。最近插入法可以通过如下步骤完成。

第一,从第一点 V_1 出发,找到距离最近的节点 V_a' 形成一个子回路,$T = \{V_1, V_a', V_1\}$。

第二,在余下的节点中,寻找一个距离子回路中某一节点最近的节点 V_k。

第三,在子回路中找到一条弧 (i, j),使 $C_{i,k} + C_{k,j} - C_{i,j}$ 最小,然后将节点 V_k 插入到节点 V_i 和 V_j 之间,用两条新弧 (i, k),(k, j) 代替原来的弧 (i, j),形成新的子回路。

第四,重复第二步骤和第三步骤,直到所有节点都加入到子回路中。此时,子回路就演变成一个 TSP 的解。

【例 6-6】 表 6-9 给出 5 个节点的距离矩阵,试用最近插入法分别求其对应的闭合回路 T,并计算相对应的总行使距离 S。

表 6-9 距离矩阵

	V_1	V_2	V_3	V_4	V_5
V_1	—	6	10	5	14
V_2		—	8	7	15
V_3			—	4	12
V_4				—	18
V_6					—

解 按照最近插入法的求解步骤进行求解,具体过程如下:

① 与 V_1 距离最近的节点为 V_4,则形成初始子回路:
$$T_1 = \{V_1, V_4, V_1\}$$

② 计算离 V_1 和 V_4 距离最近的节点，并计算应该插入的位置，形成新的子回路：

$$C_{1,2}=6, \quad C_{1,3}=10, \quad C_{1,5}=14$$
$$C_{4,2}=7, \quad \boxed{C_{4,3}=4}, \quad C_{4,5}=18$$

因此，与 V_1 和 V_4 距离最近的节点为 V_3。

将 V_3 插入 V_1 和 V_4 之间时，得到的子回路距离增加值为：

$$\Delta C_{1,4}=C_{1,3}+C_{3,4}-C_{1,4}=10+4-5=9$$

将 V_3 插入 V_4 和 V_1 之间时，得到的子回路距离增加值为：

$$\Delta C_{4,1}=C_{4,3}+C_{3,1}-C_{4,1}=4+10-5=9$$

因为 $\Delta C_{1,4}=\Delta C_{4,1}=9$，则可将 V_3 插入 V_1 和 V_4 之间，也可插入 V_4 和 V_1 之间。此处，将 V_3 插入 V_1 和 V_4 之间，此时可形成新的子回路：

$$T_2=\{V_1,V_3,V_4,V_1\}$$

③ 计算离 V_1，V_3 和 V_4 距离最近的节点，并计算应该插入的位置，形成新的子回路：

$$\boxed{C_{1,2}=6}, \quad C_{1,5}=14$$
$$C_{3,2}=8, \quad C_{3,5}=12$$
$$C_{4,2}=7, \quad C_{4,5}=18$$

因此，与 V_1，V_3 和 V_4 距离最近的节点为 V_2，将 V_2 插入到子回路中。

将 V_2 插入 V_1 和 V_3 之间时，得到的子回路距离增加值为：

$$\Delta C_{1,3}=C_{1,2}+C_{2,3}-C_{1,3}=6+8-10=4$$

将 V_2 插入 V_3 和 V_4 之间时，得到的子回路距离增加值为：

$$\Delta C_{3,4}=C_{3,2}+C_{2,4}-C_{3,4}=8+7-4=11$$

将 V_2 插入 V_4 和 V_1 之间时，得到的子回路距离增加值为：

$$\Delta C_{4,1}=C_{4,2}+C_{2,1}-C_{4,1}=7+6-5=8$$

因为 $\Delta C_{1,3}<\Delta C_{4,1}<\Delta C_{3,4}$，则将 V_2 插入 V_1 和 V_3 之间，此时可形成新的子回路：

$$T_3=\{V_1,V_2,V_3,V_4,V_1\}$$

④ 将 V_5 插入到子回路中，考虑：

将 V_5 插入 V_1 和 V_2 之间时，得到的子回路距离增加值为：

$$\Delta C_{1,2}=C_{1,5}+C_{5,2}-C_{1,2}=14+15-6=23$$

将 V_5 插入 V_2 和 V_3 之间时，得到的子回路距离增加值为：

$$\Delta C_{2,3}=C_{2,5}+C_{5,3}-C_{2,3}=15+12-8=19$$

将 V_5 插入 V_3 和 V_4 之间时，得到的子回路距离增加值为：

$$\Delta C_{3,4}=C_{3,5}+C_{5,4}-C_{3,4}=12+18-4=26$$

将 V_5 插入 V_4 和 V_1 之间时，得到的子回路距离增加值为：

$$\Delta C_{4,1}=C_{4,5}+C_{5,1}-C_{4,1}=18+14-5=27$$

因为 $\Delta C_{2,3}<\Delta C_{1,2}<\Delta C_{3,4}<\Delta C_{4,1}$，则将 V_5 插入 V_2 和 V_3 之间，此时可形成最终的闭合回路：

$$T=\{V_1,V_2,V_5,V_3,V_4,V_1\}$$

对应的行驶距离 $S=6+15+12+4+5=42$ km。

2）多回路运输——VRP 模型及求解

（1）VRP 模型

由于客户的需求总量和运输车辆能力有限之间存在的矛盾，运输应是一个多回路的运输问题,解决此类问题的核心是车辆的调度。因此,VRP(Vehicle Routing Problem)模型应运而生。

所谓 VRP,一般是指对一系列发货点和收货点,组织调用一定的车辆,安排适当的行车路线,使车辆有序地通过,在满足指定的约束条件下(货物的需求量与发货量、交货发货时间、车辆可载量限制、行驶里程限制、行驶时间限制等),力争实现一定的目标(如车辆空驶总里程最短、运输总费用最低、车辆按一定时间到达、使用的车辆数量小等)。

车辆调度问题的分类法很多,例如:可根据车辆是否满载分为满载问题与非满载问题;根据任务特征可分为纯装、纯卸或者装卸混合问题;根据使用的车场数目分为单车场问题与多车场问题;根据可用车辆的车型数分为单车型问题与多车型问题等。

运用 VRP 模型,对实际问题进行研究时,需要考虑以下几个方面的问题。

第一,仓库。仓库级数,每级仓库的数量、地点与规模。

第二,车辆。车辆型号和数量,容积和运作费用,出发时间和返回时间、司机休息时间,最大的里程和时间限制。

第三,时间窗。各处的工作时间不同,需要各地协调。

第四,顾客。顾客需求、软硬时间窗、装载或卸载、所处位置、优先级。

第五,道路信息。车辆密度、道路交通费用、距离或时间属性。

第六,货物信息。货物种类、兼容性和保鲜要求。

第七,运输规章。工人每天工作时间规定,车辆的维护周期。

一个典型的 VRP 模型可以表述如下:

第一,基本条件。

现有 m 辆相同的车辆停靠在一个共同的源点 v_0,需要给 n 个顾客提供货物,顾客为 v_1, $v_2,\cdots,v_n$。

第二,模型目标。

确定所需要的车辆的数目 N,并指派这些车辆到一个回路中,同时包括回路内的路径安排和调度,使得运输总费用 C 最小。

第三,限制条件。

(Ⅰ)$N \leqslant m$;

(Ⅱ)每一个订单都要完成;

(Ⅲ)每辆车完成任务之后都要回到源点;

(Ⅳ)车辆的容量限制不能超过,特殊问题还需要考虑时间窗的限制;

(Ⅴ)运输规章的限制。

情况不同,车辆调度问题的模型及构造有很大差异。为简化车辆调度问题的求解,常常应用一些技术使问题分解或转化为一个或几个已经研究过的基本问题,再用相应比较成熟的基本理论和方法,以得到原问题的最优解或满意解。VRP 常用的基本问题有旅行商问题、分派问题、运输问题、背包问题、最短路径问题、最小费用流问题和中国邮递员问题。

知识链接:中国邮递员问题

1962 年中国数学家管梅谷先生提出中国邮递员问题(简称 CPP),是著名图论问题之一。一个邮递员从邮局出发,要走完他所管辖的每一条街道,可重复走一条街道,然后返回邮局。问题是邮递员如何选择一条尽可能短的路线。

下面介绍两种求解 VRP 模型的方法。

(2) 节约里程法

① 节约里程法的核心思想和条件

节约里程法(Savings Algorithm)是 Clarke 和 Wright 在 1964 年提出的。可以用它来解决运输车辆数目不确定的 VRP 问题。

节约里程法的核心思想是将运输问题中存在的两个回路 $T_1=\{0,\cdots,i,0\}$ 和 $T_2=\{0,j,\cdots,0\}$ 整合成一个回路 $T^*=\{0,\cdots,i,j,\cdots,0\}$。回路整合后,运输距离下降,相应的变化值称作节约距离,其大小为:

$$\Delta C_{ij} = c_{i0} + c_{0j} - c_{ij} \tag{6-18}$$

使用节约里程法应满足以下条件:

(Ⅰ) 满足所有用户的要求;

(Ⅱ) 不使任何一辆车超载;

(Ⅲ) 每辆车每天的总运行时间或行驶里程不超过规定的上限;

(Ⅳ) 满足用户到货时间要求,不得超过规定时间。

② 节约里程法的基本步骤

节约里程法求解时可按如下步骤进行:

(Ⅰ) 按钟摆直送方式,构建初始配送运输方案。

(Ⅱ) 计算所有路程的节约量,按降序排列合并回路。

(Ⅲ) 因 ΔC_{ij} 最大值的存在,i 和 j 两客户目前尚不在同一运输线上,在 i,j 两客户的需求量之和小于车辆的额定载重量时,删除回路 $T_1=\{0,i,0\}$ 和 $T_2=\{0,j,0\}$,按新回路 $T^*=\{0,i,j,0\}$ 同时向 i,j 送货,可最大限度地节约配送里程,由此形成第一个修正方案。

(Ⅳ) 在余下的 ΔC_{ij} 中,选出最大的,只要 i,j 两客户目前还不在同一运输线路上,合并回路 $T_1=\{0,\cdots,i,0\}$ 和 $T_2=\{0,j,\cdots,0\}$,修正原修正方案,构成新的回路 $T^*=\{0,\cdots,i,j,\cdots,0\}$,直至该回路中运输车辆的能力得到满足;否则,另外构造新的回路。

(Ⅴ) 按 ΔC_{ij} 的降序排列顺序继续迭代,直至所有的节约量都已得到处理。

③ 使用节约里程法进行配送路线优化时需要注意的事项

(Ⅰ) 适用于客户需求稳定的邮政快递转运中心。

(Ⅱ) 应充分考虑交通和道路情况。

(Ⅲ) 充分考虑在收货站的停留时间。

(Ⅳ) 要考虑驾驶员的作息时间及客户要求的交货时间。

(Ⅴ) 当需求量大时,求解变得复杂,需要借助计算机辅助计算,直接生成结果。

【例 6-7】 设某分拨中心 P_0 向 7 个用户 P_i 配送货物,其配送路线网络、分拨中心与用户的距离以及用户之间的距离如图 6-9、表 6-10 和表 6-11 所示,图 6-9 中括号内的数字表示客户的需求量(单位:t),线路上的数字表示两节点之间的距离(单位:km),现分拨中心有 2 台 4 吨卡车和 2 台 6 吨卡车两种类型的车辆共计 4 台可供使用。

(1) 试用节约里程法制订最优的配送方案。

(2) 设分拨中心在向用户配送货物过程中单位时间平均支出成本为 45 元,假定卡车行驶的平均速度为 25 km/h,试比较优化后的方案比单独向各用户分送可节约多少费用?

(3) 配送货物的运输量是多少?

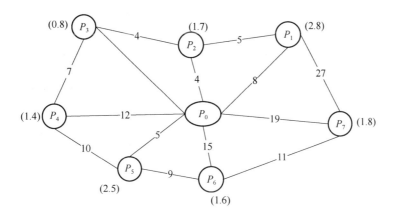

图 6-9 配送线路网络图

表 6-10 各客户需求量表

	P_1	P_2	P_3	P_4	P_5	P_6	P_7
需求	2.8	1.7	0.8	1.4	2.5	1.6	1.8

表 6-11 距离矩阵

	P_0	P_1	P_2	P_3	P_4	P_5	P_6	P_7
P_0	—							
P_1	8	—						
P_2	4	5	—					
P_3	11	9	4	—				
P_4	12	16	11	7	—			
P_5	5	13	9	13	10	—		
P_6	15	22	18	22	19	9	—	
P_7	19	27	23	30	30	20	11	—

解

(1) 先优化配送运输路线,计算节约里程数

第一步,根据距离矩阵,按节约里程公式(6-18)求出相应的节约里程数,如表 6-12 中括号内数字表示。

表 6-12 距离矩阵和节约里程表

	P_0	P_1	P_2	P_3	P_4	P_5	P_6	P_7
P_0	—							
P_1	8	—						
P_2	4	5(7)	—					
P_3	11	9(10)	4(11)	—				
P_4	12	16(4)	11(5)	7(16)	—			
P_5	5	13(0)	9(0)	13(3)	10(7)	—		
P_6	15	22(1)	18(1)	22(4)	19(8)	9(11)	—	
P_7	19	27(0)	23(0)	30(0)	30(1)	20(4)	11(23)	—

第二步,按节约里程数大小排列顺序,如表 6-13 所示。

表 6-13 节约里程排序表

序 号	路 线	节约里程	序 号	路 线	节约里程
1	P_6P_7	23	9	P_2P_4	5
2	P_3P_4	16	10	P_3P_6	4
3	P_2P_3	11	11	P_1P_4	4
4	P_5P_6	11	12	P_5P_7	4
5	P_1P_3	10	13	P_3P_5	3
6	P_4P_6	8	14	P_1P_6	1
7	P_4P_5	7	15	P_2P_6	1
8	P_1P_2	7	16	P_4P_7	1

第三步,按节约里程数大小,组成配送路线图,如图 6-10 所示。

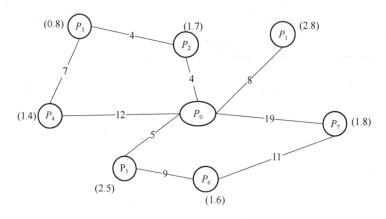

图 6-10 节约里程法求解出的配送路径

优化后配送路线如下:

① $T_1=\{P_0-P_5-P_6-P_7-P_0\}$,节约里程为 $11+23=34$ km,总行驶里程为 44 km,运输量为 $2.5+1.6+1.8=5.9$ t,使用一辆 6 吨车。

② $T_2=\{P_0-P_2-P_3-P_4-P_0\}$,节约里程为 $16+11=27$ km,总行驶里程为 27 km,运输量为 $1.4+0.8+1.7=3.9$ t,使用一辆 4 吨车。

③ $T_3=\{P_0-P_1-P_0\}$,总行驶里程为 16 km,运输量为 2.8 t,使用一台 4 吨车。

共节约里程为 $\Delta S=34+27=61$ km。

(2) 节省的配送时间为: $\Delta t=\Delta S/V=61/25=2.44$ h

节省的费用为: $TC=\Delta t \times T=2.44 \times 45=109.8$ 元

运输量 $=5.9+3.9+2.8=12.6$ t

(3) 旋转射线法

旋转射线法是 Gillert 和 Miller 在 1974 年首先提出的。旋转射线法求解 VRP 问题时分如下几步完成:

第一,建立极坐标系。以起始点作为极坐标的原点,使射线的初始位置不与任意客户位置相交,建立一个极坐标系。然后对所有的客户所在的位置,进行坐标系的变换,全部都转换为极坐标。

第二,分组。从最小角度的客户开始,建立一个组,按逆时针方向,将客户逐个加入到组中,直到客户的需求总量超出了负载限制;然后建立一个新的组,继续按逆时针方向旋转,直到新组中客户的需求总量超出了负载限制;如此重复,直到所有的客户都被分类为止。

第三,路径优化。各个分组内的客户点就是一个个单独的 TSP 模型的路线优化问题,可以用前面介绍的 TSP 模型的方法对结果进行优化,选择合适的路线。

【例 6-8】 现有一个分拨中心 0,需要对 8 个客户提供货物,客户的需求量与极坐标的角度值如表 6-14 所示,客户的距离矩阵如表 6-15 所示,位置关系如图 6-11 所示。设每个车辆的运输能力是 14 个单位的货物,现有足够多的车辆。试用旋转射线法对该运输问题进行求解。

表 6-14 需求量与极坐标的角度值

客　户	1	2	3	4	5	6	7	8
需求量/个单位	6	4	5	3	6	2	3	4
角坐标/(°)	130	50	90	280	210	250	330	310

表 6-15 距离矩阵

距离	0	1	2	3	4	5	6	7	8
0	—	11	10	10	7	12	13	11	13
1		—	15	8	16	14	15	16	15
2			—	6	15	16	18	8	12
3				—	12	13	13	12	11
4					—	7	5	4	5
5						—	2	10	9
6							—	11	10
7								—	4
8									—

解 (1)建立极坐标系,本例题中直接给出极坐标系,如图 6-11 所示。

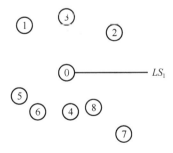

图 6-11 客户与分拨中心的极坐标系

(2)分组过程,从角度为 0 沿逆时针方向旋转射线 LS_1,第一个被分组的是客户 2,此时 Load1=4;继续旋转射线 LS_1,下一个被分组的是客户 3,此时 Load1=4+5=9;由于负载还没有超过限制 Load Limit=14,继续转射线 LS_1,下一个被分组的是客户 1,此时 Load1=4+5+

$6=15>14=$Load Limit；按照分组规则，第一组只包含客户 2 和 3。客户 1 需要分到第二组中，此时 Load2=6；继续旋转射线 LS_2，下一个被分组的是客户 5，此时 Load2=6+6=12；继续旋转射线 LS_2，下一个被分组的是客户 6，此时 Load2=6+6+2=14=Load Limit；按照分组规则，第二组包含客户 1、5 和 6。继续旋转射线 LS_3，下一个被分组的是客户 4，此时 Load3=3；继续旋转射线 LS_3，下一个被分组的是客户 8，此时 Load3=3+4=7；继续旋转射线 LS_3，下一个被分组的是客户 7，此时 Load3=3+4+3=10；此时，所有客户都已被分类，则第三组包含客户 4、8 和 7。

（3）组内的线路优化。对于上面的三组，每个组都是单回路运输问题，可用 TSP 模型进行路径优化。可以利用最近插入法求解，求解结果为：{0,2,3,0}，{0,6,5,1,0}，{0,4,7,8,0}。三条路径的里程数分别为：26，40 和 28。总里程为 94。三条路径的运输量分别为：9,14 和 10。

采用旋转射线法求解出的运输路线如图 6-12 所示。

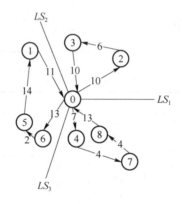

图 6-12　采用旋转射线法求解出的运输路线

知识链接：海尔的 GIS 技术在服务维修路径优化方面的应用

刚开始，海尔广泛采用人海战术，要求员工先记住各个城市网点的分布情况，然后根据用户提供的信息，将维修任务派送到服务人员认为最近的网点。之后，服务人员用纸质的比例地图算出该维修网点到用户位置的直线距离，以此作为结算费用的依据，但这也存在问题，如有的服务商会说测量的路是直线距离，实际要绕行，因而要求多增加 6 公里，维修成本就这样上升了。

很显然，这种通过手工方法得到的信息，无论是在准确性还是详细程度上都存在问题，而且使用人海战术，直接导致人力成本上升。

既然意识到这些问题，就要采取切实、有效的措施来堵塞漏洞，在节省成本的同时，还要保证优质服务。

GIS 技术的出现，为海尔提供了完善服务、有效节省成本的良好契机。从 2006 年开始，海尔就引入了 GIS 系统，以提升海尔的售后服务水平。在科技的带动下，海尔加强了地理信息处理能力。GIS 系统包含了几乎所有县级道路网和 200 多个城市的详细道路信息，并且记录了超过 100 万条的地址信息。这些海量数据和信息，通过海尔智能终端设备的处理，可以在很短的时间内计算出最靠近用户的网点及网点到用户位置的最佳路线，同时，这些信息又可以以无线传输的方式送达服务网点。这一技术的应用，几乎涵盖了手工操作的所有环节，不但快速，而且准确度也非常高。

可以说，GIS技术的应用，为海尔物流插上了科技的翅膀。如今，海尔服务流程更加自动化和智能化：首先用户打电话报修，服务中心工作人员登记用户信息后，系统自动匹配用户地址，然后清楚地显示服务网点到用户位置的距离，最后将服务信息自动传送到网点，网点维修工程师再上门提供维修服务。在这套系统的支持下，海尔客服部门每天可以处理10万次左右的服务请求，大大提高了客服部门的效率和效益。

案例——智能交通系统在物流中的应用

物流必须依靠现代信息技术的支持。现代信息技术，如智能交通系统(Intelligent Transport System, ITS)等，可以对城市物流中的部分关键领域提供有力支撑，给物流经营方案的实施提供保障，使限时送达和优质服务得以真正实现。

ITS在物流运输中有广泛的应用前景：

(1) ITS可为物流系统提供全面、准确的基础数据，分析预测货物流量、流向及其变化规律，减少物流规划中的盲目性。

一个区域的人口、资源、工商企业分布、工商企业规模、产品种类、产量、销售情况、主要销地、货物流量、流向、交通设施分布、交通状况等数据资料信息往往分别以文件、数据表格、地形图样、施工图样等形式保存在各个不同的单位和部门，并没有一个完整的管理系统把它们真正的统一管理起来，永久保存。这就给数据的查询、检索带来了许多不便，影响对交通问题的快速反应，不能满足信息迅速膨胀的现代物流管理的需要。同时，保存、整理这些资料也耗费了大量的人力、物力和财力。ITS可以将所有地形图资料的属性数据与地形图上的地理空间数据结合起来，自动进行多层叠加分析、路径分析、动态监测分析，直观生动地显示生产厂家、产品销地、配送中心、转运中心、仓储设施、重货物流向分布、流量大小、人口(消费地)以及相互间道路交通的分布信息，取得"一目了然"的效果，这对城市物流系统规划、完善城市物流分析起着重要作用。

(2) ITS为物流系统营运或物流企业的方案决策提供科学的参考依据，实现方案决策的可视化，促进物流相关部门管理的科学化、信息化进程。

GIS物流分析软件是集成了车辆路线模型、最短路径模型、网络物流模型、分配集合模型、设施定位模型等ITS模型、数学模型和运算法则于一体的物流分析软件：可用于物流配送的车辆优化调度，解决诸如M个产地、N个销地的货物运输中，如何在保证服务质量的前提下，合理安排用车数量及每辆车的回程路线以使物流费用最优等问题；可用于城市物流网络设施(如转运中心)的选址规划，在产地、销地、仓库、运输线路组成的物流网络中，确定仓库的最佳数量、位置、规模，可以辅助解决划分最合理的销售市场范围或服务范围等问题。

基于GIS的车辆优化调度系统以GIS为基础平台，以区域电子地图为基础地理信息来源，集车辆优化调度算法和数据库管理于一体，是一个先进的图形、图像处理及数据可视化技术系统。它为用户的商业配送业务提供全面的解决方案、信息收集、管理、统计分析，为物流配送优化调度的应用提供了一个良好的使用环境。

基于GIS信息平台，采用相应的软件计算进行线路优化和装车配载优化，以提高配送资源的利用率。如果单纯利用GPS技术，则只能实现物流配送车辆的位置、轨迹优化，对干线运输来说，基本可以满足要求，但是对多点配送来说，只知道车的位置是远远不够的。

(3) 对货运车辆进行实时跟踪、监控，提高车辆利用率和客户服务水平，加速城市物流系统的信息化进程。

现代物流系统的重要特征之一是，各种尖端信息技术和通信技术的使用确保了物流系统的目标(在正确的时间,将指定的货物低成本、高质量地送到正确的地点)的实现。GIS 与全球卫星定位系统(GPS)集成,利用 GIS 软件制作市区电子地图,通过车载 GPS 系统可实时跟踪车辆的运行轨迹。一方面,物流企业可对企业所属车辆进行监控,提高车辆利用率;另一方面,客户可通过客户接口对自己所购货物的状态进行实时查询,对货物的发出时间、现在的位置以及到货时间做到心中有数,增强客户的信任度,从而提高对物流服务的满意度。

资料来源:方仲民,郑秀妙.物流系统规划与设计[M].3 版.北京:机械工业出版社,2015:110-111.

第 7 章 邮政快递智能管理信息系统规划与设计

本章主要对邮政快递智能管理信息系统规划与设计进行介绍,主要包括邮政快递智能管理信息系统概述、邮政快递智能管理信息系统规划与设计的关键技术、邮政快递智能管理信息系统的开发策略与开发方法、邮政快递智能管理各子信息系统规划与设计等几部分内容。

7.1 邮政快递智能管理信息系统概述

7.1.1 邮政快递智能管理信息系统的概念

邮政快递智能管理信息系统是以现代管理思想和理论为依据,以计算机软硬件、网络通信和其他现代信息技术为技术基础,以充分利用信息资源、实施邮政快递业务、控制业务过程、支持邮政快递企业决策为手段,以减低企业成本、提高企业效益和效率、增加企业的核心竞争力为目的,智能地进行邮政快递信息的收集、整理、存储、加工处理、更新维护、输出和传输的集成化的人机系统。

邮政快递智能管理信息系统是在保证收寄、运输、处理(到站接收、快件分拣、总包封装、快件发运等)、派送等信息通畅的基础上,使通信据点、通信线路、通信手段网络化,提高邮政快递智能系统的效率。

7.1.2 邮政快递智能管理信息系统的组成要素

可以从不同的角度来理解邮政快递智能管理信息系统的组成要素。

1. 从概念的角度上来看

邮政快递智能管理信息系统的组成要素包括信息源、信息处理器、信息用户和信息管理者。

(1) 信息源

信息源主要来自内部信息和外部信息。其中,内部信息是指邮政快递企业的内部生产经营活动所产生的数据,如运营数据、财务数据和人事数据等;外部信息是指来自邮政快递企业外部环境的数据,如国家政策、经济形势、市场调查数据等。

(2) 信息处理器

信息处理器担负着信息的传输、加工、转换、处理和保存等任务,它由信息采集、信息加工变换、信息传输、信息存储等装置组成,其主要功能是获取信息,并且对其进行加工、转换,然后将信息提供给用户(信息接收者)。

(3) 信息用户和信息管理者

信息用户是信息的接收者,他们利用信息进行各项管理决策。信息管理者负责邮政快递智能管理信息系统的开发与运行工作,负责系统中各个组成部分的协调配合,使之成为一个有机的智能整体。

2. 从层次结构的角度上来看

邮政快递智能管理信息系统的组成要素包括用户层、业务层、功能层、数据层、工具层、操作系统层和物理层。

3. 从系统组成的角度上来看

邮政快递智能管理信息系统的组成要素包括硬件、软件、信息资源、相关人员、邮政快递管理思想和理念、管理制度与规范。

(1) 硬件

邮政快递智能管理信息系统的硬件包括计算机、网络通信设备和安全设备等。它们是邮政快递智能管理信息系统的物理设备,是实现管理信息系统的基础,构成了系统运行的硬件平台。

(2) 软件

邮政快递智能管理信息系统的软件包含操作系统、数据库系统、业务处理应用系统等,并运行于网络硬件设备与各种邮政快递企业的工具之上。其中,邮政快递智能管理信息系统的各类业务处理子系统,以及支撑业务系统运行的数据库构成了邮政快递智能系统的信息平台。

(3) 信息资源

数据、信息、知识、模型是邮政快递企业运行与管理的无形资源,属于邮政快递企业的信息资源。数据、信息存放在数据库与数据仓库中,是实现辅助邮政快递企业管理和支持决策的数据基础。随着互联网特别是移动互联网的深入应用和计算机安全技术、网络技术、通信技术等发展,邮政快递企业与用户对邮政快递系统的信息资源的利用将不断地提高,并成为邮政快递企业决策支持系统不可缺少的部分。

(4) 相关人员

邮政快递智能信息系统的开发涉及多方面的人员,有专业技术人员、领导、终端用户。其中涉及系统使用和管理的人员包括邮政快递企业的高层领导、信息主管、中层管理人员、业务主管、业务人员,而涉及到系统开发和设计的有系统分析员、系统设计员、程序设计员、系统维护人员等。不同的人员在邮政快递智能信息系统开发过程上起着不同的作用。对一个邮政快递企业来说,应该配什么样的专业队伍,取决于企业对邮政快递智能系统开发的管理模式。

(5) 邮政快递管理思想和理念

在邮政快递行业的发展过程中,产生了许多新的管理思想和理念,而这些管理思想和理念通过实践促进了邮政快递行业的发展,例如供应链管理理念(SCM)、第三方物流(3PL)、供应商库存(VMI)、仓配一体化等。邮政快递企业本身的决策者和管理者以及其客户所能接受和贯穿的管理思想和理念的程度决定邮政快递智能管理信息系统的结构,是邮政快递智能管理信息系统的灵魂。

(6) 管理制度与规范

邮政快递企业的管理制度与规范通常包括组织机构、部门职责、业务规范和流程、岗位制度等,它是邮政快递智能管理信息系统成功开发和运行的管理基础和保障,它是构造邮政快递智能管理信息系统模型的主要参考依据,制约着系统硬件平台的结构、系统的计算模式以及应用软件的功能。

7.1.3 邮政快递智能管理信息系统的功能

一个典型的邮政快递智能管理信息系统的功能体现在如下几个方面。

1. 业务运作、信息采集和技术应用基础功能

(1) 紧扣从收寄到投递以及内部处理各个环节作业流程这条主线,把牢快件收寄、投递和各处理环节基础信息采集的第一关,完整实现快件全信息的及时、快速采集和传递,一次录入、全网共享。

(2) 通过统一标准下的多样化信息采集方式和手段,包括自主信息采集、电子化支局和大客户系统收寄、投递信息的采集和接入,便携式设备、远程终端和联机终端等特种方式信息采集和应用,分散式与集中式录入兼顾,即时录入与事后按要求补录相结合,实现信息完整规范采集和及时传递。

(3) 适应规范化、成熟化的基础业务和个性化突出的特殊业务,以及其他新业务同时运作又互不影响。

(4) 全力构建一个高起点、高性能、高扩展、架构科学合理,由系列主机集群及相关先进技术和工具组成的全国集中式平台系统。

2. 快件全过程实时动态跟踪查询功能

(1) 确保快件各处理环节的信息及时、准确、快速、完整地采集和及时传递;确保国内各业务处理部门与各级各类快件和总包运递部门间交接信息、起运、卸运信息、发运计划、计划变更、实际发运信息、经转信息,包括干线和非干线的汽车、火车和航空等运输信息的及时准确有效采集和传递。

(2) 力争实现国际快件的境内、外业务处理信息,交接、速递和经转信息,海关等官方机构验放处理信息的及时准确有效采集和传递。

(3) 努力实现各类快件和总包的全过程、多节点实时动态信息采集、反馈和跟踪查询,包括特种业务、特殊快件、特殊服务的特殊方式跟踪查询功能。例如,可以同时利用快递单号或与其相应内件中的其他方式唯一识别号码进行关联、互动,实现跟踪查询,可以在对代收货款快件进行跟踪查询的同时,实现对相关货款回收情况的跟踪查询,可以对一票多件的快件进行跟踪查询,可以对绿色通道、回执、签收真迹等特殊快件实现各环节提示、提醒和处理信息反馈。

3. 信息和系统运行以及业务运作质量监控管理功能和应急处理功能

(1) 丰富和细化对各类快件业务的信息采集、上网传递,以及完整、准确及时、有效的监控管理功能,提供异常显示、预防、改进、补救措施和手段确保信息数据的高质量。

(2) 加强信息系统自身运行状况的监控管理,包括系统网络运行、各节运行、设备利用、设备运行、信息传输、互联互通、信息共享的实现状况,以及数据库参数等的监控、预警、预防、改进和补救,确保系统不间断运行,提供有效运维,遇有故障,应能及时有效告警,及时有效恢复,确保重要数据不受损失,生产运作不受影响,系统功能不打折扣,遇有突发事件事故或严重自然灾害等特殊情况,应能提供应急处置方式和手段,保证全系统基本生产运作顺畅,相关信息数据补救及时、有效、有记录。

(3) 努力实现包括收、投、分、封、运、转在内的生产运作质量监控,特别是全程时限、进口时限以及分段时限的监控管理,相关快件及其总包重要错误和质量问题的监控、管理,及时发现,及时纠正,提供准确连续跟踪、继续记录可查功能,提供责任判定,考核结算的基础数据等。

4. 服务市场、服务客户功能

通过多种有效的方式和手段方便大客户使用业务,提供周到的售前、售后服务,重点管好大客户合同、资费政策和资费稽核,对大客户用快件情况追踪分析,加强客户关系管理工作和功能,提供客户培育、客户挽留,客户关怀和客户维护支撑服务等功能。

5. 综合统计分析和经营管理预测支撑功能

(1) 引用高水平的数据分析、挖掘、钻取工具,全面实现综合统计分析,全国信息数据采用集中存储,统一开发应用方式,提供分级、分时、分层、分类,可灵活组合的多样式综合统计分析功能可供各级各方调用,可向其提供相关数据,供其自主深度开发利用。

(2) 确保各类信息数据的完整、准确、有效、不重复,充分加强全国资费统计分析管理,各环节业务处理量、运输量的统计分析,相关账目结算数据核对,以及业务经营成本核算等功能,为经营管理预测提供强有力的支撑。

6. 依靠科技进步和创新实现对业务处理、发展和调整的重点支撑功能

(1) 适应业务流程再造,有效解决快件大集中处理方式和自动化分拣需要,可采用实物流与信息流既相辅相成,又相对独立的运作模式,灵活实现处理节点可调节,快件处理可按需实现大集中、全信息、多稽核功能,同时解决好信息与实物的管理归属,数量、质量的责任判定,考核结算等问题。

(2) 加强高新技术、设备和功能在重点城市、重点地区和重点业务方面的投入应用和支撑,有效促进重点业务的发展和质量提升。

(3) 加强系统网络管理的监控,同时平台应易扩展、易接入,并可快速实现有效兼容,方便大客户以及合作伙伴等方面的各种信息,可直接导入相应平台,并正确分类,减少信息重复录入,尽可能方便和简化各环节手工操作程度,提高业务处理、信息采集速度和准确性,减轻劳动强度,提高设备利用率和多用性。

7. 与邮政内、外各相关信息系统和相关标准规范的关系

(1) 在现有子系统正常运行的同时,并行开发构建一个新平台,两者间互不影响,相互联通,并逐步过渡、切换,最终实现整体无缝隙升级与上下级两子系统相对独立运行,原则上以袋内快件的处理和整袋快件的交接发运为工作内容分界点,生产作业信息与交接发运经转信息,包括计划发运、计划变更和实际发运信息,双向互联互通、信息共享,标准格式统一,保证质量追踪监控,对于非干线运输部分的总包快件交接、运递信息采集与传递,亦应通过多方协调,共同努力,保证予以妥善解决。

(2) 与电子化分公司系统、大客户处理系统等相辅相成,互联互通,分公司的快件收寄、投递信息必须根据业务需求完整准确地录入并全部接入速递系统,其余部分数据和特殊要求及功能由速递系统另行弥补解决,确保数据标准统一,信息采集及时、准确、完整,一次录入、整体共享共用,共同支持量收系统和模拟核算等系统。

(3) 可适度实现快件大集中、自动化分拣处理,确保实物流、信息流合理调整,业务流程处理顺畅,数量、质量、责任归属清晰,信息全网互联共享,考虑并适应与其他邮政快递内外系统的互联互通、信息共享、互动共用,要花大力气深入了解,努力解决好与邮政快递系统外的,特别是国内、外运输部门、地面站以及官方检验机构的信息系统的互联互通、信息共享关系,了解掌握相关数据接口、格式规范、互通协议等,为实现快件及总包全过程实时动态跟踪查询功能奠定基础。

(4) 原则采纳已有的科学合理的各项邮政快递标准和规范,指导和适用于平台开发建设,如邮政快递业务种类代码标准、大客户编码标准、大客户行业分类标准、邮政快递机构代码标准等。

7.2 邮政快递智能管理信息系统规划与设计的关键技术

7.2.1 SOA 架构技术

1. SOA 架构概述

SOA 是一种粗粒度、松耦合服务架构,服务之间通过简单、精确定义接口进行通信,不涉及底层编程接口和通信模型。SOA 将能够帮助软件工程师们站在一个新的高度理解企业级架构中的各种组件的开发、部署形式,它将帮助企业系统架构者以更迅速、更可靠、更具重用性架构整个业务系统。

2. 体系结构

虽然基于 SOA 的系统并不排除使用面向对象的设计来构建单个服务,但是其整体设计却是面向服务的。由于 SOA 考虑到了系统内的对象,所以虽然 SOA 是基于对象的,但是作为一个整体,它却不是面向对象的。SOA 系统原型的一个典型例子是通用对象请求代理体系结构(Common Object Request Broker Architecture,CORBA),它已经出现很长时间了,其定义的概念与 SOA 相似。

SOA 依赖于一些更新的进展,这些进展是以可扩展标记语言(Extensible Markup Language,XML)为基础的。通过使用基于 XML(标准通用标记语言的子集)的语言(称为 Web 服务描述语言(Web Services Definition Language,WSDL))来描述接口,服务已经转到更动态且更灵活的接口系统中。

SOA 应该能够将业务的商业流程与它们的技术流程联系起来,并且映射出这两者之间的关系。例如,给供应商付款的操作是商业流程,而更新零件数据库,以增加新供应的货物却是技术流程。因而,工作流还可以在 SOA 的设计中扮演重要的角色。

此外,动态业务的工作流不仅可以包括部门之间的操作,甚至还可以包括与不被控制的外部合作伙伴进行的操作。因此,为了提高效率,需要定义应该如何得知服务之间的关系的策略,这种策略常常采用服务级协定和操作策略的形式。

最后,所有这些都必须处于一个信任和可靠的环境之中,以同预期的一样根据约定的条款来执行流程。因此,安全、信任和可靠的消息传递应该在任何 SOA 中都起着重要的作用。

3. SOA 的优势

SOA 借助现有的应用来组合产生新服务的敏捷方式,提供给企业更好的灵活性来构建应用程序和业务流程。SOA 的优势如下。

(1) SOA 可通过互联网服务器发布,从而突破企业内网的限制,实现与供应链上下游伙伴业务的紧密结合。通过 SOA 架构,企业可以与其业务伙伴直接建立新渠道,建立新伙伴的成本得以降低。

(2) SOA 与平台无关,减少了业务应用实现的限制。要将企业的业务伙伴整合到企业的"大"业务系统中,对其业务伙伴具体采用什么技术没有限制。

(3) SOA 具有低耦合性特点,业务伙伴对整个业务系统的影响较低。在企业与各业务伙伴关系不断发生变化的情况下,节省的费用会越来越多。

(4) SOA 具有可按模块分阶段进行实施的优势。可以成功一步再做下一步,将实施对企业的冲击减少到最小。

(5) SOA 的实施可能并不具有成本显著性。这要分三种情况加以讨论:

① 当企业从零开始构建业务系统时,采用 SOA 架构与不采用 SOA 架构成本可看作是相同的。

② 当企业业务发展或发生企业重组等变化而原有系统不能满足需要,而需要重构业务系统时,采用 SOA 架构与不采用 SOA 架构成本可看作是相同的。

③ 当企业业务发生缓慢变化并可预见到将来需要重构业务系统时,由于可以按模块分阶段逐步实施 SOA 以适应变化的需要,这样企业不需一下投入一大笔经费进行系统改造,而是根据企业业务发展情况和资金情况逐步投入,缓解了信息投入的压力。

7.2.2 Web Service 技术

1. Web Service 基本概念

Web Service 也称为 XML Web Service。Web Service 是一种可以接收从 Internet 或者 Intranet 上的其他系统中传递过来的请求,轻量级的独立的通信技术。通过 SOAP 在 Web 上提供的软件服务,使用 WSDL 文件进行说明,并通过 UDDI 进行注册。

(1) XML(Extensible Markup Language,可扩展置标语言)。面向短期的临时数据处理、面向万维网络,是 SOAP 的基础。

(2) SOAP(Simple Object Access Protocol,简单对象存取协议)是 XML Web Service 的通信协议。当用户通过 UDDI 找到你的 WSDL 描述文档后,他可以通过 SOAP 调用你建立的 Web 服务中的一个或多个操作。SOAP 是 XML 文档形式的调用方法的规范,它可以支持不同的底层接口,像 HTTP(S)或者 SMTP。

(3) WSDL(Web Services Description Language)文件是一个 XML 文档,用于说明一组 SOAP 消息以及如何交换这些消息。大多数情况下由软件自动生成和使用。

(4) UDDI (Universal Description Discovery and Integration)是一个主要针对 Web 服务供应商和使用者的新项目。在用户能够调用 Web 服务之前,必须确定这个服务内包含哪些商务方法,找到被调用的接口定义,还要在服务端来编制软件,UDDI 是一种根据描述文档来引导系统查找相应服务的机制。UDDI 利用 SOAP 消息机制(标准的 XML/HTTP)来发布、编辑、浏览以及查找注册信息。它采用 XML 格式来封装各种不同类型的数据,并且发送到注册中心或者由注册中心来返回需要的数据。

2. 调用原理与方式

Web 服务有两层含义:一个是指封装成单个实体并发布到网络上的功能集合体;另一个是指功能集合体被调用后所提供的服务。Web 服务的体系结构是基于 Web 服务提供者、Web 服务请求者、Web 服务中介者三个角色和发布、发现、绑定三个动作构建的,如图 7-1 所示。

第 7 章　邮政快递智能管理信息系统规划与设计

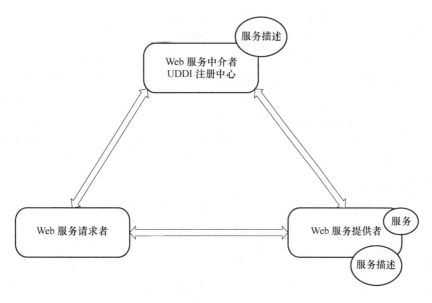

图 7-1　Web Service 的体系结构

实现一个完整的 Web 服务包括以下步骤：

（1）Web 服务提供者设计实现 Web 服务，并将调试正确后的 Web 服务通过 Web 服务中介者发布，并在 UDDI 注册中心注册。

（2）Web 服务请求者向 Web 服务中介者请求特定的服务，中介者根据请求查询 UDDI 注册中心，为请求者寻找满足请求的服务。

（3）Web 服务中介者向 Web 服务请求者返回满足条件的 Web 服务描述信息，该描述信息用 WSDL 写成，各种支持 Web 服务的机器都能阅读。

（4）利用从 Web 服务中介者返回的描述信息生成相应的 SOAP 消息，发送给 Web 服务提供者，以实现 Web 服务的调用。

（5）Web 服务提供者按 SOAP 消息执行相应的 Web 服务，并将服务结果返回给 Web 服务请求者。

3. 信息安全问题

在 Web Service 中的安全主要分为以下三个方面：

（1）传输：SSL/HTTPS 对连接加密，而不是传输数据。

（2）消息：数据加密（XML Encryption）、数字签名（XML－DSIG）。

（3）底层架构：利用应用服务安全机制。

传输时的安全是最容易被加入到 Web Service 应用中的，利用现有 SSL 和 HTTPS 协议，就可以很容易地获得连接过程中的安全。

然而，这种安全实现方法有两个弱点：一是它只能保证数据传输的安全，而不是数据本身的安全，数据一旦到达某地，那么就可以被任何人所查看。而在 Web Service 中，一份数据可能到达多个地方，而这份数据却不该被所有的接受者所查看。二是它提供的是要么全有要么全无的保护，不能选择哪部分数据要被保护，而这种可选择性也是在 Web Service 中所常要用到的。

第二层的保护是对于消息本身的保护。可以使用已有的 XML 安全扩展标准，实现数字签名的功能，从而保证消息是来自特定方并没有被修改过。XML 文件的加密技术从更大程度上加强了 Web Service 的安全,它能够定制数据传输到后,能否被接受者所查看,进一步完善了传输后的安全,业界也在不断地制定 Web Service 的安全标准,比如 SAML 和 WS-Security。

最后一层保护就是依靠底层架构的安全,这更多地来自于操作系统和某些中间件的保护。如在 J2EE 中,主持 Web Service 的应用服务器。目前很多的 J2EE 应用服务器都支持 Java Authentication and Authorization Service(JAAS),这是最近被加入到 J2SE 1.4 当中的。利用主持 Web Service 的服务器,实现一些安全机制这是很自然的做法。另一种利用底层架构的安全方法就是,做一个独立的、负责安全的服务器,Web Service 的使用者和创建者都需要与之取得安全信任。

4. Web Service 技术特点

Web Service 的主要目标是跨平台的可互操作性。为了实现这一目标,Web Service 完全基于 XML(可扩展置标语言)、XSD(XML Schema)等独立于平台、独立于软件供应商的标准,是创建可互操作的、分布式应用程序的新平台。因此,使用 Web Service 有许多优点。

(1) 跨防火墙的通信

如果应用程序有成千上万的用户,而且分布在世界各地,那么客户端和服务器之间的通信将是一个棘手的问题。因为客户端和服务器之间通常会有防火墙或者代理服务器。传统的做法是,选择用浏览器作为客户端,写下众多 ASP 页面,把应用程序的中间层暴露给最终用户。这样做的结果是开发难度大,程序很难维护。要是客户端代码不再如此依赖于 HTML 表单,客户端的编程就简单多了。如果中间层组件换成 Web Service 的话,就可以从用户界面直接调用中间层组件,从而省掉建立 ASP 页面的那一步。要调用 Web Service,可以直接使用 Microsoft SOAP Toolkit 或 .net 这样的 SOAP 客户端,也可以使用自己开发的 SOAP 客户端,然后把它和应用程序连接起来。不仅缩短了开发周期,还减少了代码复杂度,并能够增强应用程序的可维护性。同时,应用程序也不再需要在每次调用中间层组件时,都跳转到相应的"结果页"。

(2) 应用程序集成

企业级的应用程序开发者都知道,企业经常把用不同语言写成的、在不同平台上运行的各种程序集成起来,而这种集成将花费很大的开发力量。应用程序经常需要从运行的一台主机上的程序中获取数据;或者把数据发送到主机或其他平台应用程序中去。即使在同一个平台上,不同软件厂商生产的各种软件也常常需要集成起来。通过 Web Service,应用程序可以用标准的方法把功能和数据"暴露"出来,供其他应用程序使用。

XML Web Services 提供了在松耦合环境中使用标准协议(HTTP、XML、SOAP 和 WSDL)交换消息的能力。消息可以是结构化的、带类型的,也可以是松散定义的。

(3) B2B 的集成

B2B(Business to Business)指的是企业对商家的电子商务,即企业与企业之间通过互联网进行产品、服务及信息的交换。通俗的说法是指进行电子商务交易的供需双方都是商家,他们使用了 Internet 的技术或各种商务网络平台,完成商务交易的过程。

Web Service 是 B2B 集成成功的关键。通过 Web Service,公司可以只需把关键的商务应用"暴露"给指定的供应商和客户就可以了。Web Service 运行在 Internet 上,在世界任何地方都可轻易实现,其运行成本就相对较低。Web Service 只是 B2B 集成的一个关键部分,还需要许多其他的部分才能实现集成。用 Web Service 来实现 B2B 集成的最大好处在于可以轻易实现互操作性。只要把商务逻辑"暴露"出来,成为 Web Service,就可以让任何指定的合作伙伴调用这些商务逻辑,而不管他们的系统在什么平台上运行,使用什么开发语言。这样就大大减少了花在 B2B 集成上的时间和成本。

(4) 软件和数据重用

Web Service 在允许重用代码的同时,可以重用代码背后的数据。使用 Web Service,再也不必像以前那样,要先从第三方购买、安装软件组件,再从应用程序中调用这些组件;只需要直接调用远端的 Web Service 就可以了。另一种软件重用的情况是,把好几个应用程序的功能集成起来,通过 Web Service"暴露"出来,就可以非常容易地把所有这些功能都集成到门户站点中,为用户提供一个统一的、友好的界面。可以在应用程序中使用第三方的 Web Service 提供的功能,也可以把自己的应用程序功能通过 Web Service 提供给别人。两种情况下,都可以重用代码和代码背后的数据。

7.2.3　EAI 技术

1. EAI 技术概述

狭义的 EAI(Enterprise Application Integration)是企业应用整合,仅指企业内部不同应用系统之间的互连,以期通过应用整合实现数据在多个系统之间的同步和共享。

伴随着 EAI 技术的不断发展,它所被赋予的内涵变得越来越丰富。现在的 EAI 具有更为广义的内涵,它已经被扩展到业务整合(Business Integration)的范畴,它将应用整合进一步拓展到业务流程整合的级别。业务整合不仅要提供底层应用支撑系统之间的互连,同时要实现存在于企业内部应用与应用之间,本企业和其他合作伙伴之间的端到端的业务流程的管理,它包括应用整合、B2B 整合、自动化业务流程管理、人工流程管理、企业门户以及对所有应用系统和流程的管理和监控等方方面面。

2. EAI 技术层次体系

一套完整的 EAI 技术层次体系应该包括应用接口层、应用整合层、流程整合层和用户交互层等四个大的层面。

(1) 应用接口层

EAI 的应用接口层主要是通过适配器技术将原有数据库系统、应用系统和原有网络服务组件封装起来,实现系统之间的互通互联。

(2) 应用整合层

应用整合层是 EAI 技术层次体系中的核心层次,该层次是连接业务流程管理层和应用接口层的桥梁。数据信息在业务流程中的流转以及在各个应用系统之间的交互必须建立在数据源和数据目的地都能理解该数据信息的基础之上。在应用整合层定义了能为数据产生源、数据处理地、数据投送地都能理解的信息处理规范方式、方法和规则,包括数据格式定义、数据转换和消息路由。

(3) 流程整合层

一个完整的业务流程整合方案应该包括业务流程管理(BPM)、业务行为监控(BAM)、企业间整合(B2Bi)三个主要方面,只有具备了这三方面的能力,企业才能真正从业务整合中受益,实现随需应变的电子商务。

(4) 用户交互层

用户交互层是 EAI 与用户实现人机交互在表示层面上的扩展。涉及的内容包括展示内容的集成(门户应用)、单点登录(Single Sign On)、用户统一管理、用户认证授权的管理等。现今很多 EAI 产品都提供了对用户集成这几方面内容的支持。

EAI 解决方案中除了涵盖以上这四个层面之外,当然还需要提供一些基础服务,如底层的数据通信服务、信息安全服务、事物处理服务和系统管理服务等。

7.2.4 中间件技术

1. 中间件概述

中间件是位于平台(硬件和操作系统)和应用之间的通用服务,这些服务具有标准的程序接口和协议。针对不同的操作系统和硬件平台,它们可以有符合接口和协议规范的多种实现。中间件带给应用系统的,不只是开发的简便、开发周期的缩短,也减少了系统的维护、运行和管理的工作量,还减少了计算机总体费用的投入。

2. 中间件的分类

中间件所包括的范围十分广泛,针对不同的应用需求涌现出多种各具特色的中间件产品。但至今中间件还没有一个比较精确的定义。因此,在不同的角度或不同的层次上,对中间件的分类也会有所不同。由于中间件需要屏蔽分布环境中异构的操作系统和网络协议,它必须能够提供分布环境下的通信服务,我们将这种通信服务称之为平台。基于目的和实现机制的不同,平台可分为三类:远程过程调用(Remote Procedure Call)、面向消息的中间件(Message-Oriented Middleware)、对象请求代理(Object Request Brokers)。

7.2.5 邮政快递智能管理信息系统的安全技术

管理信息系统安全技术是指为了保障信息资产的完整性、保密性、可用性和可控性,而采取的一系列技术手段和安全措施。通过专业可靠的安全技术来解决邮政快递企业日常运行中的各种安全问题,是降低风险,提高信息安全水平的一个重要手段。

1. 身份认证技术

身份认证技术是信息安全理论与技术的一个重要方面,是安全系统中的第一道关卡。用户在访问安全系统之前,首先经过身份识别,然后根据用户的身份和授权数据库决定用户是否能够访问某个资源,将非法访问者拒之门外。在安全的网络通信中,涉及的通信各方必须通过某种形式的身份验证机制来证明他们的身份,然后才能实现对于不同用户的访问控制和记录。认证技术的核心是验证被认证对象的参数的真实性与有效性,用户认证的过程就是用户向需要认证的服务器提交能够证明用户身份的证据。

2. 访问控制技术

访问控制是网络安全保护和防范的主要策略,保证网络资源不被非法访问和使用是其主要任务。访问控制采用的控制手段比较多,其中包括入网访问控制、网络权限控制、目录级安全控制、属性安全控制以及服务器安全控制等多种主要手段。

3. 入侵检测技术

任何试图危害资源的可用性、保密性和完整性的活动集合称为入侵。检测入侵活动就是所谓的入侵检测,并采取相对应的措施。动态网络检测技术中包含了入侵检测技术,可以在网络系统中识别恶意的使用行为,包括内部用户的未经授权活动和来自外部用户的入侵行为,网络中一旦发现入侵现象,就应该进行相应的处理。根据若干关键点收集的信息,在计算机系统或者网络中对其进行分析,以确定是否有被攻击的迹象和违反安全策略的行为。

入侵检测系统将得到的数据进行分析,并实现智能化处理,从而得出具有价值的结果。入侵检测系统可以使网络管理员的很多工作得到简化,以确保网络能够安全地运行。实时攻击识别和网络安全检测可以通过入侵检测技术来实现,由于入侵检测系统只是网络系统安全的一个组成部分,因此,在网络安全系统中需要结合使用防火墙等技术,从而实现完整的网络安全解决方案。入侵检测技术在网络中可以对网络攻击行为做出反应和正确识别,由于行为发现是入侵检测技术的侧重点,在整个网络的访问控制策略不能用来代替系统的防火墙。

4. 数据库加密技术

由于传统的数据库保护方式是通过设定口令和访问权限等方法实现的,这就留下了一个很大的安全漏洞——数据库管理员可以不加限制地访问数据库中的所有数据,解决这一问题的关键是要对数据库加密。

5. 数据传输加密技术

数据传输加密技术主要是对传输中的数据流进行加密,以防止通信线路上的窃听、泄漏、篡改和破坏。如果以加密实现的通信层次来区分,加密可以在通信的三个不同层次来实现,即链路加密(位于OSI网络层以下的加密)、节点加密、端到端加密(传输前对文件加密,位于OSI网络层以上的加密)。

6. 密码技术

密码技术是网络传输信息和存储信息保护的重要手段,它可以实现信息加密、数字签名等安全服务,大大加强信息保密性、完整性、可认证性等。保证信息的机密性是密码技术的最高目标。利用密码技术,可以将某些重要信息和数据从一个可以理解的明文形式变换成一种复杂错乱的、不可理解的密文形式,在线路上传送或在数据库中存储,其他用户再将密文还原成为明文。这样,即使别人窃取了数据,由于没有密钥而无法将之还原成明文,从而保证了数据的安全性。

数据加密的方法很多,常用的加密方法有常规的对称密码方法和公开密钥方法两大类。前者的加密和解密的密钥相同;而后者的加密密钥和解密密钥则不同,由公开密钥无法推算出私有密钥,因此加密密钥可以公开而解密密钥需要保密。

7. 防火墙

防火墙是用于检测入侵并阻止来自或接入专用网络的未授权访问的系统。可以把防火墙看作企业内部关键的安全防护措施,它能发现任何突破企业外围防御的入侵者。

防火墙可以基于硬件、软件或软硬件组合,通常用来阻止未授权的因特网用户访问与因特网连接的专用网络,尤其是专用的企业内联网。所有进出内联网的信息都要通过防火墙。防火墙会检查每条信息,并阻止那些不符合设定的安全标准的信息。

8. 其他保护技术

绝对的防范安全破坏仍然遥不可及,这里列出了一些企业可以采用的安全措施。

(1) 备份

企业及个人计算机用户应定期地将重要文件备份到闪存、光盘或者磁带上,有些系统可以设置自动定期备份,比如在下班时备份。数据库维护的信息和移动到备份磁带里的信息都应加密,这样即使黑客侵入了数据库或者窃贼盗走了磁带,他们也无法使用这些信息。

(2) 闭路电视

尽管安装并监控一个闭路电视系统会花费不菲,但这样的系统能监控那些闯入数据中心、机房或者配套设施的人。摄像头能显示某个设施的内部和外部情况,并将所有活动都记录到磁带上。内部的安全人员或者外部的安全服务商可以在计算机上监视并把可疑活动报告给警察。数字录像可以用于存储数字化信息,包括来自远程摄像头的信息,这些摄像头通过公司内部网、无线局域网或者因特网与系统连接。

(3) 不间断电源(UPS)

UPS 不能防范入侵,但它可以防止因计算机电源波动或临时断电造成的信息丢失。

7.3 邮政快递智能管理信息系统的开发策略与开发方法

7.3.1 邮政快递智能管理信息系统的开发策略

开发邮政快递智能管理信息系统有以下两种策略。

1. "自下而上"的开发策略

"自下而上"的开发策略是从现行系统的业务状况出发,先实现一个个具体的功能,逐步地由低级到高级建立管理信息系统。因为任何一个管理信息系统的基本功能是数据处理,所以"自下而上"的策略首先从研制各种数据处理应用开始,然后根据需要逐步增加有关管理控制方面的功能。一些组织在初装和蔓延阶段,各种条件(设备、资金、人力)尚不完备,常常采用这种开发策略。其优点是它可以避免大规模系统出现运行不协调的危险,但缺点是不能像想象的那样完全周密,由于缺乏从整个系统出发考虑问题,随着系统的进展,往往要做许多重要修改,甚至重新规划与设计。

2. "自上而下"的开发策略

"自上而下"的开发策略强调从整体上协调和规划,由全面到局部,由长远到近期,从探索合理的信息流出发来设计管理信息系统。由于这种开发策略要求很强的逻辑性,因而难度较大,但这是一种更重要的策略,使管理信息系统的发展走向集成和成熟的要求。整体性是系统的基本特性,虽然一个系统由许多子系统构成,但它们又是一个不可分割的整体。

通常,"自下而上"的策略将用于小型系统的设计,适用于对开发工作缺乏经验的情况。而实践中,对于大型系统往往把这两种方法结合起来使用,即先"自上而下"地做好管理信息系统的战略规划,再"自下而上"地逐步实现各系统的应用开发。这是建设管理信息系统的正确策略。

由于邮政快递智能系统是一个复杂的系统,涉及到政府不同层次的多个部门和多个环节的邮政快递企业以及快件的供需双方。在邮政快递智能管理系统规划过程中,一方面必须处理好邮政快递智能管理系统所涉及各行业现有的管理信息系统规划及各类不同层次标准;另一方面必须为邮政快递智能管理系统整体的递进开发提供一个规范化的框架及标准,使整个系统具有标准化、开放性及相当的柔性,以确保在邮政快递信息平台的构筑中,保持规范性前提下具有一定的灵活性。因此系统设计需满足以下四条原则:

(1) 坚持系统思想、运用系统方法;
(2) 内部条件与外部条件相结合;
(3) 立足原系统、高于原系统原则;
(4) 用户参与原则。

7.3.2 邮政快递智能管理信息系统的开发方法

1. 结构化系统开发方法

结构化系统开发方法也称为 SSAD(Structured System Analysis and Design)或 SADT (Structured Analysis and Design Technologies),是目前自顶向下结构化方法、工程化的系统开发方法和生命周期法的结构,是迄今为止开发方法中应用最普遍、最成熟的一种。

结构化系统开发的基本思想是:用系统工程的思想和工程化的方法,按用户至上的原则,结构化、模块化、自顶向下地对系统进行分析与设计。具体来说,就是先将整个信息系统开发过程划分成若干个相对独立的阶段,如系统规划、系统分析、系统设计、系统实施、系统运行等。在前三个阶段坚持自顶向下地对系统进行结构化划分,在系统调查或理顺管理业务时,应从宏观整体入手,先考虑系统整体的优化,然后再考虑局部的优化问题。在系统实施阶段,则应坚持自底向上地逐步实施。也就是说,组织力量从最基层的模块做起(编程),然后按照系统设计的结构,将模块一个个拼接到一起进行调试,自底向上逐渐地构成整个系统。

结构化系统开发方法主要强调六大特点:

(1)"自顶向下"整体的分析与设计和"自底向上"逐步实施的系统开发过程

在系统分析与设计时要从整体考虑,要"自顶向下"地工作(从全局到局部,从领导层到普通管理者);而在系统实现时,则要根据设计要求先编制一个个具体的功能模块,然后"自底向下"逐步实现整个系统。

(2)用户至上

用户对系统开发的成败是至关重要的,故在系统开发过程中要面向用户,充分了解用户的需求和愿望。

(3)深入调查研究

强调在设计系统之前,深入实际单位,详细地调查研究,努力弄清实际业务处理过程的每一个细节,然后分析研究,制订出科学合理的信息系统设计方案。

(4)严格区分工作阶段

把整个系统开发过程划分为若干个工作阶段,每个阶段都有其明确的任务和目标,以便于计划和控制进度,有条不紊地协调展开工作。而实际开发过程中要求按照划分的工作阶段一步步地展开工作,如遇到较小、较简单的问题,可跳过某些步骤,但不可打乱或颠倒步骤。

(5)充分预计可能发生的变化

因系统开发是一项耗费人力、财务、物力且周期很长的工作,一旦周围的环境(组织的外部环境、信息处理模式、用户需求等)发生变化,就会直接影响到系统的开发工作。所以,结构化开发方法强调在系统调查和分析时,对将来可能发生的变化给予充分的重视,强调涉及的系统对环境变化具有一定的适应能力。

(6)开发预计可能发生的变化

要求开发过程的每步都按工程标准规范化,文档资料也要标准。

用结构化系统开发方法开发一个系统时,要将整个开发过程分为五个循环的阶段,一般称为系统开发的生命周期,各个阶段的主要工作内容如下。

(1)系统规划阶段

系统规划阶段的工作是根据用户的系统开发请求,初步调查,明确问题,然后进行可行性研究。如果不满意,则要反馈并修正这一过程,如果不可行,则取消项目;如果可行并满意,则进入下一阶段工作。

(2) 系统分析阶段

系统分析阶段任务是:分析业务流程,分析数据与数据流程,分析功能与数据之间的关系,最后提出新系统逻辑方案。若方案不可行,则停止项目;若方案不满意,则修改这个过程;若可行并满意,则进入下一阶段的工作。

(3) 系统设计阶段

系统设计阶段的任务是:总体结构设计、代码设计、数据库/文件设计、输入/输出设计、模块结构与功能设计。与此同时,根据总体设计的要求购置与安装设备,最终给出设计方案。如不满意,则反馈并修正这个过程,如可行,则进入下一阶段工作。

(4) 系统实施阶段

系统实施阶段的任务是同时进行编程(由程序员执行)、人员培训(由系统分析设计人员培训业务人员和操作员)以及数据准备(由业务人员完成),然后投入试运行。如果有问题,则修改程序;如果满意,则进入下一阶段工作。

(5) 系统运行阶段

系统运行阶段的任务是:同时进行系统的日常运行管理、评价、监理审计三部分工作,然后分析运行结果。如果运行结果良好,则送管理部门,指导生产经营活动;如果有问题,则要对系统进行修改、维护或者是局部调整;如果出现了不可调和的大问题(这种情况一般是在系统运行若干年之后,系统运行的环境已经发生了根本的变化时才可能出现),则用户将会进一步提出开发新系统的要求,这标志着老系统生命的结束、新系统的诞生,这全过程就是系统开发生命周期。

2. 原型方法

结构化系统开发方法要求系统开发人员和用户在开发初期就对整个系统的功能有全面和深刻的认识,并制订出每一个阶段的工作计划,其定下的目标和范围在后面不需做很大的改变。这种方法适用于用户需求明确,开发设计人员对系统熟悉、经验丰富,系统寿命长等情况。

但在实际的开发过程中,特别是计算机迅速普及的今天,软硬件价格下跌,开发费用上升,如用结构化系统开发方法,开发周期长、费用大;另外,由于环境变化快,系统的需求也在经常变化,很难在一开始就把需求固定下来;再者,开发人员与用户的沟通也很难做到。上述各种情况说明,结构化系统开发方法缺乏灵活性,特别对预先不能明确定义需求的情况应该采用其他的开发方法。这就产生了原型法。

(1) 原型法的基本思想

原型法的基本思想是在初步了解用户需求的基础上,构造一个初步模型——原型。开发设计人员通过原型,提炼用户需求,提出修改方案,再去修改原形,经过反复提炼与修改,直到得到最后的系统。

(2) 原型方法的特点

原型方法更多地遵循了人们认识事物的规律,那就是人们认识事物的过程都是循序渐进的,不断受环境的启发,不断完善。

原型方法将模拟的手段引入系统分析的初期阶段,沟通了人们的思想,缩短了用户和系统分析人员之间的距离,解决了结构化方法中最难解决的一环。原型方法的模拟原型能启发人们对问题进行较确切的描述和较准确的认识。

充分利用了最近的软件工具,摆脱了老一套工作方法,使系统开发的时间、费用大大地减少、效率、技术等各方面都大大地提高。

原型方法将系统调查、系统分析、试用设计等阶段融为一体,使用户能看到系统实现后是什么样子,提高用户对参加系统研制工作的积极性。

(3) 原型法的开发步骤

① 确定用户基本需求。对现行系统进行初步调查,收集有关数据资料,如主要输出报表等,从而发现用户的基本需求,包括系统的主要功能、数据库结构和基本输入输出界面、估算系统开发成本。在这个阶段,开发人员不需要花大力气对系统进行全面系统的了解。

② 开发初步原型。建立一个符合用户基本需求的初步原型,开发人员可以利用一些开发工具和高层次开发评议来快速生成原型,以成为下一步工作的依据。

③ 利用原型提炼用户需求。这个阶段是关键,用户通过亲自使用原型,了解系统已有的功能,发现不完善之处,对功能和输入输出界面提出意见。设计人员要一一记录下来,并以此引导用户发表意见和建议,在反复讨论过程中进一步提炼用户需求,形成修改计划。

④ 修正和改进原型。开发人员根据用户的意见对初始原型进行修改、完善,然后再试用、评价、修改、完善,直到满意为止。

⑤ 建立最终系统。

(4) 原型法的优缺点

① 优点:开发周期短,见效快,开发成本低,可逐步投资,需求和设计不正确可及时修改,用户始终参与开发,能及时纠正错误。

② 缺点:系统开发的管理较困难,系统的许多方面没有明确目标,而处于不断修改的状态下,开发人员控制较难,容易造成混乱。同时,原型法是一种模拟方法,对许多内部处理程序和拥有大量逻辑计算的功能等均无法模拟。

3. 面向对象的开发方法

面向对象的系统开发方法是从 20 世纪 80 年代各种面向对象设计方法上逐步发展而来的。

(1) 面向对象开发方法的基本思想

面向对象开发方法的基本思想是:认为客观世界是由各种各样的对象以及对象之间的相互关系组成的,把具有相同或相似特性的对象中的具有共性和相对不变的特性抽象出来,定义为类,由于类反映了事物本质,因而不容易受环境变化的影响。在类的基础上可以定义具有个性化的各种对象,对象具有属性和与之相关联的事件、方法。各种对象通过事件和方法相互联系、相互作用,构成应用系统。这种以对象为中心的分析问题、解决问题的过程与人们认识世界的过程基本一致,用这种方法可以更准确地描述现实世界。

(2) 面向对象方法的特点

① 以独立对象为基础,整个系统是各个独立对象的有机结合。

② 对象是一个被严格模块化了的实体,称之为封装。

③ 解决了从电子数据处理系统到软件模块之间的多次映象的复杂过程。

④ 对象可按其属性进行归类。

⑤ 各种对象之间有统一、方便、动态的消息传递机制。

(3) 面向对象开发方法的步骤

① 面向对象分析(OOA)。与用户进行交流,明确用户需求,确定类型和对象;确定结构;标识主题,也就是确定系统的概貌;定义属性;定义方法。

② 面向对象设计(OOD)。整理、修正 OOA 阶段的分析结果,改正错误,合理分类;设计

数据库结构；确定系统的结构。

③ 面向对象编程（OOP）。将OOD阶段得到的模型利用程序设计得以实现。程序设计一般采用面向对象的程序设计评议，这样可以更好地实现系统的开发。

（4）面向对象方法的优缺点

① 优点：解决了传统结构化方法中客观世界描述工具与软件结构的不一致性问题，缩短了开发周期，解决了从分析、设计到软件模块结构之间多次转换映像的繁杂过程。

② 缺点：与原型法一样，OO方法需要一定的软件支持才可以使用。

4. 计算机辅助软件工程方法

（1）CASE方法的基本思路

CASE方法解决问题的基本思路是：在前面所介绍的任何一种系统开发方法中，如果对象系统调查后，系统开发阶段中的每一步都可以在一定程度上形成对应关系的话，那么完全可以借助于专门研制的软件工具来实现一个个的系统开发过程。

CASE环境只是一种辅助的开发方法，在实际开发一个系统中，CASE环境的应用必须依赖于一种具体的开发方法。

由于CASE环境的出现从根本上改变了开发系统的物质基础，从而使得利用CASE开发一个系统时，在考虑问题的角度、开发过程的做法以及实现系统的措施等方面都与传统方法有所不同，故称之为CASE方法。

（2）CASE的特点

① 解决了从客观世界对象到软件系统的直接映象问题，强有力地支持软件信息系统开发的全过程。

② 既支持自顶向下的结构化开发方法，又支持自底向上的面向对象和原型化开发方法。

③ 简化了软件的管理和维护，加速了系统的开发过程。

④ 自动生成文档和程序代码，使系统产生了统一的标准化文档。

⑤ 着重于系统分析与设计，具有设计可重用性等。

7.4 邮政快递智能管理各子信息系统规划与设计

7.4.1 自动仓储管理系统规划与设计

以湖南邮政仓储管理信息系统为例，通过对邮政配送企业的作业流程分析，以及对仓储管理系统的目标及功能需求分析，绘制出仓储管理系统的业务流程图，如图7-2所示。

在该主业务流程中，按照业务类型可抽象出六大基础业务模型，分别为：仓储基础信息管理模型、权限管理模型、客户管理模型、入库管理模型、库存管理模型和出库管理模型。在该仓库管理系统中，业务操作流程为：仓储管理初始化（仓储基础信息管理、权限管理）→客户物流需求→货物入库→仓库管理→货物出库，其中仓储基础信息管理主要完成从仓储中心到仓位的四级编码、库存初始化、库存限额、结账日期管理等一系列基础信息管理，权限管理主要完成对各仓储管理人员和协调人员的权限设置和管理，客户管理主要完成客户档案管理、客户服务管理和合同管理，货物入库管理主要完成货物入库（货物和仓位的对应）和查询的基本管理，仓库管理主要完成预警管理、货物报损、库位调整、盘点管理、货物移位管理、货物调拨管理、账表管理以及库存和账表的查询等基本管理,出库管理主要完成根据出库计划进行出库操作以及出库相关查询等操作。

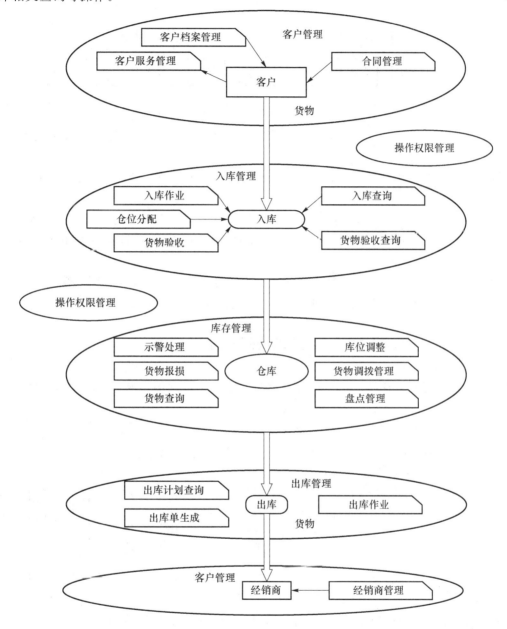

图 7-2 系统主业务流程图

该系统的主功能模块如图 7-3 所示。

系统管理主要实现对整个仓储系统用户权限和操作日志的管理。其中,包括用户权限管理、用户口令更改、操作日志、打印设置。

基础信息管理主要实现对整个仓储系统的基本信息资料的管理和初期数据的设置。基本信息主要包括仓储信息、货物信息、员工信息、地区信息、出入库信息及产品结构信息。

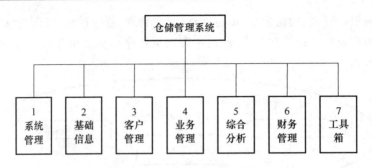

图 7-3 系统主功能模块

客户管理实现针对客户的相关事务进行管理,主要包括:客户档案管理、经销商管理、合同管理及客户指令管理。

业务管理主要实现对仓储基本业务的管理,这是整个仓储管理的核心。主要业务有:产品入库、产品出库、调拨管理、库存管理。

综合分析中单据查询统计包括入库单查询统计、出库计划查询、出库查询统计、组装查询统计、拆卸查询统计、报损查询统计、移位查询统计、盘点查询统计、调拨单查询、调拨申请查询、客户指令查询与合同查询。

财务管理主要用于简单的记账,可以将仓储物流中的收支记录下来。财务管理主要有:科目设置、记账录入、记账管理、记账查询、统计汇总表以及凭证打印。

7.4.2 动态配送管理系统规划与设计

现实中的动态配送管理非常困难,配送管理受到许多因素的影响,如订单处理很费功夫,难以制订配送计划,难以选择配送路径,配送效率低,难以按时交货,配送绩效评价基准不明确,司机及工作时间不确定,易疲劳以及货物在配送过程中的遗失与损坏,运输车辆及冷藏车的制冷机的完好情况等。因此,必须加强物流配送系统的规划和设计。同时在实际配送的过程中,还受许多不可控因素的影响,如用户的分布区域、道路交通网络、车辆通行限制、送达时间要求、车流量变化、道路施工、用户变动、车辆

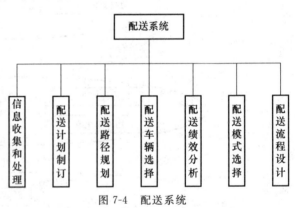

图 7-4 配送系统

变化等。为此,必须对物流配送系统进行总体规划和设计。如图 7-4 所示。

1. 信息收集和处理

信息收集和处理包括信息收集、信息处理两大部分,如图 7-5 所示。

信息收集指的是收集市场供求及价格信息,确定并了解和掌握客户的要求(包括所需货物的品种、规格、数量、质量、送货时间、送达地点等要求),以此作为配送的依据。主要包括现行资料收集和未来规划资料收集。

信息处理是指对收集的信息必须通过整理分析,才能作为规划与设计的重要参考资料。信息处理内容主要有:订单变动趋势分析、品项与数量分析、货物物性分析、供需变化预测分

析、储存单位和数量分析、作业时序分析、人力需求分析、作业流程分析、作业功能分析和事务流程分析等。

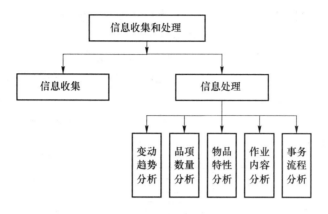

图 7-5 信息收集和处理

2．配送计划制订

配送作业有时是连续性作业，加强配送的计划性，能使整个配送作业有条不紊，减少差错，合理控制库存，保障供应及较快的资金周转。所以，配送首先要制订计划。因为配送涉及多个品种、多个用户、多车辆、各种车的载重量不同等多种因素，所以需要认真制订配送计划，实现科学组织，合理调配资源，达到既满足用户要求又总费用最省，车辆充分利用以及效益最好的目的。

在配送作业及接单过程中，应对库存量、人员、设备及运输车辆等资源进行确认。必须掌握人员数、车型、载重量、各车的可调度时间和车辆运输时间等信息，从而进行最有效的调度，实现最佳决策。配送计划制订主要包括寻找拟订配送计划的依据，确定配送计划和下达配送计划等。

3．配送车辆选择

一般情况下，每天的发货量都有变化，不可能完全按计划进行，必须根据发货量的变动安排车辆。但是遇到车辆少、发货量多、车辆不足时，不得不从外单位租车。而另一方面，车辆多且发货量少时，车辆闲置，又会造成各种与车辆相关费用的浪费。常用的确定邮政快递企业最适合车辆数量的方法有很多，例如成本效益分析等。

4．配送路径规划

企业为了提高服务水平，降低配送成本，在同行业的市场竞争中占据优势，就要更加周密地做好配送路径的规划。首先应该对顾客的订单进行整理，使发货量形成批量化、平稳化，尽量减少发货波动，同时规划设计出配送路径的标准。例如，将众多的客户按地区和订货量分为不同层次，按照客户层次规划出交货时间，在此基础上设计出高效的配送路径。

根据客户要求的送货时间、地区位置、卸货条件、车辆型号、物流据点位置、交通路线和各时间段的交通状况等因素，进行配送车辆指派和运输路径的规划。配送路径是否合理对配送速度、成本、效益影响很大。因此，采用合理的方法确定合理的配送路径是非常重要的一项工作。可以采用各种数学方法和在数学方法基础上发展和演变出来的经验方法。主要有方案评价法、数学计算法和节约法等。

5．配送模式选择

依据电子商务发展需要，结合我国配送发展的现状，主要包括的配送模式为自营配送模式、合作配送模式、市场配送模式和综合配送模式等。

6. 配送绩效分析

一般来说,对于配送绩效的分析,可以从配送成本、客户服务水平、配送效率和配送质量等几个方面来进行。该模块是总结性模块,有助于建立更好、更完善的配送系统。

结合上述内容,给出一个冷链动态配送流程体验,如图 7-6 所示。冷藏车在从配送中心出发前,云配送系统根据获取的各客户信息(包括客户的货物需求信息、可接受的服务时间信息、地理信息、服务停留时间信息等)和实时的交通信息(如各路况实时行车速度),确定一组车辆从配送中心出发行驶到各客户点最终不需返回配送中心的路线,使得车辆配送成本最小。在车辆按预先规划的路径出发后,一旦客户信息发生变化,或者是交通路网发生变化,则对车辆行驶的路径重新进行规划,然后再将新的路线发送给配送车辆。

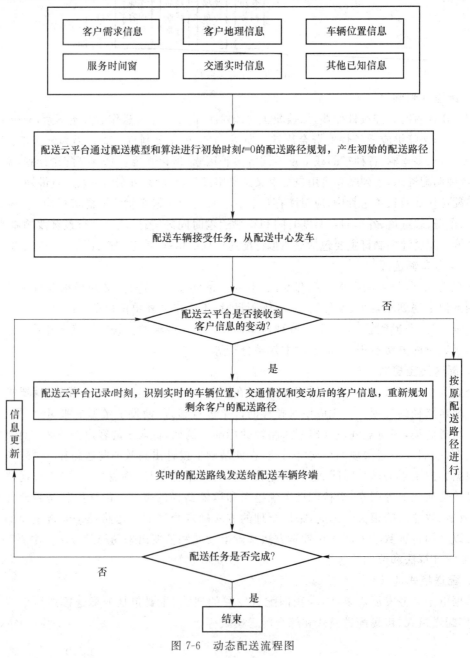

图 7-6 动态配送流程图

7.4.3　智能运输管理系统规划与设计

通常来讲,物流运输管理系统的功能模块有客户服务、订单管理、货物运输、过程管理、会计核算等,更完善的系统中还设置了决策管理等。

1. 客户服务

客户服务模块主要负责订单谈判和确认、客户基本信息维护、客户收发货地址管理、合同管理、客户投诉等。

2. 订单管理

关于订单管理模块,要注意以下两点:第一,对于散户的订单管理,应由物流企业业务员统一录入,或者客户网上按规定下单;第二,对于合同客户的订单管理,物流企业业务员根据合同录入,或者按照客户网上的订单申请,同时兼备订单打印功能。

3. 货物运输

在物流订单审核完成之后,要结合订单的物流委托时间、货物类型、送货地址等来制订最优的物流运输方案。之后车辆管理人员按照车辆调度计划,来合理安排车辆运输。根据客户企业、运输订单号自动生成车辆调度单,同时生成具体运输车辆的装车单。

4. 过程管理

所谓的物流过程管理,是指货物运输的跟踪管理。根据客户企业、物流订单、送货地址、装车单等全程跟踪货物运输,详细记录客户订单、装车运输、货到卸车的全过程。对此,物流企业相关人员可不定期检查货物运输情况,同时客户企业也可通过登录系统了解货物运输情况。除此之外,还要根据合同内容对到站货物进行区别处理。

5. 会计核算

会计核算主要是记录、核算、反映和分析资金在企业经济活动中的变动过程及其结果。会计核算主要包括总账、应收账、应付账、现金、固定资产、多币制、工资核算、存货核算、成本管理等功能。

7.4.4　综合决策支持系统规划与设计

综合决策支持系统(SDSS)结合了数据仓库、数据挖掘、模型库、数据库和专家系统等技术。其结构如图7-7所示。

综合决策支持系统结合GIS技术,集优化算法与数据库、数据仓库、知识库、模型库管理分析于一体,进行物流配送中心采购决策、仓储决策、配送决策、运输决策,并以图形和报表的形式提供给用户,实现决策的可视化。系统功能模块描述如下:

(1) 系统管理模块可以提供整个系统的用户权限管理和系统维护功能。

(2) 查询模块对系统生成的各类决策计划、方案及评价等进行查询,并以图形报表等可视化方式返回给用户。

(3) 统计模块对辅助决策模块生成的决策计划、方案等信息进行统计,同样以图形报表形式呈现给用户。

(4) 采购决策模块包括采购计划生成,供应商选择、评价,采购员考评,采购统计分析,采购成本预测,采购业务绩效评定等。

（5）仓储决策模块包括货物储位智能分配、最优库存控制、多物流配送中心选址、多物流配送中心配送决策、物流配送中心成本控制和预测、物流配送中心业绩考评等。

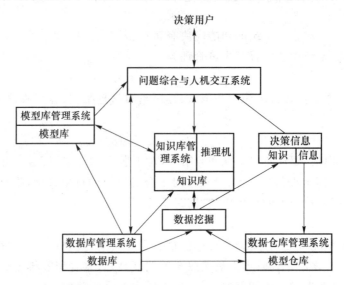

图 7-7　综合决策支持系统的结构

（6）配送决策模块包括配送计划生成，对配送方案进行评价，以及对客户评价等。

（7）运输决策模块包括车辆调度优化和运输路线优化，决策结果在地图中显示。

（8）帮助模块是对系统的操作使用说明，帮助用户快速学习掌握系统的使用。

案例——邮件快件实名收寄信息系统推广应用试点启动

2017年3月28日，国家邮政局、中央综治办、公安部、国家安全部联合召开国家、省、市三级电视电话会议，就加快全国邮件快件实名收寄信息系统推广应用进行动员部署。根据安排，4月起，将启动在31个省（区、市）相关试点城市实名收寄信息系统推广应用工作。

基于国家安全、公共安全以及寄递行业长远发展考虑，国家邮政局、中央综治办、公安部、国家安全部共同研究，明确了按照"行业主导、标准统一、信息共享、安全便捷"的原则，在全国分步有序开展实名收寄信息系统推广应用。在此基础上，2017年2月10日，国家邮政局、公安部、国家安全部联合印发了《关于加快全国邮件快件实名收寄信息系统推广应用工作的实施方案》。

《实施方案》明确了实名收寄信息系统推广应用工作的总体要求，即：按照"合法、安全、便民、高效"的原则，坚持政府主导、企业主责，坚持部门联动、资源共享，坚持上下协同、统筹布局，分阶段、分步骤有序开展实名收寄信息系统推广应用，力争利用两年时间基本实现邮件、快件实名收寄信息化目标，着力构建企业低成本运行、用户易于接受、政府高效监管、信息安全有效保障的实名收寄制度，为维护国家安全、社会安全、公共安全和寄递行业长远健康发展奠定坚实基础。

实名收寄信息系统由国家邮政局统一指导建设，寄递企业采集实名收寄数据信息并实时上传。邮件快件揽收人员利用巴枪、手机APP等，结合身份证识读设备，对寄递用户身份信息进行数字化、自动化采集，并利用移动通信网络进行实时传输，一次性比对采集、重复共享使用。针对寄递企业提供两种应用：一是适用于国际、跨省许可的网络型寄递企业的企业版，寄递企业自主开发前端系统，采集用户实名查验信息数据，实时传输至企业总部并与国家邮政局邮件快件实名收寄监管平台实时对接。二是适用于省内许可或暂不具备实名收寄信息化自建条件的区域性快递企业的公共版，国家邮政局结合企业作业流程开发统一的前端系统，企业采集用户实名查验信息数据，与国家邮政局邮件快件实名收寄监管平台实时对接。

国家邮政局市场监管司相关负责人表示，实名收寄制度是《中华人民共和国反恐怖主义法》提出的刚性要求，已成为行业安全管理的一项根本性制度要求。但从前期一些地区推行实名收寄制度实践看，有的通过人工填写等方式推行实名收寄制度，效率不高，造成用户抵触；有的相关部门开展了信息化试点，但不同程度地存在标准规范不统一、信息不共享、多头采集等问题，造成资源浪费。为此，必须坚持全国一盘棋，各方面密切协作，统一标准规范、实现数据共享，全面推进落实实名收寄信息化。只有这样，才能发挥技术优势、实现高效监管，从而为更好地落实实名收寄制度提供最优解决方案。

实名收寄信息系统推广应用是推动落实实名收寄制度的一种措施，是国家邮政局立足行业特点和长远发展需要，提升行业管理信息化、规范化、专业化能力水平的一项重要举措。总体来看，严格落实实名收寄制度是根本前提，实名收寄信息系统推广应用是更好落实制度的有力支撑。各寄递企业必须在执行好、落实好实名收寄制度的基础上，按照国家邮政局有关要求，通过技术创新逐步实现实名收寄信息系统推广应用，以期为广大寄递用户提供更加优质、更加安全的寄递服务。信息系统推广应用是个渐进的过程，力争到2018年底基本实现实名收寄信息化全覆盖。

资料来源：http://www.gov.cn/xinwen/2017-03/30/content_5181994.htm.

第8章 邮政快递智能系统综合评价

综合评价在邮政快递智能系统规划与设计工作中占有极其重要的地位,是邮政快递智能系统规划与设计不可缺少的重要一环,同时也是一件非常困难的工作。本章主要介绍邮政快递智能系统综合评价概述、主要步骤、指标体系分析和综合评价方法等内容。

8.1 邮政快递智能系统综合评价概述

8.1.1 邮政快递智能系统综合评价的概念

邮政快递智能系统综合评价是对提供的各种邮政快递智能系统的可行性方案,从社会、政治、经济、技术的角度给予综合考察,全面权衡利弊,从而为系统决策提供科学依据。邮政快递智能系统规划与设计的各个阶段均涉及若干方案的评价与选择。

从内容上来看,可对以下三类项目进行综合评价。

第一类:邮政快递智能系统的技术工程,例如建转运中心、分拨中心、服务网点、仓库基建、建车队、开发新技术等。

第二类:邮政快递智能系统的管理项目,例如创建邮政快递企业、组织机构改革、管理方案、规章制度、企业文化、发展战略等。

第三类:邮政快递智能系统的运作方案,例如运输方案、配送方案、仓储方案、包装方案、装卸方案、信息化方案、业务外包方案、第三方物流方案等。

这几类项目都涉及方案的综合评价问题,包括技术上是否可行、经济上是否合理、是否适应市场需求、对社会与环境有何影响、对企业是否合算等。

从工作阶段来看,它包括现状评价、方案评价和实效评价三个阶段。

(1) 现状评价

现状评价是从分析现有邮政快递智能系统各子系统的相互联系与内在影响因素入手,对现有邮政快递智能系统进行诊断评价,找出现有邮政快递智能系统的问题症结,进而为提出有效可行的方案作准备。

(2) 方案评价

方案评价是在对邮政快递智能系统进行综合调查和整体分析的基础上,对提出的各种技术方案进行论证,选择技术、经济、环境、社会最优匹配的方案。

(3) 实效评价

实效评价是对最终方案实施的功效进行分析,它一般关心如下三个问题:

① 最终方案实施后,邮政快递智能系统发生了哪些变化?

② 这些变化带来的效益和损失以及所需要的成本是多少？是否达到预期的目标？

③ 发生与方案的预期目标有差异的原因是什么？

实效评价的关键是建立最终方案与实施效果之间的因果关系，实效评价的结论能定性与定量地表明方案达到预期目标的程度，并对邮政快递智能系统的下一步改进和发展指出方向与途径。

8.1.2 邮政快递智能系统综合评价的原则

邮政快递智能系统综合评价应坚持以下原则。

1. 评价的客观性

评价必须客观地反映实际，使评价结果真实可靠。客观的评价才能更好地把握邮政快递智能系统现状，确定改进方向。评价的目的是为了决策，因此评价的质量影响着决策的正确性。也就是说，必须保证评价的客观性，必须弄清楚评价资料是否全面、可靠、正确，防止评价人员的倾向性，应注意集中各方面专家的意见，并考虑评价人员组成的代表性。

2. 方案的可比性

替代方案在保证实现邮政快递智能系统基本功能方面要具有可比性。对各个方案进行评价时，评价的前提条件、评价的内容要一致，对每一项指标都要进行比较。要做到可比性需要从以下几个方面考虑：

（1）效果相同，具有相同的使用价值；

（2）单位相同，具有相同的量纲、相同的单位；

（3）时间区段、时间点具有可比性；

（4）价格可比，不同时间点上的价格、金额不能够直接相比，要转换成可比价格。

3. 指标的系统性

评价指标必须反映邮政快递智能系统的目标，要包括邮政快递智能系统目标所涉及的各个方面，而且对定性问题要有恰当的评价指标，以保证评价的系统性。因此，邮政快递智能系统的评价指标体系是一个多元的、多层次的、多时序的有机整体。

4. 指标的科学性

要求评价指标体系有理论依据，并能在数量和质量方面以及空间和时间上充分反映邮政快递智能系统方案的技术特征和使用品质。

5. 评价方法和手段的综合性

要综合运用多种方法和手段对邮政快递智能系统进行全面评价，充分发挥各种方法和手段的综合优势。

6. 充分考虑"效益背反"现象

邮政快递智能系统的不同主体和不同活动之间可能在目标、运作上存在着冲突，即存在"效益背反"现象。例如，运输和仓储在成本降低的目标上可能存在着冲突等。因此，在综合评价邮政快递智能系统时，应明确评价目标，选择适当的考核指标进行整体的评价。

8.2 邮政快递智能系统综合评价的主要步骤

邮政快递智能系统综合评价的主要步骤如图 8-1 所示。

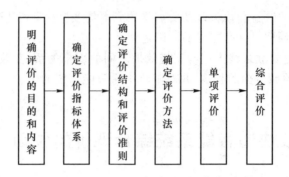

图 8-1 邮政快递智能系统综合评价的主要步骤

1. 明确评价的目的和内容

为了进行有效的系统评价，必须进行详细调查，了解各个具体的因素，明确评价的目标。根据此目标，收集有关资料和数据，对组成方案的各个因素及邮政快递智能系统本身的性能特征进行全面分析，确定评价的内容。

2. 确定评价指标体系

评价指标体系是对照与衡量各种备选方案的统一尺度和标准。建立评价指标体系时，必须客观地、全面地考虑各种因素，要根据评价系统的目的与功能来确定指标体系，并明确指标间的相互关系，避免指标的重复使用或相互交叉。各种评价指标可以在调查、讨论与大量资料分析的研究基础上建立起来。一个评价指标体系是由若干个单项评价指标所组成的整体，应能反映出所要解决问题的各项子目标的要求。

3. 确定评价结构和评价准则

每一个具体的指标可能是几个指标的综合，在评价时要根据指标体系和系统的特性来弄清指标间的相互关系，确定评价的结构。由于各指标的评价标准与尺度不同，不同的指标没有可比性。因此，必须对指标进行规范化处理，并制定统一的评价准则，根据指标所反映的因素的特征，确定各指标的结构与权重。

4. 确定评价方法

邮政快递智能系统在其各个阶段都涉及多个方案的评价，由于拟评价对象的具体要求不同，因此采用的评价方法也有所不同。在确定选用何种评价方法时，需要考虑系统目标、分析结果、费用与效果测定方法、评价准则等因素。

5. 单项评价

单项评价是对系统的某一特殊方面进行详细的评价，以查明各项评价指标的实现程度，单项评价只反映方案在单一方面的特征，不能判定整个方案的优劣。

6. 综合评价

综合评价是按照评价准则、各指标的结构与权重，在单项评价的基础上，对邮政快递智能系统进行全面的评价，从而在各种可行方案中选择满意且可实施的方案，达到评价的目标。

8.3 邮政快递智能系统综合评价指标体系分析

8.3.1 邮政快递智能系统综合评价指标体系的构建

邮政快递智能系统综合评价是一项比企业绩效评价更加复杂的系统工程，简单的指标组合不能正确反映邮政快递智能系统的综合水平，必须采用合理的体系框架结构。

1. 综合评价指标体系构建的步骤

Bourne 等人认为：要建立和实施一个完整的综合评价指标体系应包含以下四个步骤：综合评价指标的设计、评价指标的选取、评价指标体系的应用和战略假设的验证（反馈）。此外，Bourne 等人还强调了评价指标体系应具有对环境变化的适应性。

Waggoner DB 等人认为：综合评价系统是一个动态系统，推动该系统演进和变化的因素主要来自四个方面：内部影响因素、外部影响因素、过程因素和转换因素（表 8-1）。

表 8-1 绩效评价系统的演进与变革

内部影响因素	外部影响因素	过程因素	转换因素
力量关系	法律规定	评价实施的态度	高层管理者支持的程度
占优的合作兴趣	市场的多变性	政策过程的管理	因变革导致的损益风险
同等单位的压力	信息技术	创新的饱和度	组织文化的影响
需求和理性	工作性质	缺乏系统设计	

2. 邮政快递智能系统综合评价指标体系构建的难点和不足

邮政快递智能系统综合评价指标体系构建的难点和不足主要有以下几个方面。

（1）缺乏统一的、明确的邮政快递智能系统绩效定义，难以产生一致的研究成果。

（2）邮政快递智能系统综合评价指标缺乏系统性，大部分以成本或者客户满意度作为邮政快递智能系统综合评价的指标，却忽略了诸如服务质量等重要指标。

（3）对邮政快递智能系统综合评价的研究大多集中在邮政快递智能系统的优化上，很少综合考虑构建邮政快递智能系统时，节点企业的选择对邮政快递智能系统综合评价的影响。

（4）面向复杂的集成化邮政快递智能系统，其整体绩效受到各子系统的影响和制约，目前还缺乏综合考虑整体绩效和子系统的综合评价指标体系。

（5）缺乏对邮政快递智能系统管理成熟度的理解和认识，不能从管理角度建立综合评价指标体系来评价管理绩效。

因此，有关邮政快递智能系统综合评价指标体系的研究还有待进一步深入，应该将整个邮政快递智能系统作为研究对象，以邮政快递智能系统整体绩效为目标，强调邮政快递智能系统整体绩效的改进和提高，建立节点企业选择和动态变化的综合评价指标体系，并且建立集成化邮政快递智能系统综合评价的层次结构模型，不仅评价邮政快递智能系统的整体绩效，还要评价各子系统的绩效。

3. 邮政快递智能系统综合评价指标体系

邮政快递智能系统的综合评价指标应具备下面三个必要条件。

(1) 可查性。任何指标都应该是相对稳定的,可以通过一定的途径、一定的方法观察得到。邮政快递智能系统是极其错综复杂的,并不是所有的指标都可以轻易地得到。并且,在邮政快递智能系统中,由于自身管理和核算基础工作的薄弱,也会导致许多重要的指标无法把握。这种易变、无法把握的指标都不能列入综合评价指标体系。

(2) 可比性。不同方案之间的同一指标应该是可比的,这样的指标才具有代表性。指标的可比性还包括在不同的时间、不同的范围上进行的比较。

(3) 定量性。评价指标应该是可以进行量化描述的,只有定量的指标才能进行分析评价。定量性也是为了适应建立模型进行数学处理的需要。当然,在邮政快递智能系统的评价指标中,也不可避免地会有一些定性的指标。对于缺乏数据的指标,要么弃之不用,改用其他相关可计量的指标;要么利用专家意见,进行软数据的硬化。

邮政快递智能系统综合评价指标体系应该是能透视整个邮政快递智能系统、综合反映整个邮政快递智能系统整体绩效的评价指标体系。

某邮政快递智能系统综合评价指标体系如表 8-2 所示。

表 8-2 某邮政快递智能系统综合评价指标体系

类型		考核指标	
选择的指标体系	用户满意度	产品质量	保修率
			退货率
		服务水平	用户投诉率
			用户抱怨解决时间
		承诺水平	准时交货率
			失去销售百分比
		产品价格	
	供应	可靠性	
	交通安全	订单完成率	
		运输天数	
	需求管理	物流系统总库存成本	
		总周转时间	
	客户服务质量	可信性	
		服务态度	
		可靠性	
		客户沟通能力	
	信息技术	可变性	
		整合性	
	智能化程度	硬件智能化程度	
		软件智能化程度	
		管理智能化程度	

8.3.2 邮政快递智能系统综合评价指标的处理

在多指标评价中,由于各个评价指标的单位不同、量纲不同和数量级不同。因此,会影响到评价的结果,甚至会造成决策的失误。为了统一指标,必须进行预处理,即对所有的指标进行标准化处理,把所有指标值转化为无量纲、无数量级差别的标准分数,然后进行评价和决策。

所有的指标从经济上说可以分为两大类:一类是效益指标,如利润、产值、货物完好率、配送及时率等,这类指标都是越大越好;另一类是成本指标,如物流成本、货损货差率、客户抱怨率等,这些指标都是越小越好。

一个多指标评价决策问题往往由三个要素构成:

(1) 有 n 个评价指标,$f_j(1 \leqslant j \leqslant n)$。

(2) 有 m 个决策方案,$A_i,(1 \leqslant i \leqslant m)$。

(3) 有一个评价决策矩阵,$\boldsymbol{A} = (x_{ij})_{m \times n}$,且 $1 \leqslant i \leqslant m, 1 \leqslant j \leqslant n$。其中元素 x_{ij} 表示第 i 个方案 A_i 在第 j 个指标 f_j 上的指标值,评价决策矩阵是一个具有 m 行 n 列的矩阵。由于评价决策矩阵中的各个指标量纲不同,给指标体系的综合评价带来了一定的难度。评价指标标准化的目标就是要将原来的决策矩阵 $\boldsymbol{A} = (x_{ij})_{m \times n}$ 经过标准化处理后得到量纲相同的决策矩阵 $\boldsymbol{R} = (r_{ij})_{m \times n}$。

1. 定量指标的标准化处理

(1) 向量归一化

$$r_{ij} = \frac{x_{ij}}{\sqrt{\sum_{i=1}^{m} x_{ij}^2}} \tag{8-1}$$

这种标准化处理方法的优点表现在:

第一,$0 \leqslant r_{ij} \leqslant 1$,且 $1 \leqslant i \leqslant m, 1 \leqslant j \leqslant n$;

第二,对于每一个指标 f_j,矩阵 $\boldsymbol{R}$ 中列向量的模为 1,因为

$$\sum_{i=1}^{m} r_{ij}^2 = 1 \tag{8-2}$$

(2) 线性比例变换

令:

$$f_{\max} = \max_{1 \leqslant i \leqslant m} x_{ij} > 0, f_{\min} = \min_{1 \leqslant i \leqslant m} x_{ij} > 0 \quad (1 \leqslant i \leqslant m, 1 \leqslant j \leqslant n) \tag{8-3}$$

对于效益指标,定义:

$$r_{ij} = \frac{x_{ij}}{f_{\max}} \tag{8-4}$$

对于成本指标,定义:

$$r_{ij} = \frac{f_{\min}}{x_{ij}} \tag{8-5}$$

这种标准化方法的优点表现在:

第一,$0 \leqslant r_{ij} \leqslant 1$,且 $1 \leqslant i \leqslant m, 1 \leqslant j \leqslant n$;

第二,计算简单;

第三,保留了相对排序关系。

(3) 极差变换

对于效益指标,定义：

$$r_{ij} = \frac{x_{ij} - f_{\min}}{f_{\max} - f_{\min}} \tag{8-6}$$

对于成本指标,定义：

$$r_{ij} = \frac{f_{\max} - x_{ij}}{f_{\max} - f_{\min}} \tag{8-7}$$

这种标准化方法的优点表现在：

第一,$0 \leqslant r_{ij} \leqslant 1$,且$1 \leqslant i \leqslant m, 1 \leqslant j \leqslant n$;

第二,对于每一个指标,总有一个最优值为1和最劣值为0。

2. 定性模糊指标的量化处理

在邮政快递智能系统的多指标评价和决策中,许多评价指标是模糊指标,只能定性地描述。例如,服务质量很好、邮政快递智能系统设施的性能一般、可靠性高等。对于这些定性模糊指标,必须赋值使其量化。一般来说,对于模糊指标的最优值可赋值为10,而对于模糊指标的最劣值可赋值为0。定性模糊指标也可分为效益指标和成本指标两类。对于定性的效益和成本指标,其模糊指标的量化可如表8-3所示。

表8-3 定性模糊指标的量化

指标类型		特别低	很低	低	一般	高	很高	特别高
模糊指标量化得分	效益指标	0	1	3	5	7	9	10
	成本指标	10	9	7	5	3	1	0

3. 评价指标标准化处理案例

下面考虑一个邮政快递企业选择智能仓储服务供应商的问题。现有四家候选供应商,决策者根据自身的需要,考虑了六项评价指标,如表8-4所示。

表8-4 选择智能仓储服务供应商问题的决策评价指标矩阵

候选供应商	决策评价指标					
	客户满意度 $f_1/(\%)$	资产规模 $f_2/(万元)$	货物周转率 $f_3/(次 \cdot 年^{-1})$	收费标准 $f_4/(\%)$	人员素质 $f_5/(高-低)$	行业经验 $f_6/(高-低)$
A_1	80	1 500	20	5.5	一般(5)	很高(9)
A_2	100	2 700	18	6.5	低(3)	一般(5)
A_3	72	2 000	21	4.5	高(7)	高(7)
A_4	88	1 800	20	5.0	一般(5)	一般(5)

首先,要将其中第五个指标(人员素质)和第六个指标(行业经验)进行定量化处理。这两个指标都是效益指标,依据模糊指标量化方法,这两个指标的量化结果数值如表8-4所示。下面就利用量化指标的标准化处理方法对上述决策评价指标矩阵进行标准化处理。

(1) 向量归一化处理方法

采用向量归一化处理方法,得到标准化决策指标矩阵如表8-5所示。

表 8-5 由向量归一化处理方法获得的标准化决策指标矩阵

候选供应商	决策评价指标					
	客户满意度归一化数据	资产规模归一化数据	货物周转率归一化数据	收费标准归一化数据	人员素质归一化数据	行业经验归一化数据
A_1	0.467 1	0.366 2	0.505 6	0.506 9	0.481 1	0.670 8
A_2	0.583 9	0.659 1	0.455 0	0.599 0	0.288 7	0.372 7
A_3	0.420 4	0.488 2	0.530 8	0.414 7	0.673 6	0.521 7
A_4	0.513 9	0.439 4	0.505 6	0.460 8	0.481 1	0.372 7

（2）线性比例变换处理方法

采用线性比例变换处理方法，得到标准化决策指标矩阵如表 8-6 所示。

表 8-6 由线性比例变换处理方法获得的标准化决策指标矩阵

候选供应商	决策评价指标					
	客户满意度归一化数据	资产规模归一化数据	货物周转率归一化数据	收费标准归一化数据	人员素质归一化数据	行业经验归一化数据
A_1	0.80	0.56	0.95	0.82	0.71	1.00
A_2	1.00	1.00	0.86	0.69	0.43	0.56
A_3	0.72	0.74	1.00	1.00	1.00	0.78
A_4	0.88	0.67	0.95	0.90	0.71	0.56

（3）极差变换处理方法

采用极差变换处理方法，得到标准化决策指标矩阵如表 8-7 所示。

表 8-7 由极差变换处理方法获得的标准化决策指标矩阵

候选供应商	决策评价指标					
	客户满意度归一化数据	资产规模归一化数据	货物周转率归一化数据	收费标准归一化数据	人员素质归一化数据	行业经验归一化数据
A_1	0.285 7	0	0.666 7	0.50	0.50	1.00
A_2	1.00	1.00	0	0	0	0
A_3	0	0.416 7	1.00	1.00	1.00	0.50
A_4	0.571 4	0.25	0.666 7	0.75	0.50	0

8.4 邮政快递智能系统综合评价方法

邮政快递智能系统综合评价方法可以分为定量分析评价、定性与定量相结合的分析评价两大类。在邮政快递智能系统综合评价中，使用得较为广泛的是定量与定性相结合的评价方法。下面将介绍一些常用的评价方法。

8.4.1 成本效益法

在邮政快递智能系统综合评价中,最常用和最基本的方法之一就是成本效益法。这是因为成本是一种综合性指标,系统中的人力、经费、物质材料等资源消耗,以及其他越小越好的指标值都有可能综合为成本来反映,而系统所产生的效果在很多情况下可以用经济效益来表示。因此,可以通过各种方案的成本与效益的比较来评价方案的优劣。显然,效益/成本越大,方案就越好。

1. 成本模型

成本模型应该能说明方案的特性参数与其成本之间的关系。一般情况下,成本模型可表示为:

$$C = F(X) \tag{8-8}$$

式中,C 为方案的成本;X 为特性参数;F 为函数形式。

分析系统方案的成本的另一种方法是分别分析系统方案的直接成本和间接成本。

2. 效益模型

与成本模型一样,即可建立方案本身的效益模型,也可以分别分析其直接效益和间接效益。效益模型一般可表示为:

$$E = G(X) \tag{8-9}$$

式中,E 为方案的效益;G 为函数形式。

3. 成本效益综合模型

主要研究成本与效益的关系,可以从以下三个方面进行分析:

(1) 在一定成本下,哪个方案的效益最高(或简称 C 准则);

(2) 在一定效益下,哪个方案的成本最低(或简称 E 准则);

(3) 计算效益成本比(E/C),取比值最大者。

投入不同的成本将相应得到不同的效益,将其对应结果绘成曲线即为成本效益曲线。四种备选方案的成本效益综合模型如图 8-2 所示。

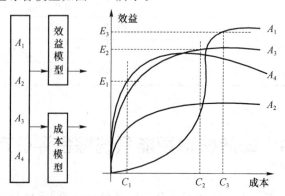

图 8-2 成本效益综合模型

根据选择的决策准则,若以 C_2 为准则,从成本效益综合模型图上可以确定各方案的优劣顺序是 A_3,A_4,A_2,A_1;若以 E_1 为准则,则各方案的优劣顺序为 A_4,A_3,A_1,A_2。

因此,从图 8-2 中可知:在成本为 C_2 时,采用方案 A_3,可使效益最高;在效益为 E_1 时,采用方案 A_4 可使投资成本最低。

8.4.2 线性加权和法

1. 线性加权和法的基本思路

线性加权和法是在标准化决策评价矩阵 $\boldsymbol{R}=(r_{ij})_{m\times n}$ 的基础上进行的,它先对 n 个标准化指标构造如下线性加权评价函数:

$$U(A_i) = \sum_{j=1}^{n} w_j r_{ij} \quad (i=1,2,\cdots,m) \tag{8-10}$$

式中,$w_j \geqslant 0, j=1,2,\cdots,n$,分别为 n 个指标的权重系数,$\sum_{j=1}^{n} w_j = 1$。然后,按如下原则选择满意方案 A^*:

$$A^* = \{A_i \mid \max[U(A_i)]\} \quad (1 \leqslant i \leqslant m) \tag{8-11}$$

2. 评价指标权重系数确定

(1) 专家打分法

专家打分法是邀请一些相关领域的专家对各指标权重系数的确定发表意见。

确定权重系数的第一轮是要开始讨论,首先让那些有最大偏差的专家发表意见,通过充分讨论以达到对各目标重要性的比较一致的认识。专家打分法是目前国际上进行评价决策分析时常采用的一种简单有效的方法,而且具有一定的科学性。

(2) 相对比较法

如果决策者比较容易确定两两指标之间的相对重要性程度,则可采用相对比较法确定各指标的权重系数。

【例 8-1】 对于上面的智能仓储服务供应商的选择问题,利用专家打分法对 6 个指标分别取重要性权重系数为:$w_1=0.3, w_2=0.1, w_3=0.2, w_4=0.2, w_5=0.1, w_6=0.1$。取表 8-7 来进行方案的评价,则哪个候选供应商可被选中?

解 利用公式(8-10)分别计算四个候选供应商的线性加权评分。

$$U(A_1)=0.469, U(A_2)=0.4, U(A_3)=0.592, U(A_4)=0.530$$
$$\max[U(A_1),U(A_2),U(A_3),U(A_4)]=0.592$$
$$A^*=A_3$$

所以,最佳候选供应商就是 A_3。

8.4.3 层次分析法

1. 层次分析法简介

层次分析法(Analytic Hierarchy Process,AHP)是 20 世纪 70 年代由著名运筹学家萨迪(T. L. Satty)提出的。层次分析法特别适用于那些难以完全用定量方法进行分析的复杂问题。当要考虑最佳决策时,很容易看到,影响做出决策的因素很多:一些因素存在定量指标,可以度量;但更多的因素不存在定量指标,只有定性关系。层次分析法要解决的就是如何将定性关系转化为定量关系,从而做出最佳决策。

2. 层次分析法的基本步骤

运用层次分析法进行分析与决策,大体上可分为5个步骤。

(1) 系统层次结构的建立

把一个复杂的问题所涉及的因素分解成若干个层次。再把每个层次继续细分,若是麻烦的问题就继续往下细分要素。如此,就构建了一个层次结构。这些层次可以分为三类。

第一类:最高层,又称目标层。该层次的要素只有一个,一般为分析问题的预定目标或理想结果。

第二类:中间层,又称准则层。该层次包括了为实现目标所涉及的中间环节,它可以由若干层次组成,包括所需考虑的准则和子准则。

第三类:最底层,又称方案层。这一层次包括了为实现目标可供选择的各种措施、决策方案等。

上述层次之间的支配关系不一定是完全的,即可以存在这样的要素,它并不支配下一层次的所有要素,而仅支配其中的部分要素,这种自上而下的支配关系所形成的层次结构图称为递归结构层次示意图,如图8-3所示。

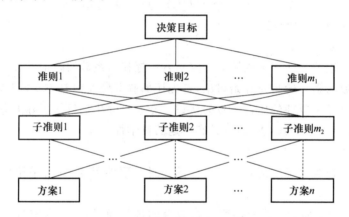

图 8-3 递归结构层次示意图

(2) 构造两两比较判断矩阵

构造判断矩阵是层次分析法的最关键步骤,它是 AHP 工作的出发点。构造判断矩阵就要求人们对要素间的重要性有定量的判断,一般来说,常采用美国运筹学家萨迪提出的 1-9 标度法,其具体含义如表 8-8 所示。

表 8-8 萨迪 1-9 标度法

标　　度	定义(比较要素 i 和 j)
1	要素 i 和 j 一样重要
3	要素 i 比 j 稍微重要
5	要素 i 比 j 较强重要
7	要素 i 比 j 强烈重要
9	要素 i 比 j 绝对重要
2,4,6,8	两相邻判断要素的中间值
倒数	当比较要素 j 和 i 时

在这一步骤中,就是要在已有层次结构的基础上构造两两比较的判断矩阵,用户要解决的问题就是对准则 B 中两个 B 所支配的要素 i 和 j 按 1~9 标度对重要程度赋值,并构成一个判断矩阵 $\boldsymbol{C}=(C_{ij})_{n\times n}$,其中,$C_{ij}$ 就是要素 i 与 j 相对于准则 B 的重要度比值。

显然,判断矩阵具有性质:

$$C_{ij} > 0, C_{ji} = 1/C_{ij}, C_{ii} = 1 \quad (i,j = 1,2,\cdots,n) \tag{8-12}$$

(3) 单一准则下要素相对权重计算

权重,即若干要素间的相对重要性次序。用户的目标就是得到一种方法,能够计算出权重。下面的定理可通过判断矩阵计算权重。

定理 设有要素 $C_1, C_2, \cdots, C_n$ 和目标 D,记:

$$C_{ij} = \frac{C_i}{C_j} \tag{8-13}$$

则得判断矩阵 $\boldsymbol{C}=(C_{ij})_{n\times n}$,解矩阵 $\boldsymbol{C}$ 的特征方程 $|\boldsymbol{C}-\lambda\boldsymbol{I}|=0$,$\boldsymbol{I}$ 为单位矩阵,求特征值 $\lambda_i (i=1,2,\cdots,n)$。最大特征值 $\lambda_{\max}$,对应于 $\lambda_{\max}$ 的标准化特征向量为 $\boldsymbol{Y}=(Y_1, Y_2, \cdots, Y_n)^{\mathrm{T}}$,则 Y_i 为因素 C_i 对目标 D 的权重。对应于判断矩阵最大特征值的特征向量表示因素间的相对重要程度(权重)。

这是一种高精度的计算权重的方法,由于一般的计算只要求近似值,在这里介绍一种近似的解法——和积法。

和积法的算法:

第一步,将判断矩阵 $\boldsymbol{C}$ 每列归一化,得:

$$C'_{ij} = \frac{C_{ij}}{\sum_{i=1}^{n} C_{ij}} \quad (i,j = 1,2,\cdots,n) \tag{8-14}$$

第二步,将归一化后的矩阵按行加总,得:

$$\overline{C_i} = \sum_{j=1}^{n} C'_{ij} \quad (j = 1,2,\cdots,n) \tag{8-15}$$

第三步,归一化即得到特征向量 $\boldsymbol{W}=(W_1, W_2, \cdots, W_n)^{\mathrm{T}}$,即:

$$W_i = \frac{\overline{C_i}}{\sum_{i=1}^{n} \overline{C_i}} \quad (i = 1,2,\cdots,n) \tag{8-16}$$

第四步,可求得判断矩阵的最大值 $\lambda_{\max}$,即:

$$\lambda_{\max} = \sum_{i=1}^{n} \frac{(\boldsymbol{CW})_i}{nw_i} \tag{8-17}$$

(4) 单一准则的一致性检验

在判断矩阵的构造中,并不要求判断矩阵具有一致性,这是由于事物的复杂性和人的主观认识的多样性决定的。1~9 标度也决定了三阶段以上判断矩阵是很难满足一致性的。但要求判断应大体上的一致性,比如若出现了 A 事物比 B 事物极端重要,但 B 事物比 C 事物极端重要,但 C 事物却比 A 事物极端重要的判断,那肯定是违反常识的。一个没有逻辑的判断矩阵失去了给用户作向导的作用,而且和积法计算当判断矩阵过于偏离一致性时,其可靠性程度也就值得怀疑了。因此,需要对判断矩阵的一致性进行检验。

在判断矩阵中,一致性定义为:对任意的 $1 \leqslant k \leqslant n$,都有 $C_{ij} = C_{ik}/C_{jk}$,则称判断矩阵满足

一致性。但是,实际上 C_{ij} 和理想值总有些偏差。于是,设定一个参数,用来衡量判断矩阵在何种情况下基本满足一致性。根据矩阵理论可得,当矩阵不具有一致性时:

$$\lambda_1 = \lambda_{\max} > n, -n = -\sum_{i=2}^{n} \lambda_i \tag{8-18}$$

因此引入参数 CI,该参数为判断矩阵最大特征值外的其余特征值的负平均值,以此作为判断矩阵是否偏离一致性的度量指标,$CI = (\lambda_{\max} - n)/(n-1)$。当判断矩阵有完全一致性时,CI=0。CI 值越大,判断矩阵的一致性偏差度就越厉害。考虑到现实和理想的差异,若 CI<0.1,就认为该判断矩阵拥有基本一致性,否则,将返回上层,重新进行重要性的两两比较,以获得一致性。

判断矩阵的维数也影响了该矩阵的一致性。维数越大,则一致性越差。因此,放宽对维数大的矩阵的一致性要求,引入修正值 RI,如表 8-9 所示,对 CI 进行修正,令修正平均值 CR=CI/RI,使这更为合理的 CR 作为衡量判断矩阵一致性的指标。同理,CR<0.1,就认为该判断矩阵基本符合一致性要求。

表 8-9 同阶平均随机一致性指标

矩阵阶数	1	2	3	4	5	6	7	8
RI	0	0	0.58	0.90	1.12	1.24	1.32	1.41
矩阵阶数	9	10	11	12	13	14	15	
RI	1.45	1.49	1.52	1.54	1.56	1.58	1.59	

(5) 层次总排序与总一致性检验

相对于上一层次而言,本层次利用与之有联系的所有要素的权重以及上层次要素的权重,来计算针对总目标而言的本层次所有要素的权重值的过程,称之为层次总排序。层次总排序需由上而下逐层顺序进行。层次总排序的计算方法如下。

假设上一层的所有要素 $A_1, A_2, \cdots, A_m$ 的总排序已完成,得到的相对于总目标的权重分别为 $a_1, a_2, \cdots, a_m$,本层次共有 n 个要素 $B_1, B_2, \cdots, B_n$,且与上一层要素 $A_i (i=1,2,\cdots,m)$ 对应本层次要素 $B_1 \sim B_n$ 的权重分别为 $b_1^i, b_2^i, \cdots, b_n^i$(若 B_j 与 A_i 无关系,则 $b_j^i = 0$),则层次分析总排序的结果为:

$$\sum_{i=1}^{m} a_i \cdot b_1^i, \sum_{i=1}^{m} a_i \cdot b_2^i, \cdots, \sum_{i=1}^{m} a_i \cdot b_n^i \tag{8-19}$$

由

$$\sum_{i=1}^{m} a_i = 1, \sum_{j=1}^{n} b_j^i = 1 \tag{8-20}$$

得

$$\sum_{j=1}^{n} \left(\sum_{i=1}^{m} a_i \cdot b_j^i \right) = 1 \tag{8-21}$$

即都满足归一性。

为评价层次总排序计算的一致性精度,也需要计算类似的参数:

$$CI = \sum_{i=1}^{m} a_i CI_i, RI = \sum_{i=1}^{m} a_i RI_i, CR = \frac{CI}{RI} \tag{8-22}$$

CI,RI,CR 与前面的意思相同,只是考虑了权重的成分和影响。若 CR<0.1,则认为层次总排序具有满意的一致性,可依次把结果再往下逐层求权。若 CR>0.1,需调整某些判断矩阵,通常先调整 CR_i 较大的判断矩阵。

【例8-2】 某转运中心需要采购一台智能设备,在采购设备时需要从功能、价格与可维护性三个角度进行评价,考虑应用层次分析法对3个不同品牌的设备进行综合分析评价和排序,从中选出能实现转运中心规划总目标的最优智能设备,其层次结构如图8-4所示。以A表示系统的总目标,准则层中B_1表示功能,B_2表示价格,B_3表示可维护性。C_1,C_2,C_3表示备选的3种品牌的设备。

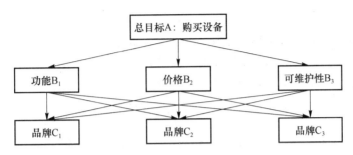

图8-4 智能设备采购层次结构

解

(1)构造判断矩阵。

根据如图8-4所示的结构模型,将图中各因素两两进行判断与比较,构造判断矩阵:判断矩阵D_{A-B}(即相对于转运中心购买设备总目标,准则层各因素相对重要性比较)如表8-10所示;判断矩阵D_{B_1-C}(相对功能,各方案的相对重要性比较)如表8-11所示;判断矩阵D_{B_2-C}(相对价格,各方案的相对重要性比较)如表8-12所示;判断矩阵D_{B_3-C}(相对可维护性,各方案的相对重要性比较)如表8-13所示。

表8-10 判断矩阵 D_{A-B}

A	B_1	B_2	B_3
B_1	1	1/3	2
B_2	3	1	5
B_3	1/2	1/5	1

表8-11 判断矩阵 D_{B_1-C}

B_1	C_1	C_2	C_3
C_1	1	1/3	1/5
C_2	3	1	1/3
C_3	5	3	1

表8-12 判断矩阵 D_{B_2-C}

B_2	C_1	C_2	C_3
C_1	1	2	7
C_2	1/2	1	5
C_3	1/7	1/5	1

表 8-13 判断矩阵 $D_{B_3\text{-}C}$

B_3	C_1	C_2	C_3
C_1	1	3	1/7
C_2	1/3	1	1/9
C_3	7	9	1

(2) 计算各判断矩阵的层次单排序及一致性检验指标。

① 判断矩阵 $D_{\text{A-B}}$ 的特征根、特征向量与一致性检验

计算判断矩阵 $D_{\text{A-B}}$ 各行元素的乘积 M_i，并求其 n 次方根，如

$$M_1 = 1 \times \frac{1}{3} \times 2 = \frac{2}{3}, \overline{W_1} = \sqrt[3]{M_1} = 0.874$$

类似的有：
$$\overline{W_2} = \sqrt[3]{M_2} = 2.466, \overline{W_3} = \sqrt[3]{M_3} = 0.464$$

对向量 $\overline{W} = (\overline{W_1}, \overline{W_2}, \cdots, \overline{W_n})^{\text{T}}$ 规范化，有：

$$W_1 = \frac{\overline{W_1}}{\sum_{i=1}^{n} \overline{W_i}} = \frac{0.874}{0.874 + 2.466 + 0.464} = 0.230$$

类似的有：
$$W_2 = 0.648, W_3 = 0.122$$
$$\boldsymbol{W} = (0.230, 0.648, 0.122)^{\text{T}}$$

$$\boldsymbol{D}_{\text{A-B}}\boldsymbol{W} = \begin{bmatrix} 1 & 1/3 & 2 \\ 3 & 1 & 5 \\ 1/2 & 1/5 & 1 \end{bmatrix} (0.230, 0.648, 0.122)^{\text{T}}$$

$$(\boldsymbol{D}_{\text{A-B}}\boldsymbol{W})_1 = 1 \times 0.230 + \frac{1}{3} \times 0.648 + 2 \times 0.122 = 0.69$$

其中，$\boldsymbol{D}_{\text{A-B}}$ 为判断矩阵。

类似的可以得到 $(\boldsymbol{D}_{\text{A-B}}\boldsymbol{W})_2 = 1.948, (\boldsymbol{D}_{\text{A-B}}\boldsymbol{W})_3 = 0.3666$。计算判断矩阵最大特征根：

$$\lambda_{\max} = \sum_{i=1}^{3} \frac{(\boldsymbol{D}_{\text{A-B}}\boldsymbol{W})_i}{n W_i} = \frac{0.69}{3 \times 0.230} + \frac{1.948}{3 \times 0.648} + \frac{0.3666}{3 \times 0.122} = 3.004$$

一致性检验有：$\text{CI} = \frac{\lambda_{\max} - n}{n - 1} = \frac{3.004 - 3}{3 - 1} = 0.002$，查同阶平均随机一致性指标（表 8-9）得 $\text{RI} = 0.58$，故 $\text{CR} = \frac{\text{CI}}{\text{RI}} = 0.003 < 0.1$。

② 判断矩阵 $D_{B_1\text{-}C}$ 的特征根、特征向量与一致性检验。类似于第一步的计算过程，可得矩阵 $D_{B_1\text{-}C}$ 的特征根、特征向量与一致性检验如下：

$$\boldsymbol{W} = (0.105, 0.258, 0.637)^{\text{T}}, \lambda_{\max} = 3.039, \text{CR} = 0.033 < 0.1$$

③ 判断矩阵 $D_{B_2\text{-}C}$ 的特征根、特征向量与一致性检验。类似于第一步的计算过程，可得矩阵 $D_{B_2\text{-}C}$ 的特征根、特征向量与一致性检验如下：

$$\boldsymbol{W} = (0.592, 0.333, 0.075)^{\text{T}}, \lambda_{\max} = 3.014, \text{CR} = 0.012 < 0.1$$

④ 判断矩阵 $D_{B_3\text{-}C}$ 的特征根、特征向量与一致性检验。类似于第一步的计算过程，可得矩阵 $D_{B_3\text{-}C}$ 的特征根、特征向量与一致性检验如下：

$$\boldsymbol{W} = (0.149, 0.066, 0.785)^{\text{T}}, \lambda_{\max} = 3.08, \text{CR} = 0.069 < 0.1$$

(3) 层次总排序。如表 8-14 所示。

表 8-14 层次总排序

层次	层次			层次 C 总排序权重
	B_1	B_2	B_3	
	0.230	0.648	0.122	
C_1	0.105	0.592	0.149	0.426
C_2	0.258	0.333	0.066	0.283
C_3	0.637	0.075	0.785	0.291

(4) 结论。

由表 8-14 可以看出，3 种品牌设备的优劣顺序为：C_1,C_3,C_2，品牌 C_1 明显优于其他两种品牌的智能设备。

8.4.4 模糊综合评价法

模糊综合评价法又称 Fuzzy 综合评判，是解决涉及模糊现象、不清晰因素的主要方法，是应用模糊集理论对邮政快递智能系统进行综合评价的一种方法。由于在邮政快递智能系统实际决策中，要绝对精确地描述某个评价指标是很困难的，有时也没有这个必要，一方面可以避免许多不必要的麻烦；另一方面又可以获得邮政快递智能系统各可行方案优劣次序的相关信息。

邮政快递智能系统模糊综合评价法的主要步骤如下。

(1) 邀请有关专家组成评价小组。

(2) 根据专家的经验或通过如层次分析法等方法，确定评价因素集 U 及其权重向量。

这里的评价因素集 U 是评价因素（即评价指标）的集合。设有 n 个评价因素，且这 n 个因素均在同一个层次上，则评价因素集 U 为：

$$U = \{U_1, U_2, \cdots, U_n\} \tag{8-23}$$

评价因素集也可以是一个多级（即具有两个或两个以上的层次）递阶结构的集合。

权重向量 P 是各个评价因素的相对重要性权值。对应于上述 n 个评价因素的权重向量为：

$$P = \{P(U_1), P(U_2), \cdots, P(U_n)\} \tag{8-24}$$

(3) 确定评价尺度集 B。

评价尺度集是在评价打分时采用的评分等级。设有 m 个评分等级，则有：

$$B = (b_1, b_2, \cdots, b_m) \tag{8-25}$$

(4) 构造模糊评价矩阵 $\tilde{R}$。

模糊评价矩阵 $\tilde{R}$ 反映从评价因素 U 到评价尺度 B 之间的模糊评价关系，这种评价是一种模糊映射，它可以通过专家投票等方法获得。

$$\tilde{R} = \begin{bmatrix} r_{11} & r_{12} & \cdots & r_{1j} & \cdots & r_{1m} \\ r_{21} & r_{22} & \cdots & r_{2j} & \cdots & r_{2m} \\ \vdots & \vdots & & \vdots & & \vdots \\ r_{i1} & r_{i1} & \cdots & r_{ij} & \cdots & r_{im} \\ \vdots & \vdots & & \vdots & & \vdots \\ r_{n1} & r_{n2} & \cdots & r_{nj} & \cdots & r_{nm} \end{bmatrix} \tag{8-26}$$

式中，r_{ij} 为第 i 个评价因素 U_i 的评价得分等级为 b_j 的专家票数百分比。

(5) 计算各评价对象方案的综合评价向量 $\tilde{S}$，并对其归一化，得到向量 $\tilde{S}'$。

综合评价向量 $\tilde{S} = (S_1, S_2, \cdots, S_m)$ 是根据评价因素的权重 P 对 $\tilde{R}$ 加权后得到的各评价因素的综合向量评价，然后对向量 $\tilde{S}$ 进行归一化处理（对向量归一化处理就是使向量中各元素之和为 1），得到向量 $\tilde{S}'$。向量 $\tilde{S}'$ 的含义是：认为方案的综合评价得分为各评价得分等级的专家票数百分比。

根据模糊集理论的综合评定概念，$\tilde{S}$ 的计算公式如下：

$$\tilde{S} = P \otimes \tilde{R} \tag{8-27}$$

式(8-27)的运算是一种模糊映射过程，应采用模糊关系的合成运算。模糊关系合成运算方法如下：设 $A = B \otimes C$ 为模糊关系的合成运算，B 与 C 为矩阵或向量，其算法与一般矩阵乘法规则相同，但要将计算式中的普通乘法运算换为取最小运算，记为 $\wedge$；将计算式中的普通加法运算换为取最大的运算，记为 $\vee$。对 $\tilde{S}$ 归一化：

$$\tilde{S}'_i = \frac{S_i}{\sum_{i=1}^{m} S_i} \tag{8-28}$$

(6) 计算各评价对象方案的综合评价得分 $\tilde{W}$。

综合评价得分为：

$$\tilde{W} = \tilde{S}' \cdot B^{\mathrm{T}} \tag{8-29}$$

按上述步骤可计算出所有可行方案的综合评价得分，根据得分的大小，即可对各可行方案进行优先顺序的排列，为决策者提供依据。

下面通过一个例题来说明模糊综合评价方法在现实中的应用。

【例 8-3】 某转运中心打算购买一台智能装卸设备，现有两种设备可供选择。关于智能装卸设备的评价因素有"技术性""可靠性""可维护性""成本"四项，它们的相对重要性排序权值分别为 0.4、0.3、0.1、0.2。假设评价尺度有 200 分、70 分、40 分三个等级。试用模糊综合评价法确定应选哪种智能装卸设备。

解 由题意可以得到：评价因素集 $U = \{U_1, U_2, U_3, U_4\}$，其中，$U_i (i=1,2,3,4)$ 分别表示"技术性""可靠性""可维护性""成本"四个评价因素；权重向量 $P = (0.4 \quad 0.3 \quad 0.1 \quad 0.2)$；评价尺度 $B = (100, 70, 40)$。

通过专家投票方法得到两种智能装卸设备的模糊评价矩阵如下。

第一种智能装卸设备的模糊评价矩阵为：

$$\tilde{\boldsymbol{R}}_1 = \begin{pmatrix} 6/8 & 2/8 & 0 \\ 4/8 & 4/8 & 0 \\ 0 & 3/8 & 5/8 \\ 0 & 3/8 & 5/8 \end{pmatrix}$$

第二种智能装卸设备的模糊评价矩阵为:

$$\tilde{\boldsymbol{R}}_2 = \begin{pmatrix} 5/8 & 3/8 & 0 \\ 0 & 7/8 & 1/8 \\ 3/8 & 5/8 & 0 \\ 4/8 & 4/8 & 0 \end{pmatrix}$$

(1) 计算综合评价向量 $\tilde{\boldsymbol{S}}$ 并将它归一化。

根据公式(8-27)可以得到第一种智能装卸设备的综合评价向量为:

$$\tilde{\boldsymbol{S}}_1 = \boldsymbol{P} \otimes \tilde{\boldsymbol{R}}_1 = (0.4 \quad 0.3 \quad 0.1 \quad 0.2) \otimes \begin{pmatrix} 6/8 & 6/8 & 0 \\ 4/8 & 4/8 & 0 \\ 0 & 3/8 & 5/8 \\ 0 & 3/8 & 5/8 \end{pmatrix} = (0.4 \quad 0.3 \quad 0.2)$$

利用公式(8-28)归一化处理后得到:

$$\tilde{\boldsymbol{S}}_1' = (4/9 \quad 3/9 \quad 2/9)$$

同理,第二种智能装卸设备的综合评价向量为:

$$\tilde{\boldsymbol{S}}_2 = \boldsymbol{P} \otimes \tilde{\boldsymbol{R}}_2 = (0.4 \quad 0.3 \quad 0.1 \quad 0.2) \otimes \begin{pmatrix} 5/8 & 3/8 & 0 \\ 0 & 7/8 & 1/8 \\ 3/8 & 5/8 & 0 \\ 4/8 & 4/8 & 0 \end{pmatrix} = (0.4 \quad 3/8 \quad 1/8)$$

利用公式(8-28)归一化处理后得到:

$$\tilde{\boldsymbol{S}}_2' = (4/9 \quad 5/12 \quad 5/36)$$

(2) 计算各可行方案的综合评价得分 $\tilde{\boldsymbol{W}}$。

由公式(8-29)可以得到第一种智能装卸设备的综合得分为:

$$\tilde{W}_1 = \tilde{\boldsymbol{S}}_1' \cdot \boldsymbol{B}^T = (4/9 \quad 3/9 \quad 2/9) \begin{pmatrix} 100 \\ 70 \\ 40 \end{pmatrix} = 76.67$$

同理,可以得到第二种智能装卸设备的综合得分为:

$$\tilde{W}_2 = \tilde{\boldsymbol{S}}_2' \cdot \boldsymbol{B}^T = (4/9 \quad 5/12 \quad 5/36) \begin{pmatrix} 100 \\ 70 \\ 40 \end{pmatrix} = 79.17$$

因为 $\tilde{W}_2 > \tilde{W}_1$,所以应该选择第二种智能装卸设备。

案例——二汽物流系统改造

第二汽车制造厂(以下简称二汽)始建于1969年,是依靠我国自己的力量,采取聚宝方式设计、建设和装备起来的现代化汽车生产企业,也是国家重点支持的三大汽车集团之一。

二汽的创建,曾经经历了一个依靠自己的力量、土法上马、艰苦创业的过程。初建时期,从各个部件厂到总装厂的物料搬运系统比较粗糙。在东西长约 30 公里、南北宽约 8 公里的十堰的一条山沟里,分布着二汽 27 个部件厂。总装系统试运行时,由于搬运系统的原因,曾经出现总装厂前面的广场上车辆堵塞、人满为患,急需装配的部件进不来而暂时不需要装配的部件却挤满了车间,导致总装配线无法顺利运行的混乱局面。

为了改变这种局面,需要改造二汽的物料搬运系统,于是二汽就组织中外专家进行了一次重大的物流系统工程工作。这个工作的全过程一共分为七个步骤。

第一步,提出问题

包括系统调查、汇集资料、整理资料。也就是进行系统调查、弄清问题。二汽从原材料到加工成毛坯、半成品、零件,再到装配成整车,生产过程复杂、工序多,需要进行物料搬运的范围广。为此,先从抓主要问题着手。为弄清主要问题,开了两次调查会,弄清楚了如何减少车次等五个需要解决的实际问题。在调查的基础上,汇集了资料,如产品设计图纸、工厂平面图、工厂组成及产品分工图、汽车生产路线示意图、里程表及物料搬运方面的资料等,并且对资料进行了整理。

第二步,制定目标

包括建立目标树、选定子目标、建立评价准则。首先把物料搬运系统以外的目标分成三个子目标:对外运输(N)、专业厂之间的运输(O)和专业厂内部运输(P)。决定选定子目标 O。而子目标 O 又可以按各个专业厂的重要程度分成 J(总装厂)、K(车桥厂)、L(发动机厂)、M(变速箱厂)等,又选定下一级子目标 J(总装厂)作为重点,而总装厂与其他厂之间的物料搬运问题 J 则又可以分为 G(搬运组织)、H(搬运质量)和 I(搬运频次)。这样选定了子目标以后,还建立了评价方案是否达到目标的评价准则,具体选定了八个评价准则。

第三步,系统综合

就是提出设想,制订能够达到目标的各种可行方案。例如,对于车身运送的各种设想方案,是通过专业座谈会的形式提出的。参加会议的有总装厂、车身厂及运输、工厂设计等部门的生产调度、工艺、运输及设计等有关专业人员,一共提出了 14 种可行方案,最后归纳成 9 种方案。

第四步,系统分析

主要包括建立模型。例如,将以上车身运送的 9 个方案建立起 8 个模型。

使用价值分析。首先评定 8 个评价准则的相对重要性,确定各自的比重因子 WF,即权值。用这 8 个准则去评价各个可行方案。

经济价值分析。计算出每种方案的装卸时间、在路行驶时间、车数、每年折旧费用、每年能源费用、维修费用、人员费用及每年的总费用,如表 8-15 所示。

表 8-15 各个方案的年总费用

A	B	C	D	E	F	G	H	I
83	79	57	108	255	528	611	113	52

第五步,择优决策

综合考虑使用价值分析和经济价值分析的结果,进行综合价值的分析计算,求出单位使用价值的年总费用(表 8-16)。计算过程略。

表 8-16 各个方案的单位使用价值的年总费用

A	B	C	D	E	F	G	H	I
198	217	57	267	668	1 427	1 679	247	166

按单位使用价值的年总费用由小到大的顺序将上述方案排列如下：C、I、A、B、H、D、E、F、G。

可见，C 方案最好。

第六步，提交成果

提交方案报告和试运行效果。对车身选用半挂车运送。

第七步，实施

对选中的最优方案进行有效实施。

资料来源：董维忠.物流系统规划与设计.2版.北京：电子工业出版社，2011：229-230.

参 考 文 献

[1] 燕鹏飞. 智能物流:链接"互联网+"时代亿万商业梦想[M]. 北京:人民邮电出版社,2017.
[2] 赵栓亮,陆军须,张瑞凤,等. 邮政业务与管理[M]. 天津:天津大学出版社,2010.
[3] 王阳军. 快递业务操作与管理[M]. 北京:化学工业出版社,2014.
[4] 孔继利. 物流配送中心规划与设计[M]. 北京:北京大学出版社,2014.
[5] 孔继利,栾世超,朱洪利. 邮政快递智能系统体系研究[J]. 物流工程与管理,2018,40(1):106-110.
[6] 李俊韬,陈志新,朱杰,等. 智能物流系统实训[M]. 北京:中国财富出版社,2015.
[7] 董维忠. 物流系统规划与设计[M]. 2版. 北京:电子工业出版社,2011.
[8] 程永生. 物流系统分析[M]. 2版. 北京:清华大学出版社,2015.
[9] 王喜富. 物联网与智能物流[M]. 北京:北京交通大学出版社,2014.
[10] 陈赜. 物联网技术导论与实践[M]. 北京:人民邮电出版社,2017.
[11] 王喜富. 大数据与智慧物流[M]. 北京:北京交通大学出版社,2016.
[12] 丛爽. 智能控制系统及其应用[M]. 合肥:中国科学技术大学出版社,2013.
[13] 蔡自兴,徐光祐. 人工智能及其应用[M]. 4版. 北京:清华大学出版社,2010.
[14] 时良平. 邮政及物流设备设计[M]. 北京:人民邮电出版社,2011.
[15] 王喜富,高泽. 智慧物流物联化关键技术[M]. 北京:电子工业出版社,2016.
[16] 高举红,王术峰. 物流系统规划与设计[M]. 2版. 北京:清华大学出版社、北京交通大学出版社,2015.
[17] 方仲民,郑秀妙. 物流系统规划与设计[M]. 3版. 北京:机械工业出版社,2015.
[18] 张中强. 物流系统规划与设计[M]. 北京:清华大学出版社,2011.
[19] 张宇. 智慧物流与供应链[M]. 北京:电子工业出版社,2016.
[20] 胡荣. 智慧物流与电子商务[M]. 北京:电子工业出版社,2016.
[21] 顺丰控股. 顺丰控股股份有限公司2017年半年度报告[EB/OL]. http://10.3.200.202/cache/13/03/www.sf-express.com/9a04ab08964aadb4e38e93d06b1b6ef7/2017-2.PDF,/2017-11-03.